POETIQUE
FRANÇOISE,

Par M. MARMONTEL.

TOME PREMIER.

Aſtupet ipſa ſibi. *Ovid. Met. III.*

A PARIS.

Chez LESCLAPART, Libraire, quai de Gêvres.

M. DCC. LXIII.

Avec Approbation & Privilège du Roi.

AVANT-PROPOS.

A mesure que la lumiere des Lettres se répand, que les peuples se polissent, & que leurs idées s'épurent, les ouvrages élémentaires qui les ont développées deviennent moins utiles, sont négligés, & tombent dans l'oubli. Tel est aujourd'hui le sort de la plûpart des Livres classiques qui, dans la renaissance des Lettres en Europe, y ont semé le germe de la science & du goût.

Il est bon que les premiers Éditeurs des écrits des Anciens se soient piqués d'une critique minutieuse; il est bon que les élémens de Rhétorique & de Poëtique aient été faits comme pour des enfans. La Dialectique même de l'école n'a pas nui au progrès des Lettres : ces distinctions, ces divisions, ces définitions, ces disputes de mots qui ont grossi tant de volumes, ont servi à débrouiller le cahos de l'Antiquité. Sans ce qu'on appelle les *Erudits*, nous ferions encore barbares. Ces bons esprits auroient été plus loin que nous peut-être, si leurs pareils les avoient devancés & leur avoient applani la route. C'est grace aux lumieres qu'ils nous ont transmises, que leurs écrits ne sont plus de saison.

Nous sourions avec dédain, quand nous entendons Jules Scaliger, dans sa Poëtique latine, tracer le plan de la Tragédie d'Alcione, & demander que le premier acte soit « Une plainte sur le départ de Ceïx; le » second, des vœux pour le succès de sa » navigation; le troisieme, la nouvelle » d'une tempête; le quatrieme, la certi- » tude du naufrage; le cinquieme, la vûe » du cadavre de Ceïx & la mort d'Al- » cione ». Mais souvenons-nous que du tems de Scaliger, un spectacle ainsi distribué auroit été un prodige sur nos théâtres.

Nous trouvons aussi ridicule qu'il propose à la Comédie de peindre les mœurs de la Grece & de Rome: « Des filles ache-

AVANT-PROPOS.

» tées comme esclaves, & qui soient recon-
» nues libres au dénouement »; Mais dans
un tems où l'art Dramatique n'avoit aucune
forme en Europe, que pouvoit faire de
mieux un Savant que d'en établir les préceptes sur la pratique des Anciens?

On s'impatiente de voir l'Abbé d'Aubi-
gnac réduire en regles les premiers principes du sens commun. L'on ne peut se
persuader que le siecle de Corneille eût
besoin qu'on lui apprît que « L'acteur qui
» joue Cinna ne doit pas mêler les barri-
» cades de Paris avec les proscriptions du
» Triumvirat; que le lieu de la scene doit
» être une espace vuide, & qu'on ne doit
» pas y placer les Alpes auprès du Mont-
» Valérien ». Mais si l'on pense que le Thémistocle de Durier balançoit alors Héraclius, ces leçons ne paroîtront plus si dépla-
cées pour le tems.

C'est donc sans aucun mépris pour les
Écrivains qui ont éclairé leur siecle, que je
les crois au-dessous du nôtre. Il faut partir
du point où l'on est; & depuis deux cens

AVANT-PROPOS.

ans l'esprit humain a plus gagné, qu'il n'avoit perdu en mille ans de barbarie. Mais de toutes les parties de la Littérature, la Poésie est celle dont la connoissance & le goût, sans cesse exercés par l'usage, ont fait parmi nous le plus de progrès. Ainsi des préceptes répandus dans les Poëtiques anciennes, les uns sont devenus inutiles, & les autres insuffisans.

Une Poëtique digne de notre âge, seroit un système régulier & complet, où tout fût soumis à une loi simple, & dont les regles particulieres, émanées d'un principe commun, en fussent comme les rameaux. Cet ouvrage philosophique est desiré depuis long-tems, & le sera peut-être long-tems encore.

Quoique la Poëtique d'Aristote ne procede que par induction de l'exemple au précepte, elle ne laisse pas que de remonter aux principes de la Nature, & c'est le sommaire d'un excellent Traité. Mais elle se borne à la Tragédie & à l'Epopée ; & soit qu'Aristote en jettant ses premieres

AVANT-PROPOS.

idées eût négligé de les éclaircir, foit que l'obfcurité du texte vienne de l'erreur des copiftes, fes interpretes les plus habiles conviennent qu'il eft fouvent mal-aifé de l'entendre.

Caftelvetro en traduifant le texte d'Ariftote, l'analyfe & le commente avec beaucoup de difcernement ; mais par la forme dialectique qu'il a donnée à fon Commentaire, il nous fait chercher péniblement quelques idées claires & juftes dans un dédale de mots fuperflus.

S'il ne difcutoit que les chofes, il feroit moins prolixe ; mais il difcute aufli les mots : encore après avoir retourné un paffage dans tous les fens, lui arrive-t-il quelquefois de manquer le véritable, ou de le combattre mal-à-propos. Le défaut de ce critique, comme de tous les Écrivains didactiques de ce tems-là, eft de n'avoir vû l'art du théâtre qu'en idée. C'eft au théâtre même qu'il faut l'étudier.

Dacier avoit cet avantage fur l'interprete Italien ; mais comme il avoit fait vœu d'être de l'avis d'Aristote, soit qu'il l'entendît ou qu'il ne l'entendît pas, ce n'est jamais pour consulter la Nature, mais pour consulter Aristote, qu'il fait usage de sa raison; & lors même qu'Aristote se contredit, Dacier n'ose le contredire.

Non moins religieux sectateur des Anciens, Lebossu n'a étudié l'Epopée que dans Aristote, Homere & Virgile: il semble à l'entendre, que les inventeurs en ayent épuisé toutes les ressources, & qu'il n'y ait plus que l'alternative de les suivre ou de s'égarer. Mais si Lebossu & Dacier n'ont pas étendu nos idées, ils en ont hâté le développement.

Le grand Corneille, avec le respect qu'avoit son siecle pour Aristote, & qu'il a eu la modestie de partager, n'a pas laissé de répandre les lumieres de la plus saine critique sur la théorie de ce Philosophe, & ses discours en sont le commentaire le plus solide & le plus profond.

Les paralleles qu'on a fait de Corneille & de Racine, & la célebre dispute sur les

Anciens & les Modernes, en donnant lieu de discuter les principes, ont contribué à les établir.

On est même entré dans le détail des divers genres de Poësie; on a essayé de développer l'artifice de la Fable, de déterminer le caractere de l'Églogue; on a voulu suivre l'Ode dans son délire & dans ses écarts; mais personne n'a entrepris de ramener tous les genres à l'unité d'une premiere loi.

Le Poëme de Vida, que je rappellerai souvent, contient des détails pleins de justesse & de goût sur les études du Poëte, sur son travail, sur les modeles qu'il doit suivre; mais ce Poëme, comme la Poëtique de Scaliger, est plûtôt l'art d'imiter Virgile que l'art d'imiter la Nature.

La Poëtique d'Horace est le modele des Poëmes didactiques, & jamais on n'a renfermé tant de sens en si peu de vers; mais dans un Poëme, il est impossible de suivre de branche en branche la génération des idées, & plus elles sont fécondes, plus

A iiij

ce qui manque à leur développement est difficile à suppléer.

La Frenaye, imitateur d'Horace, a joint aux préceptes du Poëte Latin quelques regles particulieres à la Poësie françoise; & son vieux style, dans sa naïveté, n'est pas dénué d'agrément. Mais le coloris, l'harmonie, l'élégance des vers de Despréaux l'ont effacé. A peine lui reste-il la gloire d'avoir enrichi de sa dépouille le Poëme qui a fait oublier le sien.

Ce Poëme excellent & vraiment classique, fait tout ce qu'on peut attendre d'un Poëme: il donne une idée précise & lumineuse de tous les genres, mais il n'en approfondit aucun.

Quelques Modernes, comme Gravina chez les Italiens, & Lamothe parmi nous, ont voulu remonter à l'essence des choses & puiser l'art dans la Nature même; mais le principe de Gravina est si vague, qu'il est impossible d'en tirer une regle précise & juste.

« L'imitation poetique est, dit-il, le

» tranſport de la vérité dans la fiction.
» Comme la Nature eſt la mere de la
» vérité, la mere de la fiction eſt l'idée
» que l'eſprit humain tire de la Nature »
(c'eſt le modele intellectuel d'Ariſtote,
que Caſtelvetro n'a jamais bien compris.)
« La Poëſie, ajoute Gravina, doit écarter
» de ſa compoſition les images qui démen-
» tent ce qu'elle veut perſuader. Moins la
» fiction laiſſe de place aux idées qui la
» contrediſent, plus aiſément on oublie
» la vérité pour ſe livrer à l'illuſion ».

Voilà en ſubſtance *l'idée de la Poëſie* telle que Gravina l'a conçue : regle excellente pour attacher le génie des Poëtes à l'étude de la Nature & à la vérité de l'imitation ; mais qui n'éclaire ni ſur le choix des objets, ni ſur l'art de les aſſortir & de les placer avec avantage : regle enfin d'après laquelle ce critique a dû voir que le Paſtor-fido & l'Aminthe n'ont point la naïveté paſtorale ; mais qui ne l'a pas empêché de croire que le Rolland de l'Arioſte étoit un Poëme épique régulier, la Jérusalem du Tasse un ouvrage médiocre ; & en revanche, de regarder Sannazard comme l'héritier de la flute de Virgile, & les Poëtes Latins que l'Italie moderne a produits, comme les vives images des Catules, des Tibules, des Properces, des Ovides, &c. d'adopter dans les Poëtes Italiens le mélange du merveilleux de la Religion & de la Fable, & de confondre le Poëme épique avec les Romans provençaux.

La Mothe analyse avec plus de soin l'idée essentielle des divers genres ; mais comme il ne donne sa théorie qu'à l'appui de sa pratique, il semble moins occupé du soin de trouver des regles que des excuses. Ainsi tout ce qu'il a écrit sur le Poëme épique est plein des mêmes préjugés qui lui ont fait si mal traduire & abréger l'Iliade : ainsi, au-lieu d'étudier le méchanisme de nos vers, il ne cesse de rimer & de déclamer contre la rime : ainsi ses discours sur l'Ode & sur la Pastorale ne sont que l'apologie déguisée de ses Pastorales & de ses Odes, artifice ingénieux qui n'en a imposé qu'un moment.

J'en reviens aux maîtres de l'Art, Aristote, Horace, Despréaux : Aristote, le génie le plus profond, le plus lumineux, le plus vaste qui jamais ait osé parcourir la sphere des connoissances humaines ; Horace à la fois Poëte, Philosophe & Critique excellent ; Despréaux, l'homme de son siecle qui a le plus fait valoir la portion de talens qu'il avoit reçue de la Nature, & la portion de lumiere & de goût qu'il avoit acquise par le travail.

Quoiqu'Aristote, dans sa Poëtique, ait donné quelques définitions, quelques divisions élémentaires, & communes à la Poésie en général, ce n'est que relativement à la Tragédie & à l'Epopée, dont il a fait son objet unique.

Il remonte à l'origine de la Tragédie, & il la suit dans ses progrès. Il y distingue la Fable, les mœurs, les pensées & la diction. Il veut que le Fable ait une juste étendue, c'est-à-dire, telle que la mémoire l'embrasse & la retienne facilement : Jusques-là, dit-il, plus l'action est étendue plus elle est belle, pourvû qu'elle fasse un tout ensemble où la vûe ne s'égare point. Il exige que l'action soit une & entiere, qu'elle se passe dans une révolution du soleil, qu'elle soit vraisemblable, terrible & touchante ; mais il semble en rejetter tout le pathétique sur le dénouement, & ne s'occuper que de l'impression qu'il doit laisser dans les ames. Il veut donc que le dénouement soit funeste, non pas aux méchans, non pas aux gens de bien, mais à un personnage mêlé de vices & de vertus, & malheureux par une faute involontaire : ce qui ne s'accorde pas bien avec les exemples qu'il a cités. Ainsi le seul genre de Tragédie qu'approuvoient Socrate & Platon, celle qui se propose la même fin que la loi (*ut bono, bene ; malo, male fit*) n'a que le second rang dans l'opinion d'Aristote.

A son gré, ce qui se passe entre ennemis ou indifférens n'est pas digne de la

AVANT-PROPOS. 13

Tragédie: c'est lorsqu'un ami tue ou va tuer son ami; un fils, son pere; une mere, son fils; un fils, sa mere, &c. que l'action est vraiment tragique. Or il peut arriver que le crime se consomme ou ne se consomme pas; qu'il soit commis aveuglément ou avec connoissance; & de-là naissent quatre combinaisons: celle où le crime est commis de propos délibéré; celle où le crime n'est reconnu qu'après qu'il est commis; celle où la connoissance du crime que l'on alloit commettre empêche tout-à-coup qu'il ne soit consommé, & celle où résolu à commettre le crime avec pleine lumiere, on est retenu par les remords ou par quelque nouvel incident. Aristote rejette absolument celle-ci, & donne la préférence à celle où le crime qu'on alloit commettre aveuglément, est reconnu sur le point d'être exécuté, comme dans Mérope. Ce chapitre est le plus profond de la Poëtique d'Aristote.

Il passe aux mœurs, & il exige qu'elles soient bonnes, convenables, ressemblantes

& d'accord avec elles-mêmes. Nous aurons lieu d'expliquer ce qu'il entend par la bonté des mœurs dramatiques.

Quoiqu'il admette quatre espèces de Tragédies, l'une pathétique, l'autre morale, & l'une & l'autre simple ou implexe, c'est-à-dire, terminée sans révolution ou par une révolution, qu'il appelle Péripétie ; il donne la préférence à la Tragédie implexe & pathétique, à celle, dis-je, où la fortune d'un personnage intéressant change de face par une révolution pitoyable & terrible. Or le grand mobile des révolutions, c'est la reconnoissance. Il veut qu'elle soit amenée naturellement, & il en propose les moyens. La plus belle, dit-il, est celle qui naît des incidens, comme dans l'Œdipe & l'Iphigénie en Tauride.

Il enseigne aux Poëtes une méthode excellente pour s'assurer de la bonté, de la régularité de leur plan : c'est de le tracer d'abord dans sa plus grande simplicité, avant de penser aux détails & aux circonstances épisodiques. Il en donne l'exemple

AVANT-PROPOS. 15

avec le précepte, en réduisant ainsi le sujet de l'Iphigénie (a) & de l'Odyssée.

Il recommande que l'on soit présent à l'action que l'on veut peindre, que l'on se pénetre soi-même des sentimens que l'on doit exprimer, & qu'on imite en composant, l'action des personnages qu'on met sur la scene: méthode qui contribue réellement à donner au style plus de chaleur & de vérité.

Il distingue dans la Fable le nœud & le dénouement. Il entend par le nœud tout ce qui précede la révolution, & par le dénouement tout ce qui la suit. Le nœud se forme par des incidens qui viennent du dehors, ou qui naissent du fond du sujet. Ces incidens, les moyens, les circonstances de l'action sont ce qu'il appelle épisodes. Le dénouement, dit-il, ne doit jamais être amené par une machine, mais procéder de la même cause qui produit la révolution.

Ce que les Interprêtes Latins d'Aristote

_____
(a) En Tauride.

appellent *sentences*, & ce que M. Dacier appelle mal-à-propos les *sentimens*, est dans la Tragédie l'éloquence des passions, ce qui persuade, intéresse, attendrit, ce qui peint les mouvemens d'une ame & les fait passer dans l'ame des spectateurs; mais Aristote renvoye à ce qu'il en a dit dans ses Livres de la Rhétorique.

Il traite enfin de la diction relativement à sa langue.

Après avoir établi les **regles de la Tragédie**, il les applique à l'Epopée. La Fable en doit être dramatique & renfermée dans une seule action. Il fait voir dans les deux Poëmes d'Homere l'ordonnance même de la Tragédie. L'Epopée, dit-il, ne differe de la Tragédie que par son étendue & par la forme des vers. Il compare les deux genres, & donne la préférence à la Tragédie, parce qu'elle a pour elle l'évidence de l'action, & qu'avec plus d'unité & moins d'étendue, elle produit mieux son effet.

Ces préceptes ont coûté des peines infinies à éclaircir & à concilier. A peine la
foule

AVANT-PROPOS.

foule des Commentateurs y a-t-elle compris quelque chose. Il ne falloit pas moins que des savans, comme Castelvetro & Dacier, & un génie comme Corneille pour y répandre la clarté; encore arrive-t-il souvent, & dans les points les plus essentiels, que Castelvetro n'est point d'accord avec Dacier, ni Dacier avec Corneille, ni celui-ci avec Aristote, ni Aristote avec lui-même. Par exemple, de tous les incidens qui produisent la révolution, le plus théâtral, dit ce Philosophe, est la reconnoissance qui empêche d'exécuter le crime, & qui par conséquent change heureusement la face des choses; cependant de toutes les catastrophes, la plus tragique à son avis, est celle qui termine l'action par le malheur du personnage intéressant. Or comment d'une révolution favorable peut-il naître un dénouement funeste? Si le crime n'est pas consommé, comment le malheur peut-il l'être? comment concilier dans la même Fable la révolution de Mérope & le dénouement d'Œdipe? Voilà

Tome I.

donc Aristote en opposition avec lui-même ; il l'est aussi avec Corneille, & Corneille avec Dacier, car Dacier se fait une loi d'être de l'avis d'Aristote. Castelvetro n'a pas le même respect ; mais s'il a quelquefois raison de contredire son Auteur, il arrive aussi quelquefois qu'il a tort, & j'en citerois plus d'un exemple.

Du choc de ces opinions, la lumiere n'a pu manquer de naître, & depuis Corneille & Dacier, l'art de la Tragédie & de l'Epopée a été si bien discuté, qu'on a vû à peu près tout ce qu'on y peut voir ; mais c'est le résultat de ces discussions que l'on n'a point donné encore.

Horace dans son Art Poëtique parle de la Poësie en Poëte, en Philosophe, en homme de goût & de génie. Il veut que le Poëme soit homogene ; que les parties qui le composent se conviennent & soient d'accord ; qu'elles soient proportionnées, & qu'on y évite les ornemens superflus & mal assortis (a).

_____

(a) *Denique sit quodvis simplex dumtaxat & unum.*

AVANT-PROPOS.

Que le Poëte soit en état de traiter, non-seulement telle ou telle partie, mais toutes les parties de son ouvrage ; qu'il sache les finir & les mettre d'accord ; qu'il choisisse un sujet proportionné à ses forces, & qu'il s'en pénetre en le méditant (*a*) ; qu'il distribue son sujet avec intelligence & avec sagesse ; qu'il choisisse avec goût ce qui peut intéresser, & rejette ce qui peut déplaire (*b*).

Il distingue les genres de Poësie par les différentes especes de vers : il fait sentir les convenances à observer entre le sujet & le style (*c*).

Il exige non-seulement qu'un Poëme soit beau, mais de cette beauté qui touche, persuade, attire (*d*).

(*a*) *Cui lecta potenter erit res,*
Nec facundia deseret hunc, nec lucidus ordo.

(*b*) *Et jam nunc dicat jam nunc debentia dici :*
Hoc amet ; hoc spernat.

(*c*) *Descriptas servare vices operum que colores.*

(*d*) *Et quòcumque volent animum auditoris*
agunto.

Dans la conduite que l'on fait tenir à ſes perſonnages, on doit ſuivre, dit-il, l'opinion, ou obſerver les vraiſemblances; & celles-ci dépendent de l'analogie & de l'accord des qualités qui compoſent un caractere (a).

Non-ſeulement ces qualités doivent être d'accord entr'elles, mais relatives à la fortune, à l'âge, à la condition, à toutes les circonſtances qui peuvent influer ſur les mœurs.

Horace fait obſerver toutes ces nuances; mais c'eſt ſur-tout dans la deſcription des mœurs qui diſtinguent les différens âges de la vie, que l'on reconnoît le Philoſophe attentif à obſerver la Nature (b).

Scaliger ajoute encore aux leçons du Poëte ſur les mœurs, & je profiterai dans la ſuite des lumieres de l'un & de l'autre.

Dans la compoſition de la Fable, Horace nous affranchit des liens d'une imitation timide & ſervile. Oſez feindre, nous dit-il,

---

(a) *Servetur ad imum Qualis ab incepto proceſſerit, & ſibi conſtet.*

(b) *Mobilibuſque decor naturis dandus eſt annis.*

AVANT-PROPOS.

mais que la fiction se concilie avec la vérité, & s'y mêle si naturellement, qu'on ne s'apperçoive pas du mélange (*a*); que le début du Poëme soit modeste, & que l'action n'en soit pas prise de trop loin; que sur le théâtre on ne présente aux yeux rien de révoltant ni rien d'impossible; que la piece n'ait pas moins de trois actes ni plus de cinq; qu'il n'y ait jamais en scene plus de trois interlocuteurs; que le chœur s'intéresse à l'action dont il est témoin, ami des bons, ennemi des méchans; qu'on n'employe jamais de machine postiche, & s'il se mêle dans l'action quelque incident merveilleux, qu'elle en soit digne par son importance; que le style de la Tragédie soit grave & sévere; mais que dans le comique, l'aisance & le naturel de la composition fassent dire à chacun, que rien au monde n'étoit plus facile (*b*).

(*a*) *Primo ne medium, medio ne discrepet imum.*
(*b*) *Ex noto fictum carmen sequar, ut sibi quivis Speret idem ; sudet multum, frustraque laboret Ausus idem.*

Après avoir résumé ses préceptes, Horace recommande aux Poëtes l'étude de la Philosophie & des mœurs. Il distingue dans la Poësie deux effets, l'agrément & l'utilité, quelquefois séparés, souvent réunis (*a*). Mais l'agrément de la fiction dépend de l'air de vérité qu'on lui donne (*b*), de la naïveté du récit, & du soin que l'on prend d'en exclure tout ce qui seroit superflu (*c*).

Du reste, il pardonne au Poëte des négligences, pourvû qu'elles soient en petit nombre & rachetées par de grandes beautés. Il y a même en Poësie comme en Peinture, un genre qui vû de loin, produit son effet, quoiqu'il n'ait pas la correction des détails ; mais ce qui est fini a l'avantage de

---

(*a*) *Aut prodesse volunt, aut delectare Poëtæ,*
Aut simul & jucunda & idonea dicere vitæ.

(*b*) *Ficta voluptatis causâ sint proxima veri.*

(*c*) *Omne supervacuum pleno de pectore manat.*

AVANT-PROPOS. 23

pouvoir être vû de près, toujours avec un plaisir nouveau (a).

La conclusion d'Horace est que la Poësie n'admet point de talens médiocres (b).

Encore est-ce peu du talent, ce don précieux de la Nature, si le travail ne le développe, si l'étude ne le nourrit, si des amis judicieux & séveres ne le corrigent en l'éclairant ; si le Poëte enfin ne se donne à lui-même le tems d'oublier, de revoir, de retoucher ses ouvrages avant de les exposer au jour (c).

On ne sauroit donner des préceptes généraux ni plus solides ni plus lumineux ; mais cet ouvrage est un résultat d'études élémentaires, par lesquelles il faut avoir passé pour le méditer avec fruit : il les suppose & n'y peut suppléer.

(a) *Hæc placuit semel, hæc decies repetita placebit.*

(b) *Mediocribus esse Poetis*
Non homines, non di, non concessere columnæ.

(c) *Membranis intùs positis delere licebit*
Quod non edideris : nescit vox missa reverti.

B iiij

AVANT-PROPOS.

Despréaux applique à la Poësie françoise les préceptes d'Horace sur la composition & le style en général, & il y ajoute en les développant. Il veut que la rime obéïsse & que la raison ne lui cede jamais; qu'on évite les details inutiles & l'ennuieuse monotonie, le style bas & le style ampoulé.

» Le style le moins noble a pourtant sa noblesse.
» ..... Soyez simple avec art,
» Sublime sans orgueil, agréable sans fard.

Il recommande l'exactitude, la clarté, le respect pour la langue, & la fidélité aux regles de la cadence & de l'harmonie : préceptes dont il donne l'exemple.

Horace a peint en un seul vers la beauté du style poëtique :

Vehemens & liquidus, puroque simillimus amni.

Despréaux qui ne le considere que par rapport à l'élégance & à la pureté, a pris une image plus humble.

» J'aime mieux un ruisseau qui sur la molle
arène,

AVANT-PROPOS.

» Dans un pré plein de fleurs, lentement se
   » promene,
» Qu'un torrent débordé qui d'un cours ora-
   » geux,
» Roule plein de gravier sur un terrein fangeux.

Il définit les divers genres de Poësie, à commencer par les petits Poëmes; & la plûpart de ces définitions sont elles-mêmes des modeles du style, du ton, du coloris qui conviennent à leur objet.

Les préceptes qui regardent la Tragédie sont tracés d'après Aristote & Horace. La regle des trois unités & la défense de laisser jamais la scene vuide, sont renfermées en deux vers admirables.

» Qu'en un lieu, qu'en un jour, un seul fait
   » accompli
» Tienne jusqu'à la fin le théâtre rempli.

On y voit l'unité de lieu prescrite, à l'égal de l'unité de tems & d'action: regle nouvelle que les Anciens ne nous avoient point imposée, & qu'on n'est pas obligé d'observer à la rigueur.

Après avoir rappellé l'origine & les progrès de la Tragédie dans la Grece, il la reprend au fortir des tenebres de la barbarie, & telle qu'on la vit paroître fur nos premiers théâtres, fans goût, fans génie & fans art; & il la conduit jufqu'aux beaux jours des Corneilles & des Racines. Il confeille aux Poëtes d'y employer l'amour.

» De cette paffion la fenfible peinture
» Eft pour aller au cœur la route la plus fûre.

ce qui ne doit pas être pris à la lettre, car les fentimens de la nature font plus touchans que ceux de l'amour; & il n'y a point fur le théâtre d'amante qui nous intéreffe au degré de Mérope.

Il ajoute:

» Et que l'amour fouvent de remords combattu,
» Y foit une foibleffe & non une vertu.

regle qui n'eft point exclufive; car un amour vertueux & facré peut être dans le malheur auffi douloureux qu'un amour criminel; & le cœur des amans eft déchiré de tant de manieres, que pour arracher des larmes ils n'ont pas befoin du fecours des remords.

AVANT-PROPOS.

Horace est admirable quand il enseigne à observer les mœurs & à les rendre avec vérité ; Despréaux l'imite & l'égale. Il termine les regles de la Tragédie par le caractere du génie même qui lui convient.

» Qu'il soit aisé, solide, agréable, profond ;
» Qu'en nobles sentimens il soit toujours fécond.

On diroit que c'est le génie de Racine qu'il vient de peindre.

L'Epopée differe de la Tragédie par son étendue, & par l'usage du merveilleux qui en est l'ame. Ce Poëme, dit Despréaux,

» Dans le vaste récit d'une longue action,
» Se soutient par la fable & vit de fiction.

Il se moque du vain scrupule de ceux qui ont voulu bannir la Fable de la Poësie françoise ; mais il condamne le mélange du merveilleux de la Fable & de celui de la Religion : il desaprouve même l'emploi de celui-ci quoique sans mélange :

Et fabuleux Chrétiens, n'allons pas dans nos songes,
D'un Dieu de vérité faire un Dieu de mensonges.

maxime qui n'exclut pas une fiction prise dans la vérité même, & qui n'en est que l'extension.

Despréaux veut pour l'Epopée un héros recommandable par sa valeur & par ses vertus ; que le sujet ne soit point trop chargé d'incidens ; que la narration soit vive & pressée ; que les détails en soient intéressans & nobles, mêlés de grace & de majesté.

» On peut être à la fois & sublime & *plaisant* ;
» Et je hais un sublime ennuyeux & pesant.

Il donne Homere pour exemple d'une riche variété.

» On diroit que pour plaire, instruit par la
  » Nature,
» Homere ait à Vénus dérobé sa ceinture.

Il préfere même la folie enjouée de l'Arioste au caractère de ces Poëtes dont la sombre humeur ne s'éclaircit jamais. Tout cela bien entendu contribueroit à former le goût ; mais par malheur il faut avoir déjà le goût formé pour le bien entendre. Par exemple, il ne faut pas croire, sur l'éloge que Despréaux fait de l'Arioste, que le Roland furieux soit un modèle de Poëme épique, ni que le *plaisant* qu'on peut mêler au sublime de l'Epopée, soit le joyeux badinage que ce Poete Italien s'est permis.

Quel sciocco, che del fatto non s'accorse,
Per la polve cercando iva la testa.

Despréaux finit par la Comédie, & les préceptes qu'il en donne sont à peu près les mêmes qu'Horace nous a tracés.

» Il faut que ses acteurs badinent noblement,
» Que son nœud bien formé se dénoue aisément.

Il exclut de la Comédie les sujets tristes, n'y admet point de scènes vuides, & lui interdit les plaisanteries qui choquent le bon sens, ou qui blessent l'honnêteté.

Après avoir parcouru ainsi tous les genres de Poësie, il en revient aux qualités personnelles du Poëte, le génie & les bonnes mœurs. C'est à propos de l'élévation d'ame & du noble désintéressement qu'exige le commerce des Muses, qu'il remonte à l'origine de la Poësie, & qu'il la fait voir pure & sublime dans sa naissance, & dégradée dans la suite par l'avarice & la vénalité. Tout ce morceau est habilement imité d'une Idile de Saint-Geniez, comme tout ce qui regarde le choix d'un Critique judicieux & sévère est imité d'Horace.

Voilà ce qui reste à peu près de la lecture de ces trois excellens Ouvrages. Deux raisons m'obligent à les rappeller : L'une, afin qu'on soit à portée de me confronter avec mes maîtres, & qu'on ait dans les mains le correctif des erreurs où j'ai pû tomber; L'autre, afin de justifier mon opinion sur la nécessité d'une Poëtique raisonnée, où soient recueillis les préceptes répandus dans les précédentes, & qui les concilie avec les principes immuables de la Nature, le grand Législateur des arts. Je ne me flatte point d'avoir rempli l'idée que j'en donne & que j'en ai conçue; mais ceci n'en fût-il que l'ébauche, mon travail auroit son utilité.

Quant à l'espèce de présomption qu'il

AVANT-PROPOS

peut y avoir à prétendre ajouter aux lumieres de nos maîtres, il me seroit facile d'en éluder le reproche en disant, que je ne reviens sur leurs pas qu'afin d'en observer la trace, que ce n'est ici que le développement de leurs principes, & que je ne donne mes idées que pour l'analyse des leurs. Mais comme j'ai osé quelquefois m'écarter de leur route, il faut oser convenir aussi que j'ai usé du droit acquis en fait de recherches & d'observations, de vérifier les témoignages, & de ne juger sur la foi d'aucun. Si l'on me demande pourquoi je me flatte d'avoir quelquefois mieux vu que ces grands hommes, je répondrai, Parce que je viens après eux, que je les ai étudiés, qu'aucun n'a vu lui seul tout ce qu'ils ont vu séparément, & que tous ensemble ils m'ont appris à les rectifier l'un par l'autre. J'ai de plus qu'eux encore l'expérience de tous les tems qui se sont écoulés d'eux à moi, & dans cet intervale je compte pour beaucoup un demi siécle de Philosophie.

AVANT-PROPOS.

Sous le beau regne de Louis XIV le vaste champ de la Poësie, dès long-temps inculte, & rajeuni par son repos, ressembloit à une terre neuve & féconde, dont l'impatiente végétation se hâte de recompenser les premiers soins du laboureur. Le génie trouvoit dans la nature, l'imitation trouvoit dans l'art des trésors qui ne lui coutoient que la peine de les recueillir. Aujourd'hui cette riche surface est épuisée; il faut creuser, approfondir; & par une révolution toute naturelle, la saison de la culture succéde à celle de la moisson.

Je sais qu'on fait un reproche à notre siécle de cet esprit de recherche & d'observation qui veut se frayer des routes nouvelles: je sais qu'on ne lui pardonne pas la liberté qu'il a prise de voir avec ses yeux, & de juger d'après lui-même; mais, quoi qu'en disent les tirans de l'esprit humain, le tems où il est le plus libre à chacun de se tromper, est à la longue celui où l'on se trompe le moins; & des disputes raisonnées ce qui reste, c'est la vérité.

AVANT-PROPOS.

Il n'y a que les invectives qui n'éclairent jamais sur rien.

J'ai donc usé de la liberté de mon siecle en appliquant aux Lettres la méthode que Bacon & Descartes ont appliquée à la Philosophie. La raison, le sentiment, la nature, voilà mes grandes autorités. A l'égard des modèles de l'art, je les admire, mais il n'en est aucun que j'aye cru devoir supposer infaillible. Si les hommes de génie dont j'ai parlé avec une honnête franchise, étoient vivans, si du moins ils pouvoient m'entendre, la crainte seule de les affliger m'imposeroit sur les fautes qui leur sont échappées un silence religieux ; mais le vain bruit de l'opinion, l'éclat même de la renommée ne pénétre point dans la nuit du tombeau : les ouvrages des Corneilles & des Homeres sont pour nous au rang des productions de la nature ; & dans le plus beau diamant il est permis de voir une tache. Ce n'est pas que je ne regarde comme une bassesse cruelle d'insulter la cendre des morts ; mais craindre de la troubler par un juste discernement, c'est une foiblesse puérile ; & le respect qui défend de distinguer dans leurs ouvrages les bons & les mauvais exemples, ressemble, proportion gardée, à cette piété superstitieuse qui a si long-tems retardé, pour le malheur du genre humain, les progrès de l'Anatomie.

Un enthousiaste des anciens est bien souvent un personnage qui veut jouer son rôle. Ce n'est pas leur gloire, mais sa vanité qui l'anime : ce n'est pas leur renommée, mais son opinion qu'il défend. Un admirateur sincere entend raison, & la même sensibilité qui lui fait saisir avidement les belles choses, lui fait remarquer les plus légers défauts. On les distingue l'un de l'autre à la bonne ou mauvaise foi qu'ils apportent dans la dispute : Madame Dacier avouoit à son pere ce qu'elle n'auroit pas dit à la Mothe. Chez elle les fautes des Anciens étoient des secrets de famille. La même défiance régnera toutes les fois qu'il y aura deux partis.

Aujourd'hui, grace aux progrès de la

AVANT-PROPOS.

Philofophie, il n'y a rien de femblable dans la Litterature; & pour tous les gens de Lettres dignes de ce nom, Corneille & Sophocle, Homere & Milton, Pindare & Malherbe font contemporains. Jamais le prejugé n'a eu moins de force ni la raifon plus d'empire, & à la gloire de celle-ci, jamais les ouvrages même d'imagination n'ont été plus fainement jugés.

Que d'un côté les Tragédies de Racine & de l'autre le Poëme de Chapelain paruffent pour la premiere fois; y a-t-il aujourd'hui un feul homme de lettres qui penfât, qui voulût écrire : » On verra fi dans qua- » rante ans on lira les vers de Racine com- » me on lit ceux de Corneille... Le Poë- » me de la Pucelle a des endroits inimita- » bles : je n'y trouve autre chofe à redire » finon que M. Chapelain épuife fes ma- » tieres & n'y laiffe rien à imaginer au Lec- » teur. » Voilà cependant ce qu'un homme de Lettres eftimé, loué même parmi les bons Poëtes, écrivoit fous Louis XIV.

Saint-Evremont, ce Philofophe d'un goût

si renommé dans son tems, écrivoit à l'Abbé de Chaulieu : « Vous mettre au-dessus de Voiture & de Sarasin dans les choses galantes & ingénieuses, c'est vous mettre au-dessus de tous les Anciens. » Assûrement nous sommes plus justes. Sarasin comme Voiture avoit bien plus d'esprit que de goût. Il appelloit un Cigne expirant *un Cigne abandonné des Médecins.* Dans ses vers la Seine menace de ses *bâtons flottés* la fontaine de Forges, pour lui avoir enlevé deux Nymphes. Ce n'est pas ainsi que badinent Mrs. de Voltaire, Bernard, Saint-Lambert. Sarasin disoit de l'Amour tyrannique de Scuderi, que si Aristote eût vécu de son tems, ce Philosophe eût reglé une partie de sa Poëtique sur cette excellente Tragédie. Mais sans aller si loin, le judicieux Despréaux a placé Voiture à côté d'Horace.

Il est certain que le goût n'a jamais été aussi sain qu'à-présent : la preuve en est que jamais on n'a tant estimé, dans les ouvrages d'esprit, la vérité, la simple nature.

AVANT-PROPOS.

Il n'est pas moins certain, & je le ferai voir, que l'esprit philosophique loin d'avoir mis le génie à l'étroit, en a lui-même étendu la sphere. Celle de la Poësie s'est agrandie encore à nos yeux par le commerce de nos voisins avec lesquels nous communiquons plus que nous n'avons jamais fait. Or c'est de ces lumieres répandues autour de moi, bien plus que de mes observations particulieres, que j'ai entrepris de former une Poëtique raisonnée; & ma présomption dans cette entreprise n'est que la bonne opinion que j'ai de mon siecle. J'ai employé plusieurs années à ramasser les matériaux de cet ouvrage, & après l'avoir bien médité, j'ai mis tous mes soins à l'écrire. Je serai diffus pour les gens instruits; mais j'écris pour les commençans. Ceux qui sont versés dans l'étude de l'Art peuvent se dispenser de me lire. Mais un avantage de mon travail, s'il approchoit de son but, seroit d'éclairer le commun des hommes sur les beautés de la Poësie, & de les rendre plus sensibles à la douce joie de les appercevoir, qu'au plaisir malin de saisir & d'exagérer des défauts, souvent légers ou inévitables. Quant au plan que je vais suivre, il est tel qu'il se présente naturellement à l'esprit.

Je divise ma Poëtique en deux parties : L'une contient les idées élémentaires & les principes généraux ; L'autre en fait l'application aux divers genres de Poësie.

Il y a dans les Arts productifs quatre objets à considérer : l'Artiste, l'instrument, les matériaux & l'ouvrage. Trois sont les moyens de l'Art ; le quatrieme en est la fin ; & le meilleur usage possible des uns relativement à l'autre, est le résultat de toutes les regles.

Tel est le plan sur lequel j'ai dirigé ma méthode. Commençons par nous former une juste idée de l'Art que nous allons étudier.

POËTIQUE FRANÇOISE.

CHAPITRE PREMIER.
De la Poëſie en général.

SI je dis, comme Simonide, que la Peinture est une Poëſie muette, je crois la definir complettement ; ſi je dis que la Poëſie eſt une peinture animée & parlante, *aurium pictura*, je ſuis encore bien au-deſſous de l'idée qu'on en doit avoir.

Ceſt peu de rappeller ſon objet à l'eſprit, comme l'éloquence & l'hiſtoire, elle le préſente à l'imagination avec ſes traits & ſes couleurs, comme feroit un excellent tableau, & cela seul l'égale à la Peinture.

Virgile.
. . . . . Furor impius intus,
Sæva sedens super arma, & centum vinctus ahænis
Post tergum nodis, fremet horridus ore cruento.

Rubens lui-même auroit-il mieux peint la Discorde enchaînée dans le temple de Janus?

La Peinture saisit son objet en action, mais ne le présente jamais qu'en repos. En exprimant ces vers de Virgile:

Illa vel intactæ segetis per summa volaret
Gramina, nec teneras cursu læsisset aristas (a).

le Peintre représentera Camille élancée sur la pointe des épis, mais immobile dans cette attitude; au lieu qu'en Poësie l'imitation est progressive & aussi rapide que l'action même. La Poësie n'est donc plus le tableau, mais le miroir de la Nature.

Dans un miroir les objets se succedent & s'effacent l'un l'autre; la Poësie est comme un fleuve qui serpente dans les campagnes, & qui dans son cours répete à la fois tous

___
(a) De la moisson Camille effleuroit la surface,
Sans que le foible épi s'inclinât sous ses pas.

les objets répandus sur ses bords. Il y a plus : cet espace que parcourt la Poësie est dans l'étendue successive comme dans l'étendue permanente : ainsi le même vers présente à l'esprit deux images incompatibles, les étoiles & l'aurore, le présent & le passé.

Jamque rubescebat stellis aurora fugatis (a).

Dans les exemples du tableau du miroir & du fleuve, on ne voit qu'une surface ; la Poësie tourne autour de son objet comme la Sculpture, & le présente dans tous les sens.

Elle fait plus que répéter l'image & l'action des objets ; cette imitation fidele & servile, quelque talent, quelque soin qu'elle exige, est sa partie la moins estimable. La Poësie invente & compose ; elle choisit & place ses modeles, arrange & combine elle-même tous les traits dont elle a fait choix, ose corriger la Nature dans les détails & dans l'ensemble, donne de la vie & de l'ame aux corps, une forme

─────────────

(a) La pourpre de l'Aurore effaçoit les étoiles.

& des couleurs aux pensées, étend les limites des choses & se fait un nouvel univers.

Dans cette maniere de feindre & de composer, la Peinture a essayé de la suivre, mais elle n'a pu la suivre que de loin, & dans ce qu'elle a de plus facile : car ce n'est point dans le physique, mais dans le moral, qu'il est mal-aisé de réaliser les possibles, & d'imiter par la fiction ce qui n'est pas, comme s'il étoit : *Non solum quæ essent, verumtamen quæ non essent, quasi essent.*

Jul. Scal.

L'objet des Arts est infini en lui-même : il n'est borné que par leurs moyens. Le modele universel, la Nature, est présent à tous les Artistes ; mais le Peintre qui n'a que des couleurs ne peut en imiter que ce qui tombe sous le sens de la vûe ; le pinceau de Vernet ne rendra jamais dans une tempête, *Clamorque virûm stridorque rudentum* (a).

Boucher peindra Venus se dérobant aux

___
(a) Le cri des matelots & le bruit des cordages.

yeux d'Ænée ; mais il n'exprimera que bien confusément :

Ambrosiæque comæ divinum vertice odorem Spirare (a).

De même le Musicien qui n'a que des sons, ne peut rendre que ce qui affecte le sens de l'ouie, & pour former ce tableau des effets de la lyre d'Orphée,

At cantu commota Erebi de sedibus imis, Umbræ ibant tenues (b),

l'harmonie appellera la danse & la peinture à son secours, comme dans nos spectacles lyriques. Il est vrai que chacun de ces Arts exprime son objet plus vivement que ne fait la Poësie, par la raison que les signes naturels qu'ils emploient ressemblent à ce qu'ils imitent ; au lieu que le rapport des signes de la Poësie avec ce qu'ils nous rappellent, est tout fictif & de

―――――――――――――――

(a) Et ses cheveux flotans, arrosés d'ambroisie,
En répandent au loin le céleste parfum.

(b) De l'Erebe à sa voix les ombres fugitives,
Ont quitté leur asile & volent sur ses pas.

convention. Mais cet équivalent universel des signes des Arts, la parole, fait au commun des hommes assez d'illusion, pour les émouvoir au même degré que le souvenir le plus fidéle, & pour reproduire aux yeux de l'ame l'univers physique & moral.

Cependant, ni les objets de tous les sens ne sont également favorables à cette peinture intellectuelle, comme je l'observerai à propos des images, ni toutes les langues n'ont la même faculté de renouveller dans l'ame les impressions de tous les sens. Plus une langue a de signes distincts pour les idées & les rapports des idées, plus elle est favorable à l'éloquence, à la Philosophie, à tout ce qui parle à l'esprit: plus une langue abonde en termes figurés nombreux & sonores, plus elle est favorable à la Poësie. Il est encore une expression aussi simple que celle des idées, aussi vive que celle des images, & qui dans l'éloquence & la Poësie peut donner à une langue sur les autres langues un avantage prodigieux : c'eft l'expreffion du fentiment. Plus elle eft abondante, & graduée en nuances diftinctes & délicatement faifies, plus il eft facile au Poëte de peindre les émotions & les penchans dont elle marque les degrés. Concluons que toutes les langues ne font pas également Poëtiques, & que la Poëfie elle-même, qui s'étend fi loin au de-là des limites de tous les arts, eft enfermée comme eux encore dans des bornes plus ou moins étroites, felon que la langue où elle s'exerce la favorife ou la contraint. Mais quelque gênée qu'elle foit, ni aucun des arts, ni tous les arts enfemble n'imiteront ce qu'elle exprime.

Elle feule pénetre au fond de l'ame & en expofe à nos yeux les replis. Ni les douces gradations du fentiment, ni les violents accès de la paffion ne lui échapent. Le degré d'élévation & de fenfibilité, d'énergie & de reffort, de chaleur & d'activité qui varie & diftingue les caractères à l'infini, toutes ces qualités, dis-je, & les qualités oppofées font exprimées par la Poëfie.

La même vertu, le même vice a mille nuances dans la nature ; la Poësie a mille couleurs pour distinguer toutes ces nuances. C'est peu d'être aussi variée, aussi féconde que la nature même ; la Poësie compose des ames, comme la Peinture imagine des corps. C'est un assemblage de traits pris çà & là de différens modèles, & dont l'accord fait la vraisemblance. Les personnages ainsi formés, elle les oppose & les met en action : action plus vive, plus touchante que la Peinture ne peut l'exprimer, action variée dans son unité, soutenue dans sa durée, & sans cesse animée dans ses progrès par des obstacles & des combats.

La Poësie en récit n'avoit que les signes arbitraires de la parole ; il lui manquoit ce degré de vérité qui seul affecte le plus grand nombre. Qu'a-t-elle fait ? elle a imaginé de donner à son imitation tous les dehors de la réalité : de-là le genre dramatique, où tout n'est pas illusion comme dans un tableau, où tout n'est pas vrai comme dans la nature ; mais où le mélange de la fiction

& de la vérité produit cette illusion temperée qui fait le charme de nos spectacles. Il est faux que l'Actrice que je vois pleurer & que j'entens gémir soit Ariane ; mais il est vrai qu'elle pleure & gémit : mes yeux & mes oreilles ne sont point trompés ; tout ce qui les frape est réel : l'illusion n'est que dans ma pensée. Tel est l'art de la Poësie dramatique, le plus séduisant & le plus ingénieux de tous les arts d'imitation.

L'illusion de la Poësie n'est pas toujours soutenue par le prestige de l'action théatrale : c'est un secours qui lui vient du dehors, & dont elle a du pouvoir se passer : elle étoit même au comble de sa gloire avant que de l'avoir acquis ; mais ce fut au soin qu'elle prit de séduire & de captiver un autre sens que celui de la vue, l'oreille, ce Juge délicat & sensible, qu'elle dut ses premiers succès. A l'expression du sentiment & des images elle voulut joindre l'expression de la voix, & non seulement émouvoir l'ame par l'éloquence du sentiment & le coloris des images, mais enchanter l'oreille elle-même par la beauté physique des sons. La premiere de ces expressions lui tenoit lieu des couleurs de la Peinture ; la seconde, si elle eût été complette, y eût ajouté les accens de la Musique : & c'est alors que la Poësie eût merité d'être appellée le langage des Dieux.

Cette réunion de la Musique & de la Peinture nous donne l'idée de la Poësie telle que les Grecs avoient osé la concevoir. Ce peuple doué d'un goût exquis dans la recherche de toutes les voluptés de l'ame, ce peuple qui dans tous les Arts dont les Chefs-d'œuvre ont pu se conserver, nous a laissé des modèles parfaits, & qui vraisemblablement n'excelloit pas moins dans les Arts dont le tems a détruit les monuments fragiles, ce peuple ingénieux en tout, s'étoit fait comme par instinct, une langue à la fois harmonieuse & imitative, dont les sons, les nombres, les accens donnoient aux mots le caractère des choses, & disposoient l'ame par l'émotion de l'oreille, à recevoir plus vivement
l'impression

l'impression de l'image, ou du sentiment qui lui étoit transmis.

Graiis ingenium, Graiis dedit ore rotundo
Musa loqui, præter laudem nullius avaris. Horat.

Les Latins imiterent les Grecs en cela comme en toutes choses; mais leur Langue moins fléxible, moins mélodieuse que celle des Grecs, ne put donner à leurs vers la même expression musicale; & quel doit être le charme des vers d'Homere, s'ils sont plus harmonieux que ceux de Virgile!

Les Langues modernes dans leur naissance n'avoient consulté ni la nature pour la peindre, ni les Langues anciennes pour les imiter. Elles se sont polies avec l'esprit & les mœurs des peuples; elles ont acquis de la souplesse, de la rondeur & du liant; mais elles n'ont rien gagné du côté des accens, & peu de chose du côté du nombre.

Les grands objets de la Poësie moderne, ce qui met le Tasse, l'Arioste, Milton, Corneille, Racine, la Fontaine, à côté, quelquefois au-dessus des Poëtes anciens, c'est le dessein, le coloris, l'ordonnance, la fierté mâle des grandes touches, là délicatesse des touches légères, l'harmonie de l'ensemble & le précieux des détails, en un mot, la partie de la Peinture, à laquelle toutes les Langues peuvent suffire, parce que dès leur naissance elles sont toutes figurées. Mais la partie musicale de la Poësie ancienne est perdue, & tout ce que le goût & le génie ont fait pour y suppléer ne nous en a donné que l'ombre.

La Poësie s'est donc éloignée d'âge en âge de cette institution primitive, qui en avoit fait un composé de l'expression de la Peinture & de celle de la Musique; mais peut-être auroit-elle encore quelque moyen de s'en rapprocher, & l'on verra que je suis bien loin de vouloir qu'elle y renonce. Je dis seulement que ce qu'on appelle aujourd'hui l'harmonie de nos vers, ne mérite pas d'être regardé comme une partie essentielle de la Poësie; & qu'en la supposant réduite au même langage que l'Éloquence, elle ne laisseroit pas d'être encore le plus ingénieux, le plus touchant, le plus enchanteur de tous les arts.

Platon décide que « celui qui ne con-
» noît pas le rithme ne peut être appellé ni
» Musicien ni Poëte » ; & je conviens que le rithme est essentiel à la Poësie ; mais ce n'est pas celui du vers, & l'on sait que la prose a le sien.

La Poësie est une Peinture qui parle, ou si l'on veut un langage qui peint. Le comble de l'Art seroit de peindre en même temps à l'esprit & à l'oreille ; mais si réduite à peindre à l'esprit, elle y excelle, n'est-ce point assez ? L'harmonie musicale y mêloit sans doute un nouveau charme, & les Anciens avoient raison de s'y appliquer avec tant de soin ; car l'esprit est bien indulgent quand l'oreille est une fois gagnée : que de choses foibles & communes sont embellies par des vers harmonieux ! Voyez les Géorgiques de Virgile. Mais si la beauté des tableaux que la Poësie retrace à l'imagination, si les traits pathétiques dont elle

D ij

pénétre l'ame, la dispensent de s'attacher à produire ces effets qui enchantent l'oreille, changera-t-elle de nature en négligeant l'un de ses moyens ? Supposons que les belles scènes d'Euripide & de Sophocle, que les morceaux sublimes d'Homere & de Milton n'ayent jamais été qu'en prose éloquente & harmonieuse ; qui osera dire que ce n'est point de la Poësie ; que les hommes de génie qui ont si bien peint n'étoient pas Poëtes ; & qu'un ouvrage de ce style, rempli de pareilles beautés, ne mériteroit pas le nom de Poëme ?

Tous les Poëmes anciens sont écrits en vers : ils auroient perdu à ne pas l'être. Nous demandons aussi que nos Poëmes soient en vers ; mais est-ce demander la même chose ? le plaisir qui peut résulter d'une égalité de mesure absolument idéale, & qui n'a rien de réel pour l'oreille, l'agrément de fantaisie que nous avons attaché à la rime, la surprise que nous cause la difficulté vaincue, & l'air de liberté qui dans un vers facile nous cache le travail

& la gêne; ces avantages de nos vers sur une prose animée & brillante, sont-ils tellement inséparables de la Poësie, que l'en priver ce soit l'anéantir? La fiction, l'imitation, le coloris, l'expression, le dessein, l'ordonnance, la peinture au plus haut degré ne seront plus de la Poësie dès qu'il y manquera ce nombre de syllabes, ces repos, & ces consonnances qui font l'essence de nos vers! c'est à quoi je ne puis souscrire. Aristote l'a dit: c'est le fond des choses, non la forme des vers, qui fait le Poëte & qui caractérise la Poësie. Castelvetro discute cette opinion, mais il y revient lui-même après l'avoir combattue. Or si le charme des vers d'Homere n'étoit pas de l'essence de la Poësie, si on la concevoit dénuée de cette harmonie enchanteresse, exigera-t-elle des vers sans rithme, & qui sont à peine des vers? il faut avouer que dans la Langue Grecque la prose disputoit aux vers même la beauté du nombre & de l'harmonie: Quintilien a dit de Platon que sa prose étoit inspirée;

& Cicéron, que si Dieu parloit aux hommes il parleroit le langage de Platon; aussi n'ai-je pas prétendu qu'il fallut négliger de donner à la prose tous les charmes dont elle est susceptible; je crois même qu'elle exige une plénitude d'idées & de sentimens, une chaleur, une continuité d'action dont peut se passer un Poëme, où le méchanisme des vers occupe l'ame par intervale. C'est à quoi s'est mépris la Mothe en hazardant son Œdipe en prose. Il y avoit trop de vuides à remplir dans un sujet aussi simple : c'étoit Inez qu'il falloit prendre, en retrancher la scène du conseil, serrer l'intrigue, la réduire à trois actes; & son épreuve auroit réussi.

La fiction est-elle de l'essence de la Poësie ? Je réponds d'abord que pour corriger, embellir, animer la Nature, pour annoblir la vérité par le mélange du merveilleux, le Poëte est souvent obligé de feindre; ainsi la fiction est la compagne de la Poësie. Mais en doit-elle être la compagne assidue ? ou plutôt, la Poësie est-elle l'alliance indissoluble de la fiction & de la vérité ? C'est demander si la Nature, dans la réalité, n'est jamais assez belle, assez touchante pour être peinte sans ornemens. La question réduite à ce point de simplicité n'est pas difficile à résoudre. Le don de feindre est un talent essentiel au Poëte, par la raison qu'il peut à chaque instant avoir besoin d'embellir son objet; mais la fiction n'est pas essentielle à la Poésie, par la raison que l'objet qu'elle imite peut être assez beau en lui-même pour n'avoir pas besoin d'être orné.

Il faut cependant distinguer ici le mérite du Poëme & le mérite du Poëte. Celui qui le premier a imaginé que le soleil se plongeoit dans l'onde & alloit se reposer dans le sein de Thétis après avoir rempli sa carriere, a eu sans doute une idée très-poétique; mais celui qui avec les couleurs de la nature auroit peint le premier le soleil couchant, à demi plongé dans des nuages d'or & de pourpre, & laissant voir encore au-dessus de ces vagues enflammées la moitié de son globe éclatant; celui qui auroit exprimé les accidens de sa lumiere sur le sommet des montagnes, & & le jeu de ses rayons à travers le feuillage des forêts, tantôt imitant les couleurs de l'arc-en-ciel, tantôt les flammes d'une incendie, celui-là je crois, auroit pu dire aussi, Je suis Poëte, quoiqu'il ne fût dans aucune des deux classes que nous assigne Scaliger. *Aut addit ficta veris, aut fictis vera imitatur.*

Cependant, ce tableau du coucher du soleil seroit-il aussi ingénieux que la fable des amours d'Apollon pour la Déesse des mers ? Non sans doute, quand même il feroit une impression plus vive, & que par l'émotion que nous cause le beau spectacle de la Nature, nous y serions plus attachés.

Que de deux Poëmes il y en ait un dont l'action, l'intrigue, les caracteres soient de pure invention ; sans être plus beau que celui qui après l'histoire présente une action réelle & des personnages connus, il aura sur lui l'avantage du génie créateur sur le génie imitateur & peintre. Mais ce mérite, tout recommandable qu'il est, n'est point essentiel à la Poësie, & je me propose de le faire voir en parlant de l'invention.

A présent, quelle est la fin que la Poësie se propose ? Il faut l'avouer : le plaisir. S'il est vicieux, il la deshonore; s'il est vertueux, il l'annoblit; s'il est pur, sans autre utilité que d'adoucir de tems en tems les amertumes de la vie, de semer les fleurs de l'illusion sur les épines de la vérité, c'est encore un bien précieux. Horace distingue dans la Poësie l'agrément sans utilité & l'utilité sans agrément : l'un peut se passer de l'autre, je l'avoue, mais cela n'est pas réciproque, & le Poëme didactique même a besoin de plaire, pour instruire avec plus d'attrait. Mais qu'à l'aspect des merveilles de la Nature, plein de reconnoissance & d'amour, le génie aux aîles de flamme, s'élance au sein de la divinité; qu'ami passionné des hommes, il consacre ses veilles à la noble ambition de les rendre meilleurs & plus heureux ; que dans l'ame héroïque du Poëte l'enthousiasme de la vertu se mêle à celui de la gloire ; c'est alors que la Poësie est un culte, & que le Poëte s'éleve au rang des bienfaicteurs de l'humanité.

L'idée que j'attache à la Poësie est donc celle d'une imitation en style harmonieux, tantôt fidele, tantôt embellie de ce que la Nature, dans le physique & dans le moral, peut avoir de plus capable d'affecter, au gré du Poëte, l'imagination & le sentiment.

Par la Nature j'entends le système universel des choses, soumises à un pouvoir suprême, selon l'idée de Scaliger : *Natura, potentia Dei ; fortuna verò, voluntas* : idée qui embrasse non-seulement le cours régulier & constant du monde, mais l'interruption de ses loix par des causes prédominantes que le Poëte suppose & que l'on admet : soit que le merveilleux des prodiges se fonde sur l'opinion ; soit qu'imaginés à plaisir, l'esprit ne donne à leur vraisemblance que l'adhésion du moment, &

qu'ils passent comme de beaux songes.

Cette définition une fois établie, toutes les regles en vont découler. La premiere est d'être né Poëte : Horace & Despréaux l'ont dit avant moi ; je vais tâcher d'expliquer leur pensée.

CHAPITRE II.

Des Talens du Poëte.

LEs trois facultés de l'ame d'où dérivent tous les talens littéraires, sont l'esprit, l'imagination & le sentiment ; & dans leur mélange, c'est le plus ou le moins de chacune de ces facultés qui produit la diversité des génies.

Dans le Poëte, c'est l'imagination & le sentiment qui dominent ; mais si l'esprit ne les éclaire ils s'égarent bien-tôt l'un & l'autre. L'esprit est l'œil du génie dont l'imagination & le sentiment sont les ailes.

Toutes les qualités de l'esprit ne sont pas essentielles à tous les genres de Poësie. Il n'y a que la pénétration & la justesse dont aucun d'eux ne peut se passer: l'esprit faux gâte tous les talens; l'esprit superficiel ne tire avantage d'aucun.

Je n'ai consideré dans la Poësie, en la définissant, que ce qui la distingue de l'éloquence, de l'histoire, de la philosophie, c'est-à-dire, le don de peindre. Mais elle quitte souvent le pinceau pour prendre le style noble & simple de l'histoire, le style vehément ou temperé de l'éloquence, le style clair & précis de la Philosophie. Tout n'est pas image & sentiment dans un Poëme: il y a des intervales où la pensée brille seule & de son éclat: car il ne faut jamais oublier que l'image n'en est que la parure; & lors même que la pensée est colorée par l'imagination ou animée par le sentiment, elle nous frappe d'autant plus qu'elle est plus spirituelle, c'est-à-dire, plus vive, plus finement saisie, & d'une combinaison à la fois plus juste & plus nouvelle dans ses rapports. L'esprit n'est donc pas moins essentiel au Poëte qu'au Philosophe, à l'Historien, à l'Orateur.

Chacune des qualités de l'esprit a son genre de Poësie où elle domine. Par exemple, la finesse à l'Epigramme; la délicatesse, l'Elégie & le Madrigal; la légereté, l'Epitre familiere; la naïveté, la Fable; l'ingénuité, l'Eglogue; l'élévation, l'Ode, la Tragédie & l'Epopée.

Il est des genres qui demandent plusieurs de ces qualités réunies. La Comédie, par exemple, exige à la fois la sagacité, la pénétration, la force, la profondeur, la légereté, la vivacité, la finesse; & qu'on ne s'étonne pas si elle rassemble presque toutes les ressources de l'esprit, tandis que la justesse, la profondeur & l'élévation suffisent à la Tragédie: c'est que la Tragédie a pour elle le grand ressort du pathétique dont la Comédie est privée.

La raison, que je définis, la faculté de se replier sur ses idées, d'en saisir nettement les rapports & de suivre la chaîne qui les lie, la raison, dis-je, est la base de l'esprit; & cette faculté appliquée à l'étude de la nature, n'est autre chose que l'esprit Philosophique. Or on demande, non pas s'il est essentiel au Poëte, mais s'il ne lui est pas nuisible ? Question qui sera bientôt résolue, si l'on veut s'entendre & se concilier.

Ce n'est qu'après une étude refléchie de la nature, & hors de nous, & en nous-mêmes, de ses lois dans le physique, de ses principes dans le moral, qu'on peut se livrer au talent de la peindre. Il y a un esprit, quel qu'il soit, qui combine & dispose les ressorts de l'éloquence, qui choisit & place le modèle sous les yeux de la Poësie, & qui marque à l'une & à l'autre l'endroit du cœur où elle doit frapper. Je parle de l'éloquence & de la Poësie, & dans ces deux classes je comprends tous les talens littéraires ; car tout se réduit à peindre & à persuader, à nous pénétrer de ce qui se passe au dehors, & à rendre sensible au dehors ce qui se passe au dedans de nous-mêmes. Or cet esprit lumineux & sage qui puise dans la nature les règles & les moyens de l'art, est le même qui préside à la saine Philosophie.

L'esprit Philosophique, l'esprit Poëtique, l'esprit Oratoire ne sont qu'un : c'est le bon esprit, qui prend des directions différentes selon le but qu'il se propose. Craindre qu'il n'égare le Poëte dans les espaces de la métaphysique, ou qu'il ne le mene à pas comptés dans l'étroit sentier du dialectitien, c'est supposer faux cet esprit dont la justesse fait l'essence.

On a peur que cette justesse rigoureuse ne mette le génie à l'étroit. Je ne connois pourtant pas un seul morceau de Poësie digne d'être cité, où les pensées ne soient justes dans la plus exacte rigueur : je dis justes, dans leurs rapports avec les mœurs, les opinions, les desseins de celui qui parle : verité relative très-indépendante de la verité absolue, dont il ne faut jamais s'occuper.

Et pourquoi seroit-il plus difficile en Poësie de penser juste que de penser faux ? L'harmonie & le coloris se refusent-ils à l'expression des idées qui sont d'accord avec elles-mêmes ? conduits par un esprit sévére, l'imagination & le sentiment ne peuvent plus s'abandonner au caprice d'un faux enthousiasme, je l'avoue ; & tant mieux pour la Poësie, où *rien n'est beau que le vrai.* « L'Art, dit le Tasse, n'est que la » prudence même » ; & il en est des loix de la raison comme de celles dont Platon a dit : « Ce ne sont pas des chaînes qui nous » lient, mais des aîles qui nous élevent aux » cieux. » N'obéir qu'à de justes loix, c'est la liberté du génie.

L'imagination est cette faculté de l'ame qui rend les objets présens à la pensée. Elle suppose dans l'entendement une appréhension vive & tenace, & la docilité la plus prompte à reproduire ce qu'il a reçu. Quand l'imagination ne fait que retracer les objets qui ont frappé les sens, elle ne differe de la mémoire que par la vivacité des couleurs. Quand de l'assemblage des traits que la mémoire a recueillis, l'imagination compose elle-même des tableaux dont l'ensemble n'a point de modele dans

la

la Nature, elle devient créatrice, & c'est alors qu'elle appartient au génie.

Il est peu d'hommes en qui la réminiscence des objets sensibles ne devienne, par la réflexion, par la contention de l'esprit, assez vive, assez détaillée pour servir de modele à la Poësie. Les enfans mêmes ont la faculté de se faire une image frapante, non-seulement de ce qu'ils ont vû, mais de ce qu'ils ont oui dire d'intéressant, de pathétique. Tous les hommes passionnés se peignent avec chaleur les objets relatifs au sentiment qui les occupe. La méditation dans le Poëte peut opérer les mêmes effets: c'est elle qui couve les idées & les dispose à la fécondité; & quand il peint foiblement, vaguement, confusément, c'est le plus souvent pour n'avoir pas donné à son objet toute l'attention qu'il exige.

Vous avez à peindre un vaisseau battu par la tempête, & sur le point de faire naufrage. D'abord ce tableau ne se présente à votre pensée que dans un lointain qui l'efface; mais voulez-vous qu'il vous soit plus préfent ? Parcourez des yeux de l'efprit les parties qui le compofent : dans l'air, dans les eaux, dans le vaiffeau même, voyez ce qui doit fe paffer. Dans l'air, des vents mutinés qui fe combattent, des nuages qui éclipfent le jour, qui fe choquent, qui fe confondent, & qui de leurs flancs fillonnés d'éclairs, vomiffent la foudre avec un bruit horrible. Dans les eaux, les vagues écumantes qui s'élevent jufqu'aux nues, des lames polies comme des glaces qui réfléchiffent les feux du ciel, des montagnes d'eau fufpendues fur les abîmes qui les féparent, ces abîmes où le vaiffeau paroît s'engloutir, & d'où il s'élance fur la cime des flots. Vers la terre, des rochers aigus où la mer va fe brifer en mugiffant, & qui préfentent aux yeux des Nochers les débris récents d'un naufrage, augure effrayant de leur fort. Dans le vaiffeau, les antennes qui fléchiffent fous l'effort des voiles, les mâts qui crient & fe rompent, les flancs même du vaiffeau qui gémiffent battus par les vagues & menacent de s'entrouvrir; un Pilote éperdu dont l'art épuifé fuccombe & fait place au defefpoir; des Matelots accablés d'un travail inutile, & qui fufpendus aux cordages, demandent au ciel avec des cris lamentables de feconder leurs derniers efforts; un héros qui les encourage & qui tâche de leur infpirer la confiance qu'il n'a plus. Voulez-vous rendre ce tableau plus touchant & plus terrible encore? Suppofez dans le vaiffeau un pere avec fon fils unique, des époux, des amans qui s'adorent, qui s'embraffent, & qui fe difent, nous allons périr. Il dépend de vous de faire de ce vaiffeau le théâtre des paffions, & de mouvoir avec cette machine tous les refforts les plus puiffans de la terreur & de la pitié. Pour cela il n'eft pas befoin d'une imagination bien féconde; il fuffit de réfléchir aux circonftances d'une tempête, pour y trouver ce que je viens d'y voir. Il en eft de même de tous les tableaux dont les objets tombent fous les fens: plus on y réfléchit, plus ils fe développent. Il eft vrai qu'il faut avoir le

E ij

talent de rapprocher les circonstances, & de rassembler des détails qui sont épars dans le souvenir ; mais dans la contention de l'esprit la mémoire rapporte comme d'elle-même ces matériaux qu'elle a recueillis ; & chacun peut se convaincre, s'il veut s'en donner la peine, que l'imagination dans la Physique est un talent qu'on a sans le savoir.

Il arrive même, comme elle abonde, qu'on en abuse quelquefois. C'est manquer de goût que de vouloir tout peindre. Il est des objets qu'il ne faut qu'indiquer ; & c'est un art assez difficile que celui de rendre son objet sensible par des traits qui, quoique détachés, fassent l'impression de l'ensemble. Les Peintres employent cette maniere pour les objets vûs de loin ; les Poëtes doivent l'employer dans le passage d'un tableau à un autre, & dans les faits peu intéressans sur lesquels l'esprit veut glisser : j'observerai même en général que les peintures du Poëte dans le physique ne sont que des esquisses que nous finissons nous-mêmes en lisant.

Je ne confonds pas avec l'imagination un don plus précieux encore, celui de s'oublier soi-même, de se mettre à la place du personnage que l'on veut peindre, d'en revêtir le caractere, d'en prendre les inclinations, les intérêts, les sentimens; de le faire agir comme il agiroit, & de s'exprimer sous son nom comme il s'exprimeroit lui-même. Ce talent de disposer de soi differe autant de l'imagination que les affections intimes de l'ame different de l'impression faite sur les sens. Il veut être cultivé par le commerce des hommes, par l'étude de la Nature & des modeles de l'Art : c'est l'exercice de toute la vie, encore n'est-ce point assez. Il suppose de plus une sensibilité, une souplesse, une activité dans l'ame que la Nature seule peut donner. Il n'est pas besoin, comme on le croit, d'avoir éprouvé les passions pour les rendre, mais il faut avoir dans le cœur ce principe d'activité qui en est le germe comme il est celui du génie. Aussi entre mille Poëtes qui savent peindre ce qui frappe les yeux, à peine s'en trouve-t-il un qui sache développer ce qui se passe au fond de l'ame. La plûpart connoissent assez la Nature pour avoir imaginé, comme Racine, de faire exiger d'Oreste par Hermione qu'il immolât Pyrrhus à l'autel; mais quel autre qu'un homme de génie auroit conçu ce retour si naturel & si sublime?

Pourquoi l'assassiner? qu'a-t-il fait? à quel titre?
   Qui te l'a dit?

les allarmes de Mérope sur le sort d'Egiste, sa douleur, son desespoir à la nouvelle de sa mort, la révolution qui se fait en elle en le reconnoissant, sont des mouvemens que la Nature indique à tout le monde; mais ce retour si vrai, si pathétique,

» Barbare, il te reste une mere.
» Je serois mere encor sans toi, sans ta fureur.

cet égarement où l'excès du péril étouffe la crainte dans l'ame d'une mere éperdue,

» Eh bien, cet étranger, c'est mon fils, c'est
  » mon sang.

ces traits, dis-je, ne se présentent qu'à un Poëte qui est devenu Mérope par la force de l'illusion. Il en est de même du *Qu'il mourût* du vieil Horace, & de tous ces mouvemens sublimes dans leur simplicité, qui semblent, quand ils sont placés, être venus s'offrir d'eux-mêmes. Lorsque le vieux Priam aux pieds d'Achille dit en se comparant à Pelée : « Combien suis-je plus » malheureux que lui ? Après tant de cala- » mités, la fortune impérieuse m'a réduit » à oser ce que jamais mortel n'osa avant » moi : elle m'a réduit à baiser la main » homicide & teinte encore du sang de » mes enfans ». On se persuade que dans la même situation on lui eût fait tenir le même langage ; mais cela ne paroît si simple que parce qu'on y voit la Nature ; & pour la peindre avec cette vérité, il faut l'avoir, non pas sous les yeux, non pas en idée, mais au fond de l'ame.

Ce sentiment dans son plus haut degré de chaleur, n'est autre chose que l'enthousiasme ; & si l'on appelle ivresse, délire ou fureur, la persuasion que l'on n'est plus soi-même, mais celui que l'on fait agir, que l'on n'est plus où l'on est, mais présent à ce que l'on veut peindre; l'enthousiasme est tout cela. Mais on se tromperoit si, sur la foi de Ciceron, l'on attendoit tout des seules forces de la Nature & du Soufle divin dont il suppose que les Poëtes sont animés: *Poëtam Natura ipsa valere, & mentes viribus excitari, & quasi divino quodam spiritu afflari.*

Il faut avoir profondément sondé le cœur humain pour en saisir avec précision les mouvemens variés & rapides, pour devenir soi-même dans la vérité de la Nature, Mérope, Hermione, Priam, & tour à tour chacun des personnages que l'on fait parler & agir. Ce que Platon appelle *manie* suppose donc beaucoup de sagesse, & je doute que Locke & Pascal fussent plus Philosophes que Racine & Moliere. Castelvetro définit la Poësie pathétique, *Trovamento & essercitamento della persona ingeniosa & non della furiosa; non essendo il furioso atto à transformar si in varie passioni, ne sollicito investigatore di quello che si facciano & dicano i passionati.* Et en cela il a raison; mais il se trompe lorsqu'il prétend qu'il n'est pas besoin que le Poëte se passionne: *Io non so si altri se possa adirare, sentire dolore, allegrezza, o maraviglia, o altro, à sua volunta, quando e quieto, giolivo, &c.* Ce n'est qu'avec cette faculté de changer de caractere & de situation, de se pénétrer des sentimens, des affections que l'on veut peindre, qu'on est en état de les bien exprimer: c'est la pensée d'Aristote, que l'Interprete Italien n'a pas saisie quand il a donné Pétrarque réellement amoureux, pour exemple de la situation où doit être l'ame du Poëte, dans le sens de son Auteur.

L'enthousiasme n'est donc pas une fureur vague & aveugle, mais c'est la passion du moment, dans sa vérité, sa chaleur naturelle: c'est la vengeance, si l'on fait parler Atrée; l'amour, si l'on fait parler Ariane; la douleur & l'indignation, si l'on fait parler Philoctete. Il arrive souvent que l'imagination du Poëte est frappée, & que son cœur n'est pas ému. Alors il peint vivement tous les signes de la passion, mais il n'en a point le langage. Le Tasse après la mort de Clorinde, avoit Tancrede devant les yeux, aussi l'a-t-il peint comme d'après nature,

Pallido, freddo, muto, e quasi privo
Di movimento, al marmo gli occhi affissi,
Al fin sgargando un lacrimoso rivo,
In un languido ohime proruppe.

mais pour le faire parler ce n'étoit pas assez de le voir, il falloit être un autre lui-même; & c'est pour n'avoir pas été dans cette pleine illusion, qu'il lui a fait tenir un langage peu naturel.

Quelques Auteurs ont fait consister l'essence de la Poësie dans l'enthousiasme, c'est prendre la cause pour l'effet. Il est certain qu'il n'y a pas d'imitation vive & fidele si le Poëte n'est pas dans l'illusion, c'est-à-dire, s'il ne croit pas voir ce qu'il peint, s'il ne sent pas ce qu'il exprime; mais dans les peintures douces & riantes, l'illusion du Poëte n'est rien moins que cette aliénation d'esprit qu'on appelle enthousiasme. Celle-ci est reservée aux sujets qui emportent l'ame hors d'elle-même, & dans lesquels, pour rendre la Nature, il faut ne plus se posséder; encore ferai-je voir en traitant de l'Ode qu'alors même le délire poëtique est soumis aux loix du bon sens & au principe rigoureux de la vérité relative. Il me suffit ici d'avoir indiqué en quoi il consiste, & de quelle faculté de l'ame il dépend.

Un don qui n'est pas moins esséntiel au Poëte que ceux de l'esprit & de l'ame, c'est une oreille délicate & juste. Celui à qui le sentiment de l'harmonie est inconnu doit renoncer à la Poësie; mais ceci demande un détail où je me propose d'entrer en traitant des qualités du style.

Le goût semble aussi devoir être mis au nombre des talens du Poëte; mais ce qu'il y a de naturel ne differe point de la sagacité de l'esprit & de la sensibilité de l'ame; & ce qu'il y a d'artificiel & d'acquis est le fruit de l'étude & de l'expérience.

CHAPITRE III.

Des Études du Poëte.

LE Poëte doit connoître son Art, ses talens, ses moyens, les instrumens dont il se sert, & les matériaux qu'il employe.

L'étude de l'Art a deux branches, les préceptes & les modeles. J'ai tâché de donner une idée de la Poësie; je vais essayer d'en recueillir & d'en exposer les préceptes. Mon dessein est d'ôter aux regles connues ce qu'elles peuvent avoir de capricieux, & de gênant pour le génie, & de les rendre assez claires, assez constantes, pour mériter la comparaison qu'en fait le Tasse avec les étoiles qui conduisent les Matelots: *E possono in qualche modo schifare l'inconstanza delle maritime cose, con la constanza delle celesti.* Quant aux modeles, j'aurai soin d'indiquer dans le cours de mes réflexions ceux que l'on doit consulter & suivre.

Disc. del.
P. heroi.
L. III.

Après avoir bien connu les principes de l'Art & les facultés qu'il exige, il faut s'étudier, se consulter soi-même. Si l'imagination se frappe, si le cœur s'affecte aisément, s'il y a de l'une à l'autre une correspondance mutuelle & rapide ; si l'oreille a pour le nombre & l'harmonie une délicate sensibilité ; si l'on est vivement touché de la beauté de la Poësie ; si l'ame échauffée à la vûe des grands modeles, se sent élever au-dessus d'elle-même par une noble émulation ; si, dès qu'on a conçu l'idée essentielle & primitive d'un sujet, on la voit au-dedans de soi-même, se développer, se colorer, s'animer & devenir féconde ; si l'on éprouve ce besoin, cette impatience de produire qui vient de l'abondance & de la fermentation des esprits ; si l'on saisit facilement le rapport des idées abstraites avec les objets sensibles dont elles peuvent revêtir les couleurs, ou plutôt si ces idées naissent dans l'esprit revêtues de ces images ; si les objets se présentent d'eux-mêmes sous la face la plus intéressante, la plus favorable à la peinture; on peut se croire né Poëte & se livrer aux études relatives à ce talent.

Vida. *Huic Musæ indulgent omnes, hunc poscit Apollo*(a).

A moins de ces dispositions naturelles, on fera peut-être des vers pleins d'esprit, mais dénués de poësie.

A l'étude de ces moyens personnels doit succeder celle des moyens étrangers. L'instrument de la Poësie, c'est la langue; & si tout homme qui se mêle d'écrire doit commencer par bien connoître les principes, le génie & les ressources de la langue dans laquelle il écrit, cette connoissance est encore plus essentielle au Poëte, dans les mains duquel la langue doit avoir la docilité de la cire, à prendre la forme qu'il veut lui donner. Les variations, les nuances du style sont infinies, & leurs degrés inaprétiables. Le goût, ce sentiment délicat de ce qui doit plaire ou déplaire,

---

(a) C'est lui que les Muses caressent,
C'est lui que demande Apollon.

est seul capable de les saisir. Or le goût ne s'enseigne point ; il s'acquiert par l'usage fréquent du monde, par l'étude assidue & méditée du petit nombre des bons Écrivains : encore suppose-t-il une finesse de perceptions qui n'est pas donnée à tous les hommes. Je tâcherai dans la suite de développer, autant qu'il est en moi, le méchanisme du style, & d'indiquer ce qu'il a de relatif à l'esprit, au sentiment, à l'oreille ; mais je préviens que sans le talent, ces spéculations ne peuvent faire qu'un stérile & foible Écrivain. Un Peintre doit connoître ses couleurs ; mais savoir les broyer, ce n'est pas savoir peindre.

La Nature fournit les matériaux de la Poësie : c'est donc la Nature qu'il faut étudier ; & l'objet le plus intéressant qu'elle présente à l'homme, c'est l'homme même. Mais dans l'homme il y a l'étude de la Nature, celle de l'habitude, celle de l'habitude & de la Nature combinées, ou si l'on veut, de la Nature modifiée par les mœurs.

Le premier soin du Peintre, dans ses

études, est de chercher des modeles dans lesquels les proportions, les formes, les contours, les mouvemens, les attitudes soient tels que les donne la Nature, avant que l'habitude en altere la pureté. Le même soin doit occuper le Poëte. Il est comme impossible que dans l'homme en société le naturel soit pur & sans mélange; mais peut-être, avec un esprit juste & capable de réflexion, n'est-il pas aussi mal-aisé qu'il le semble, de distinguer en soi-même & dans ses pareils ce que le naturel y produit, de ce que la culture y transplante. Le soin de sa vie & de sa défense, de son repos & de sa liberté, le ressentiment du bien & du mal, les retours d'affection & de haine, les liens du sang & ceux de l'amour, la bienfaisance, la douce pitié, la jalousie & la vengeance, la répugnance à obéir & le desir de dominer, tout cela se voit dans l'homme inculte bien mieux que dans l'homme civilisé. Or plus ces formes primitives seront senties sous le voile bisarrement varié de l'éducation &

de

de l'habitude, plus ces mouvemens libres & naturels s'obferveront à travers la gêne où les retiennent le manége des bienféances, & l'efclavage des préjugés, plus l'effet de l'imitation fera infaillible : car la Nature eft au-dedans de nous-même avide de tout ce qui lui reffemble, & empreffée à le faifir. Voyez dans nos fpectacles avec quels tranfports elle applaudit un trait qui la décele & qui l'exprime vivement. Si donc le Poëte me demande, où il doit chercher la Nature pour la confulter ? Je lui répondrai : En vous-même. *Nofce te ipfum.* « C'eft moi que j'étudie quand je » veux connoître les autres, difoit M. de » Fontenelle »; & fous combien de faces Montagne nous peint, tous tant que nous fommes, en ne nous parlant que de lui !

C'eft peu d'avoir étudié dans l'homme moral ce que les Peintres appellent le nud ; il faut s'inftruire des différens modes que l'inftitution a pu donner à la Nature, felon les lieux & les tems. *Prendendo la* Caftevetro.

Tome I. F.

Poësia ogni sua luce della luce del' historia... Sensa la quale la Poësia camina in oscurissime tenebre.

« Celui qui sait ce qu'on doit à sa patrie, » à ses amis, à ses parens; quels sont les » droits de l'hospitalité, les devoirs d'un » Sénateur & d'un Juge, les fonctions d'un » Général d'armée ; celui-là (dit Horace) » est en état de donner à ses personnages » le caractere qui leur convient ». Horace parloit des mœurs Romaines; mais combien de nuances à observer dans la peinture des mêmes caracteres pris en divers climats ou dans des siecles différens ? C'est-là ce qu'un Poëte doit recueillir en parcourant les annales du monde. Le culte, les loix, la discipline, les opinions, les usages, les diverses formes de gouvernement, l'influence des mœurs sur les loix, des loix sur le sort des empires, en un mot la constitution physique, morale & politique des divers peuples de la terre, & tout ce qui dans l'homme est naturel ou factice, de naissance ou d'institution, doit entrer essentiellement dans le plan des études du Poëte: travail immense, mais d'où résulte cette idée universelle qui, selon Gravina, est la mère de la fiction, comme la Nature est la mere de la vérité.

Encore cette théorie seroit-elle insuffisante sans l'étude pratique des mœurs. Le Peintre le plus versé dans le dessein & dans l'étude de l'antique, ne rendra jamais la Nature avec cette vérité qui fait illusion, s'il n'a sous les yeux ses modeles. Il en est de même du Poëte: la lecture & la méditation ne lui tiennent jamais lieu du commerce fréquent des hommes: pour les bien peindre il faut les voir de près, les écouter, les observer sans cesse. Un mot, un coup-d'œil, un silence, une attitude, un geste est quelquefois ce qui donne la vie, l'expression, le pathétique à un tableau qui sans cela manqueroit d'ame & de vérité. Mais ce n'est pas d'après tel ou tel modele que l'on peint la Nature passionnée; c'est d'après mille observations faites çà & là, & qui semblables à ces molécules orga-

F ij

niques imaginées par un Philosophe Poëte, attendent au fond de la pensée le moment d'éclore & de se placer.

H rat. *Respicere exemplar vitæ morumque jubebo*
Doctum imitatorem, & veras hinc ducere voces (a).

C'est dans un monde poli, cultivé, qu'il prendra des idées de noblesse & de décence; mais pour les mouvemens du cœur humain, le dirai-je? c'est avec des hommes incultes qu'il doit vivre, s'il veut les voir au naturel. L'éloquence est plus vraie, le sentiment plus naïf, la passion plus énergique, l'ame enfin plus libre & plus franche parmi le peuple qu'à la Cour : ce n'est pas que les hommes ne soient hommes par-tout; mais la politesse est un fard qui efface les couleurs naturelles. Le grand monde est un bal masqué.

Je sais combien il est essentiel au Poëte de plaire à ce monde qu'il a pour Juge, & dont le goût éclairé décidera de ses succès;

_____

(a) Observez le tableau de la vie & des mœurs : Je veux qu'un Peintre habile y puise ses couleurs.

mais quand le naturel est une fois saisi avec force, il est facile d'y jetter les draperies des bienséances.

Le physique a deux branches comme le moral : savoir, la simple Nature & la Nature modifiée. Dans l'une le Poëte a deux objets inépuisables d'étude & de contemplation : le spectacle de la Nature & son méchanisme, ses phénomenes & ses ressorts.

Le tableau superficiel de la Nature est lui seul d'une richesse, d'une variété, d'une étendue à occuper des siecles d'étude. Mais tous les détails n'en sont pas favorables à la Poësie; tous les genres de Poësie ne sont pas susceptibles des mêmes détails. Ainsi le Poëte n'est pas obligé de suivre les pas du Naturaliste. On exige encore moins de lui les méditations du Physicien & les calculs de l'Astronome. C'est à l'Observateur à déterminer l'attraction & les mouvemens des corps célestes; c'est au Poëte à peindre leur balancement, leur harmonie & leurs immuables révolutions. L'un distinguera les classes nombreuses d'êtres organisés qui peuplent les élémens divers; l'autre décrira d'un trait hardi, lumineux & rapide, cette échelle immense & continue, où les limites des regnes se confondent, où tout semble placé dans l'ordre constant & régulier d'une gradation universelle, entre les deux limites du fini, & depuis le bord de l'abîme qui nous sépare du néant, jusqu'au bord de l'abîme opposé qui nous sépare de l'Être par essence. Les ressorts de la Nature & les loix qui reglent ses mouvemens ne sont pas de ces objets qu'il est aisé de rendre sensibles, & la Poësie peut les négliger. Les causes l'intéressent peu; c'est aux effets qu'elle s'attache. Tandis que le Physicien analyse le son & la lumiere, le Poëte fera donc entendre à l'ame l'explosion du tonnere, & ces longs retentissemens qui semblent de montagne en montagne annoncer la chûte du monde. Il lui fera voir le feu bleuâtre des éclairs se briser en lames étincellantes, & fendre à sillons redoublés cette masse obscure de nuages qui semble affaisser l'horison. Tandis que l'un tâche d'expliquer l'émanation des odeurs, l'autre rend ce phenomene visible à l'esprit, en feignant que les Zéphirs agitent dans l'air leurs aîles humectées des larmes de l'Aurore & des doux parfums du matin. Que le confident de la Nature développe le prodige de la greffe des arbres, c'est assez pour Virgile de l'exprimer en deux beaux vers :

Exiit ad cælum, ramis felicibus, arbos,
Miraturque novas frondes, & non sua poma (a).

on voit par ces exemples que les études du Poëte ne sont pas celles du Philosophe. Celui-ci étudie la Nature pour la connoître, & celui-là pour l'imiter. L'un veut expliquer, & l'autre veut peindre. Il faut avouer cependant que si les profondes recherches du Philosophe ne sont pas essentielles au Poëte, au moins lui seroient-elles d'une grande utilité ; & celui que la Nature

---

(*a*) Cet arbre heureux s'éleve, & lui-même il admire
Ses nouveaux rejettons & ses fruits étrangers.

a initié dans ſes myſteres, aura toujours ſur des hommes ſuperficiellement inſtruits un avantage prodigieux. La Phyſique eſt à la Poëſie ce que l'Anatomie eſt à la Peinture: elle ne doit pas s'y faire trop ſentir; mais revêtue des graces de la fiction, elle y joint le charme de la vérité.

La ſimple Nature eſt donc pour la Poëſie une mine abondante; la Nature modifiée par l'induſtrie n'a pas moins de quoi l'enrichir.

La théorie de l'Agriculture, des Méchaniques, de la Navigation, tous les Arts de décoration, d'agrément, & tous ceux des Arts utiles dont les détails ont quelque nobleſſe, peuvent contribuer à la collection des lumieres du Poëte. Il doit en être aſſez inſtruit pour en tirer à propos des images, des comparaiſons, des deſcriptions mêmes s'il y eſt amené.

Vida. *Nulla fit ingenio quam non libaverit Artem* (a).

C'eſt par-là qu'on évite la ſechereſſe &

(a) Que du-moins ſon génie effleure tous les Arts.

la stérilité dans les choses les plus communes, & qu'on peut être neuf en un sujet qui paroît usé.

Tantum de medio sumptis accedit honoris (a). Horat.

Dans l'étude de la Nature modifiée est comprise celle des productions de l'esprit, de ses développemens & de ses progrès en Éloquence, en Morale, en Poësie, &c.

Que l'étude des Poëtes soit essentielle à un Poëte, c'est ce qui n'a pas besoin de preuve.

. . . . . . *Hinc pectore numen* Vida.
Concipiunt vates (b).

Mais on n'est pas assez persuadé que les Philosophes, les Orateurs, les Historiens profonds, que Tacite, Platon, Montagne, Démosthene, Massillon, Bossuet, & ce Pascal qui ne savoit pas combien il étoit Poëte lorsqu'il méprisoit la Poësie, en sont eux-mêmes des sources inépuisables.

(a) Tant l'Art fait annoblir une image vulgaire.
(b) C'est là qu'il se remplit du Dieu qui le domine.

Il est cependant bien aisé de reconnoître, à la plénitude & à l'abondance des sentimens & des idées, un Poëte nourri de ces études. Il en est une sur-tout que j'appelle la compagne du travail & la nourrice du génie : c'est la lecture habituelle de quelque Auteur excellent, dont le style & la couleur soient analogues au sujet que l'on traite. D'une séance à l'autre l'âme se dérange par le mouvement & la dissipation ; il faut la remonter au ton de la Nature, & l'Auteur que je conseille de lire est comme un instrument sur lequel on prélude avant de chanter.

Il y a des momens de langueur où le génie semble épuisé :

Vida. *Credas penitus migrasse camenas ;*

on se persuade qu'il est prudent d'attendre alors dans le repos, que le feu de l'imagination se ralume

Idem. *Adventumque Dei & sacrum expectare calorem.*

on se trompe : cet abandon de soi-même se change en habitude, & l'ame insensiblement s'accoutume à une lâche oisiveté. Il faut avoir recours à des études qui raniment la vigueur du génie; & dès qu'il aura réparé ses forces, le desir de produire va bien-tôt l'exciter avec de nouveaux aiguillons.

La Théologie des Philosophes est encore un champ vaste & fertile où le génie peut moissonner. On distingue les fictions qui ont pris naissance au sein de la Philosophie, on les distingue des Fables vulgaires à la justesse des rapports & à certain air de vérité que celles-ci n'ont jamais. La raison même applaudit dans les Poëmes de Virgile toutes les Fables qu'il a empruntées d'Épicure, de Pithagore & de Platon. L'imagination se repose avec délices sur un merveilleux plein d'idées, elle glisse avec dédain sur un mensonge vuide de sens.

Que l'on compare dans Homere la chaîne d'or attachée au trône de Jupiter, la ceinture de Vénus, l'allégorie des Prieres, l'ordre que le dieu Mars donne à la Terreur & à la Fuite d'atteler son char, que l'on compare, dis-je, le plaisir pur & plein que nous causent ces belles idées, ces idées philosophiques, avec l'impression foible & vague que fait sur nous la parole accordée aux chevaux d'Achile, le présent qu'Éole fait à Ulisse des vents enfermés dans une outre, le soin que prend Minerve de prolonger la premiere nuit que ce héros, à son retour, passe avec Pénélope sa femme, &c. on sentira combien la vérité donne de valeur au mensonge, & combien la feinte est puérile, insipide, lorsqu'elle n'est pas fondée en raison. Je l'ai déjà dit & je le répéterai souvent, plus un Poëte, à génie égal, sera Philosophe, plus il sera Poëte.

Le plan d'études que je viens de tracer, proposé à un seul homme, seroit sans doute effrayant, quoique notre siécle ait l'exemple d'un génie qui l'a rempli. Mais on a dû voir que pour éviter la distribution des études, j'ai supposé le Poëte universel. Il est évident que celui qui se renferme dans le genre de l'Eglogue n'a pas besoin des études relatives à l'Epopée. Je parle donc en général, & je laisse à chacun le soin de prendre ce qui est de sa sphere.

Atque tuis prudens genus elige viribus aptum. Vida.

J'observerai seulement qu'il en est des connoissances du Poëte comme des couleurs du Peintre, qui doivent être sur la palette avant qu'il prenne le pinceau. C'est par un recueil beaucoup plus ample que le sujet ne l'exige, qu'il se met en état de le maîtriser & de l'agrandir. Le plus beau sujet, réduit à sa substance, est peu de chose : il ne s'étend, ne s'embellit que par les lumieres du Poëte ; & dans une tête vuide il périra, comme le grain jetté sur le sable ; au lieu que dans une imagination pleine & féconde, un sujet qui sembloit stérile ne devient que trop abondant, & c'est le plus beau défaut du génie.

Illi qui tument, & abundantiâ laborant, Senec.
plus habent furoris, sed plus etiam corporis.
Semper autem ad sanitatem proclivius est
quod potest detractione curari. Illi succurri
non potest, qui simul & insanit & defecit.

CHAPITRE IV.

Du style Poëtique.

CE qui me distingue de Pradon (disoit Racine,) c'est que je sçais écrire. « Homere, Platon, Virgile, Horace ne sont au-dessus des autres Ecrivains (dit la Bruyere) que par leurs expressions & par leurs images ». Sans prendre à la lettre l'aveu modeste de Racine, ni l'opinion de la Bruyere, l'on doit regarder le style comme une partie essentielle de la Poésie, & le talent de bien écrire comme le plus séduisant de tous. Mais cet éloge si commun, *cela est bien écrit*, est souvent aussi mal entendu qu'il est peu mérité.

Distinguons dans le style poëtique ses qualités permanentes & ses modes accidentels. Ses qualités permanentes sont la clarté, la précision, la justesse, la correction, la facilité, l'abondance, la richesse, l'élégance, le naturel, la décence, le coloris & l'harmonie. Presque toutes ces qualités sont communes à la poésie, à l'éloquence, à l'histoire, à la Philosophie elle-même : car il n'est jamais inutile d'embellir la vérité ; & dans les choses où le soin de plaire est le plus subordonné à celui d'instruire, le style ne dédaigne pas de se parer au moins négligemment.

J'appelle modes ou accidens du style ce qui le varie & le distingue de lui-même, comme ses tours & ses mouvemens, le ton que le sujet lui donne, le caractere que lui imprime la pensée, celui qu'il emprunte des mœurs, de la situation, de l'intention de celui qui parle. Tels sont l'énergie, la véhémence, la naiveté, la délicatesse, l'élévation, la simplicité, la légereté, la finesse, la gravité, la douceur, le coloris, l'harmonie, &c.

Commençons par les qualités habituelles. La premiere est la clarté.

Avant d'écrire, il faut se bien entendre & se proposer d'être bien entendu. On croiroit ces deux régles inutiles à prescrire; rien n'est plus commun cependant que de les voir négliger. On prend la plume avant que d'avoir démêlé le fil de ses idées, & leur confusion se répand dans le style. On laisse du vague & du louche dans la pensée, & l'expression s'en ressent.

Dans le style figuré, la clarté dépend de la transparence des images; & nous allons bientôt examiner d'où vient qu'une image est claire ou qu'elle ne l'est pas. Il ne s'agit ici que du style simple.

Les termes vagues qui ne présentent à l'esprit aucune idée nette & distincte sont les plus incompatibles de tous avec le style poëtique: on y a recours dans la stérilité, & alors le style n'est pas obscur, il est vuide. C'est un vain bruit qui frappe l'oreille, & qui ne fait passer dans l'ame ni lumiere, ni sentiment.

L'obscurité réelle vient de l'indécision ou de la confusion des rapports, & c'est de tous les vices du style le plus inexcusable, au moins dans notre langue.

Il n'y a point de langue qui quelquefois ne manque à la pensée; mais si la nôtre n'a pas de quoi tout exprimer avec la même grace & la même force, il n'est rien, j'ose le dire, qu'elle ne rende avec clarté. J'avoue qu'elle a des équivoques inévitables, & qui veut chicaner en trouve mille dans l'ouvrage le mieux écrit. Mais, comme la Mothe l'a très-bien observé, il n'y a que l'équivoque de bonne foi qui soit vicieuse dans le style. Toutes les fois que la signification ou le juste rapport des termes est évidemment décidé par le sens, il n'y a plus d'équivoque; & si nos déclinaisons ne sont pas assez variées par les articles, pour indiquer des rapports éloignés, & concilier avec la clarté les inversions des langues anciennes, nous avons pour y suppléer une construction naturelle & facile, qui ne laissera jamais d'obscurité dans le sens, pourvû qu'on ait soin d'éviter les doubles relations & l'ambiguité du régime. On ne doit donc pas s'inquiéter des critiques vaines & futiles qui tombent sur nos homonimes & sur l'équivoque de nos pronoms. « Les beaux Esprits veulent trou-» ver obscur ce qui ne l'est point » (dit la Bruyere) ; mais les bons Esprits trouvent clair ce qui est clair, & pour eux il est aisé de lever l'équivoque des termes. Il n'y a pas dans Racine un seul vers dont l'intelligence coute au Lecteur un moment de réflexion.

Il n'est pas moins facile d'éviter dans la contexture du style, les incidens compliqués qui jettent de la confusion dans les périodes & du trouble dans les esprits. Pour cela il suffit de répandre ses idées à mesure qu'elles naissent, tant que la source est pure & limpide ; & de leur donner, si elle est trouble, le temps de s'éclaircir dans le repos de la méditation.

L'entassement confus des périodes est un vice de l'Art, non de la Nature. Il suffit de ne pas le chercher pour n'y tomber jamais. La preuve en est, que dans le langage familier aucun de nous ne s'égare dans ces longs circuits de paroles ; & en général l'affectation nuit plus à la clarté, que la négligence.

Personne n'est assez insensé pour écrire à dessein de n'être pas entendu; mais le soin de l'être est sacrifié au desir de paroître fin, délicat, mystérieux, profond : pour ne pas tout dire, on ne dit pas assez; & de peur d'être trop simple, on s'étudie à être obscur. Rien de plus mal-entendu que cette affectation dans les grandes choses; rien de plus ridicule dans les petites. « Vous voulez, Acis, me dire qu'il fait » froid ? que ne me disiez-vous, il fait » froid ? Est-ce un si grand mal d'être en- » tendu quand on parle, & de parler com- » me tout le monde ? » Mais que devenir quand on n'a que des choses communes à dire ? Se taire, c'est le parti le plus sage. Cependant lorsque de belles choses tiennent à des choses communes, faut-il renoncer à exprimer celles-ci d'une façon nouvelle, ingénieuse & piquante ? Faut-il s'interdire les finesses, les délicatesses du style ? Non; il faut seulement les conci-

Labruyere.

lier avec la clarté; ne pas vouloir briller à ses dépens, & ne rien soigner avant elle. Quant au moyen de s'assurer si l'on s'exprime assez clairement, l'Auteur que je viens de citer nous l'indique : c'est de se mettre à la place de ses Lecteurs, & de lire soi-même son ouvrage comme si on le voyoit pour la premiere fois.

Mais pour se mettre à la place de ses Lecteurs, il faut les connoître, savoir à quel degré de pénétration, de sagacité, de finesse leur intelligence peut aller; & cela revient à la méthode que je ne cesserai de recommander : savoir, de se former un auditoire en idée, composé de la classe d'hommes pour laquelle on écrit.

Ce n'est pas assez d'écrire *pour soi & pour les Muses*. Je ne crois pas non plus, comme Castelvetro, qu'un Poëte doive écrire pour le commun du peuple, & s'interdire tout ce qui suppose des connoissances que le peuple n'a pas. La saine partie du Public, la classe des esprits cultivés par l'usage du monde & familiers avec les ouvrages d'agrément & de goût : voilà les vrais juges d'un Poëte, & le tribunal devant lequel il doit se placer en écrivant. Il faut que la clarté de l'expression soit pour eux telle qu'ils vous entendent, même sans réflexion, & que la pensée frappe les esprits comme le soleil frappe la vue : *Ut in animum ratio tanquam sol in oculos occurrat.* Quintil.

C'est peu d'être clair, il faut être précis : car tous les genres d'écrire ont leur précision ; & l'on va voir qu'elle n'exclut aucun des agrémens du style. La précision consiste à exprimer avec le moins de termes qu'il est possible une idée, une image, un sentiment, sans les mutiler ni les affoiblir. Son caractere est d'isoler son objet de maniere qu'aucune idée voisine n'en trouble la perception. La premiere difficulté qui se présente est de réunir la précision & la clarté ; mais qu'on ne s'y trompe pas : l'expression la plus précise est la plus claire, lorsqu'elle est juste, & c'est au moyen de la justesse que la clarté se concilie avec la précision. Je dirois, au

G iij

moyen de la propriété, si je parlois du style philosophique; mais on ne doit pas l'exiger du style poëtique, & la justesse lui suffit. Que l'expression réponde exactement à la pensée, elle est claire & précise à la fois. Tout ce qui n'ajoute pas à la lumiere de l'idée ou à la chaleur du sentiment, l'intercepte ou la dissipe; & plus l'image est ramassée, plus l'impression en est vive & distincte.

Un écueil plus dangereux pour la précision, c'est la sécheresse; mais émonder un bel arbre, ce n'est pas le mutiler; c'est le délivrer d'un poids inutile:

Virgile. *Ramos compesce fluentes.*

Voilà l'image de la précision. Que l'on essaye de retrancher un seul mot de ces Vers de Corneille.

Rome, si tu te plains que c'est là te trahir,
Fais-toi des ennemis que je puisse haïr.

O regrets! ô respects! Ah qu'il est doux de plaindre
Le fort d'un ennemi quand il n'est plus à craindre!

On voit par-là que la précision, loin d'être ennemie de la facilité, en est la compagne fidelle. Un vers où tous les mots sont appellés par la pensée & placés naturellement, semble être né au bout de la plume ; un vers où des incidens inutiles viennent de force remplir la mesure, annonce la gêne & le besoin.

Je sais que rien n'est moins facile que de concilier ainsi la précision & la facilité ; mais l'Art se cache, comme le ver-à-soie, sous le tissu qu'il a formé.

La précision, comme on doit l'entendre, n'exclut ni la richesse, ni l'élegance du style. Voyez dans un dessein de Bouchardon ce trait qui décrit la figure d'une belle femme ; il est aussi moëlleux qu'il est pur : il suit dans ses douces inflexions tous les contours de la Nature, & l'œil y trouve réunies l'exactitude & la liberté, la correction, la force & la grace. Telle est encore la précision. Elle exclut des beautés sans doute, mais des beautés étrangeres, ou nuisibles à l'effet que l'on se propose. La précision du style du Poëte n'est pas la précision du style du Philosophe ou de l'Historien : le principe en est le même, savoir de tendre à son but par la voie la plus directe ; mais le style philosophique a pour but d'enseigner la vérité ; l'historique, de la transmettre ; le poëtique, de l'embellir. Tout ce qui rend l'idée plus lumineuse, l'image plus vive ou plus touchante, le sentiment plus naïf, la passion plus énergique ; tout ce qui ajoute à la persuasion, à l'illusion, aux moyens de séduire, & au plaisir d'être séduit, n'est donc pas moins essentiel au style du Poëte, que l'est au style du Philosophe ou de l'Historien, ce qui nous éclaire sur la nature des choses ou sur la vérité des faits. Mais comment accorder la précision avec l'hyperbole si familiere en Poësie ? La Fontaine va nous l'apprendre. S'il peint la guerre des vautours ;

Il plut du sang (dit-il) je n'exagere point.

Et en effet il semble ne pas croire exagérer, quoiqu'il ajoute :

Et sur son roc Prométhée espéra
De voir bien-tôt une fin à sa peine.

L'hyperbole ne doit être sensible que pour celui qui écoute, & jamais pour celui qui parle : voilà sa régle. Toutes les fois que l'expression dit plus que l'on ne doit penser naturellement, elle est fausse; elle est juste toutes les fois qu'elle n'excéde pas l'idée qu'on a, ou qu'on peut avoir. C'est dans cette vérité relative que consiste la précision de l'hyperbole même. Ce qu'on a répété cent fois, *qu'elle dit plus pour ne pas dire moins* (a), *qu'elle vise plus haut que le but pour y atteindre;* tout cela, dis-je, se réduit à ce principe invariable, Que chacun doit parler d'après sa pensée, & peindre les choses comme il les voit. Celui qui soupiroit de voir Louis XIV. trop à l'étroit dans le Louvre, & qui disoit pour sa raison :

Une si grande Majesté
A trop peu de toute la terre ;

_____

(a) *Extrà fidem non extrà modùm.* Quintil.

Le penſoit-il? Pouvoit-il le penſer? C'eſt la pierre de touche de l'hyperbole.

Le Poëte qui fait gloire de préférer une expreſſion laconique, mais froide & ſeche & ſans couleur, à une expreſſion moins ſerrée, mais revêtue d'éclat & de grace, tombe dans l'excès oppoſé & manque à la fois de goût & de ſens. N'eſt-ce que pour parler à l'eſprit qu'il eſt Poëte? la richeſſe, le coloris, l'élégance du ſtyle poëtique en ſont la parure.

Il n'y a que les choſes dont la ſimplicité fait le charme, ou dont la beauté naturelle eſt au-deſſus des ornemens, qui gagnent, ſi je l'oſe dire, à ſe laiſſer voir toutes nues; & c'eſt la réponſe à la critique qu'on a faite du ſtyle enchanteur de Quinaut.

« On reproche à Quinaut la foibleſſe de
» ſes vers (dit M. Racine le fils), parce
» qu'en effet, quoique fécond en ſentiment
» & ſouvent heureux en penſées, il ne
» s'éleve preſque jamais par l'expreſſion.
» Je n'examine point s'il auroit dû s'élever
» davantage (pourſuit M. Racine) & ſi les

» vers faits pour être mis en chant doivent
» avoir une certaine mollesse. Je me con-
» tente d'observer que la versification de
» Quinaut, pleine de sentimens, est presque
» toujours dépouillée d'images. Il fait dire
» au vieux Égée qui se flatte que ses vic-
» toires doivent cacher sa vieillesse aux
» yeux de ce qu'il aime.

« Je ne suis plus au tems d'une aimable jeunesse,
» Mais je suis Roi, belle Princesse,
» Et Roi victorieux ».

« Mithridate plein de cette même idée
» la rend par des images ».

« Jusqu'ici la fortune & la victoire même
» Cachoient mes cheveux blancs sous trente
» diadêmes ».

Le critique auroit pu se souvenir que cette même idée est rendue aussi dans Quinaut par une image assez belle.

Faites grace à mon âge en faveur de ma gloire:
La vieillesse sied bien sur un front couronné,
Lorsqu'on y voit briller l'éclat de la victoire.

Il auroit pu se rappeller aussi que dans les

choses dont l'expression simple n'est pas assez relevée, Quinaut sait, comme Racine, employer le style figuré. Quant aux choses de sentiment, il me seroit facile de prouver par l'exemple de Racine lui-même qu'elles n'en sont que plus touchantes dans leur noble simplicité. Il en est de la fierté, de l'élévation des sentimens comme du pathétique : l'expression qui les peint leur suffit; & ce que disent ces vers,

 Je suis Roi, belle Princesse,
 Et Roi victorieux,

n'avoit pas plus besoin d'être relevé par une image, que ce vers d'Agrippine à Burrhus,

Moi fille, femme, sœur & mere de vos maîtres.

Je ne conçois pas même comment M. Racine le fils reproche au style de Quinaut d'être dénué d'images, lui qui en citant un morceau d'Andromaque comme un modele du style tragique, a fait cette réflexion en éloge : « On ne trouve dans ces » vers ni images, ni figures, ni épithetes :

» les expressions y sont aussi naturelles que
» les sentimens ; la rime seule les distingue
» de la prose ; & cependant ils sont toujours
» nobles & harmonieux ». Il eût été si juste
& si naturel de louer de même les vers de
Quinaut !

Jules Scaliger compare les ornemens
du style à l'armure d'un soldat, à la robe
d'un Sénateur & à un habit de fête ; mais
tout cela est inutile lorsqu'on veut peindre
Hercule ou Vénus : j'entends par-là, une
pensée qui porte avec elle sa force ou sa
grace.

Il y a donc une abondance stérile à éviter en écrivant : elle consiste à se répandre
en détails & en ornemens superflus, ou à
tourner en divers sens la même idée afin
qu'elle semble se multiplier ; au-lieu que
l'abondance réelle consiste dans l'affluence
ménagée & la sage distribution des termes
assortis à l'idée, au sentiment, à l'image
que l'on doit rendre.

La richesse du style en est l'abondance
unie à l'éclat : on la reconnoît à la pompe

& à la noblesse des détails; mais il faut distinguer encore une richesse superficielle & une richesse de fond.

L'une est dans le choix des images qui éclatent le plus à la vûe, comme quand on dit, *l'or des moissons*, *l'émail des prairies*, *la pourpre des côteaux*, *les campagnes d'azur*, *des perles de rosée*, *des diamans liquides*, &c. cette richesse éblouit trop souvent les jeunes Poetes. Répandue avec profusion, elle perd beaucoup de son prix. Il faut en user avec sobriété, sur-tout ne pas se persuader que cela seul soit de la Poësie.

L'autre consiste dans le nombre des idées qu'un seul mot réveille, dans les rapports qu'il embrasse, dans l'importance & la grandeur des objets qu'il rappelle à l'esprit. Virgile, après avoir présenté dans les champs Elisées l'assemblée des gens de bien, fait d'un seul trait l'éloge de Caton, en disant qu'il y préside.

His dantem jura Catonem.

Dans la Henriade, l'union des deux puissances dans les mains du souverain Pontife, & ce que l'une communique à l'autre d'imposant & de redoutable, est exprimé en deux mots.

Le trône est sur l'autel.

L'expression est riche, lorsque dans une seule image elle réunit plusieurs qualités de l'objet qu'elle veut peindre : *un sceptre d'airain*, par exemple, annonce l'inflexibilité de l'ame d'un tyran & le poids accablant de son regne ; *un cœur de marbre* nous présente la froideur & la dureté ; *une ame de feu* rassemble la chaleur, l'activité, la rapidité, l'élévation des sentimens & des idées ; dans *les roses de la jeunesse* on voit la fraîcheur, l'éclat, l'agrément, le peu de durée de ce bel âge. L'expression est plus riche encore lorsqu'elle fait tableau : ainsi pour peindre la mort du juste, Lafontaine ne dit que deux mots, mais ils sont sublimes.

Rien ne trouble sa fin : c'est le soir d'un beau jour.

Gessner appelle le printems *le gracieux*

matin de l'année. En général la fécondité de l'expression en fait la richesse : plus elle donne à penser, à imaginer, plus elle est riche.

La richesse devient magnificence dans les grandes choses, comme dans cette image de David. « L'Éternel abaissera les » cieux; il descendra; un nuage épais lui » servira de marche-pied; assis sur un Ché-» rubin, il prendra son essor : son vol sur-» passera la rapidité des vents ». Et dans celle-ci du même Prophete : « L'Éternel a » placé au milieu des cieux le pavillon du » soleil; & cet astre brillant, tel qu'un » époux qui sort de son lit nuptial, s'élance » plein de joie pour parcourir à pas de » géant sa carriere.

Dans le Poëme de Milton, le chef des légions infernales éleve son front au-dessus de l'abîme, « son front (dit le Poëte) cica-trisé par la foudre ».

Dans l'Iliade, l'Olympe ébranlé d'un mouvement du sourcil de Jupiter, est le modèle de la magnificence.

Le

Le mot de Louis XIV. « Il n'y a plus de Pyrenées », est digne d'être placé parmi ces exemples d'une expression magnifique.

La richesse est de tous les styles; la magnificence n'est que du style héroïque, dans l'enthousiasme ou dans la peinture du merveilleux.

Le Poëte est quelquefois magnifique dans les petites choses, mais en badinant; & ce contraste des deux extrêmes est très-piquant dans sa naïveté :

Le Phaéton d'une voiture à foin,

dit Lafontaine.

Un Anier, son sceptre à la main,
Menoit, en Empereur Romain,
Deux coursiers à longues oreilles.

dit le même Poëte.

Comme il sonna la charge il sonne la victoire, dit-il encore, & son héros est un moucheron. Ce badinage demande non-seulement un goût exquis, mais un génie qui maîtrise l'Art & qui se joue avec la Nature.

Quelquefois aussi le Poëte releve & annoblit les petits objets par cet esprit philosophique qui voit les prodiges de la Nature dans un insecte. Il ne faut pas croire, par exemple, que ce soit en badinant que Virgile a pris le haut ton en parlant des mœurs & des loix des abeilles; & son enthousiasme ne nous gagne que parce qu'il est de bonne foi. C'est une chose singuliere que la chaleur avec laquelle ce sentiment se communique lorsqu'il est naturel & sincere. Il n'y a rien qu'il ne puisse annoblir.. « Ce n'est pas ici, disoit un Chimiste » célèbre à ses disciples dans une leçon sur » les sels végétaux, ce n'est pas ici, c'est » dans les fosses de Montmartre qu'on voit » la Nature travailler en grand ». Il le disoit avec cette admiration qui semble dégager l'ame de ses liens & l'élever au-dessus de la répugnance des sens. Alors l'image la plus révoltante loin de nous blesser nous ravit : c'est l'effet de l'enthousiasme.

L'élégance suppose l'exactitude, la justesse & la pureté, c'est-à-dire, la fidélité la plus sévère aux regles de la langue, au sens de la pensée, aux loix de l'usage & du goût, accord d'où résulte la correction

du style; mais tout cela contribue à l'élégance & n'y suffit pas. Elle exige encore une liberté noble, un air facile & naturel, qui, sans nuire à la correction, en déguise l'étude & la gêne. Le style de Despréaux est correct; celui de Racine & de Quinaut est élégant. « L'élégance consiste (dit l'Au-
» teur des Synonymes François) dans un
» tour de pensée noble & poli, rendu par
» des expressions chatiées, coulantes &
» gracieuses à l'oreille ». Disons mieux: c'est la réunion de toutes les graces du style, & c'est par-là qu'un ouvrage relu sans cesse est sans cesse nouveau. Mais les graces du style dépendent sur-tout de ses mouvemens, & nous n'en sommes pas encore là. Suivons le fil de nos idées.

La langueur & la mollesse du style sont les écueils voisins de l'élégance, & parmi ceux qui la recherchent il en est peu qui les évitent: pour donner de l'aisance à l'expression ils la rendent lâche & diffuse; leur style est poli mais efféminé. La premiere cause de cette foiblesse est dans la manière de concevoir & de sentir. Tout ce qu'on peut exiger de l'élégance, c'est de ne pas énerver le sentiment ou la pensée ; mais on ne doit pas s'attendre qu'elle donne de la chaleur ou de la force à ce qui n'en a pas.

La vérité, le naturel, la décence du style, sont des qualités relatives & qui font partie de l'imitation.

La vérité consiste à faire parler à chacun son langage ; le naturel, à dire ou à faire dire ce qui semble avoir dû se présenter d'abord sans étude & sans réflexion ; la décence, à dire les choses comme il convient & à celui qui parle & à ceux qui l'écoutent.

Le point essentiel & difficile est de concilier l'élégance avec le naturel, la vérité avec la décence. L'élégance suppose le choix de l'expression ; or le moyen de choisir quand l'expression naturelle est unique ? le moyen d'accorder cette vérité, ce naturel, avec toutes les convenances des mœurs, de l'usage & du goût ; avec ces idées factices de bienséance & de noblesse, qui varient d'un siecle à l'autre, & qui font loi dans tous les tems? Comment faire parler naturellement un villageois, un homme du peuple, sans blesser la délicatesse d'un monde poli, cultivé?

C'est là sans doute une des plus grandes difficultés de l'Art, & peu de Poëtes ont su la vaincre. Toutefois il y en a deux moyens : le choix des idées & des choses, & le talent de placer les mots. Le style n'est le plus souvent bas & commun que par les idées. Dire comme tout le monde ce que tout le monde a pensé, ce n'est pas la peine d'écrire; vouloir dire des choses communes d'une façon nouvelle & qui n'appartienne qu'à nous, c'est courir le risque d'être précieux, affecté, peu naturel; dire des choses que nous avons tous confusément dans l'ame, mais que personne encore n'a pris soin de démêler, d'exprimer, de placer à propos : les dire dans les termes les plus simples, & en apparence les moins recherchés, c'est le moyen d'être à la fois naturel & ingénieux.

Le sage est ménager du tems & des paroles.

Qui ne l'eût pas dit comme Lafontaine ? qui n'eût pas dit comme lui,

Qu'un ami véritable est une douce chose ?
Qu'il cherche nos besoins au fond de notre cœur ?

ou plûtôt qui l'eût dit avec cette vérité si touchante ?

Le moyen le plus sûr d'avoir un style à foi, ce seroit de s'exprimer comme la Nature, & le Poëte que je viens de citer en est la preuve & l'exemple ; mais si *le vrai seul est aimable*, il faut avouer qu'il ne l'est pas toujours. Il est donc important de choisir dans la Nature des détails dignes de plaire, & dont l'expression naïve & simple n'ait rien de grossier ni de bas : par exemple, tout ce qu'on peint des mœurs des villageois doit être vrai sans être dégoûtant, & il y a moyen de donner à ces détails de la grace & de la noblesse.

Il en est du moral comme du physique, & si la Nature est choisie avec goût, les mots qui doivent l'exprimer seront décens & gracieux comme elle. J'expliquerai mieux ce précepte en parlant du choix de la belle Nature. L'art de placer, d'assortir les mots, de les relever l'un par l'autre, de ménager à celui qui manque de clarté, de couleur, de noblesse, le reflet d'un terme plus noble, plus lumineux, plus coloré; cet Art, dis-je, ne peut se prescrire : voyez ce que deviennent les instrumens du labourage dans ces mots de Pline l'ancien, *gaudente terrâ vomere laureato & triomphali aratro.* Je suis bien loin de croire avec le P. Bouhours, qu'il y ait de la bassesse dans cette pensée de Bacon, « que l'argent est comme le » fumier, qui ne profite que quand il est » répandu ». Si le Philosophe y trouvoit quelque chose de vil, ce n'étoit pas le fumier, ce trésor du Laboureur, ce précieux aliment des campagnes. Il faut avouer cependant que ce n'est pas sur les idées philosophiques, mais sur l'opinion populaire que le Poëte doit se regler ; & combien de détails intéressans sont perdus faute de moyens pour les annoblir? Je n'en citerai que deux exemples. Dans tout l'éclat des fêtes qu'on a données pour la convalescence du Roi, y a-t-il rien de si beau que le Tableau du Peuple de Paris baisant la botte du Courier qui lui rendoit l'espérance, & embrassant, dans l'ivresse de sa joie & de son amour, les jambes mêmes du cheval qui portoit ce Courier desiré? y a-t-il rien de plus touchant que de voir, au milieu des illuminations publiques, l'un de ces enfans, qui, dans le plus vil emploi, jouissent de la confiance des citoyens & la méritent, un Savoyard, François par le cœur, partager une chandelle en quatre, & faire ainsi, selon ses moyens, une illumination sur les quatre coins de sa sellette, le seul espace qui fût à lui? La Poësie héroïque ne dira rien de plus digne d'attendrir la postérité; mais une botte, un cheval de poste, une chandelle, une sellette de Savoyard, ne sont pas des mots, des détails dignes d'elle: à peine osera-t-elle les indiquer vaguement. C'est-là cependant qu'il feroit beau de concilier le précieux de la vérité avec la décence du ftyle ; mais cet Art, c'eft l'étude & l'exercice qui le donnent, fecondés du talent fans lequel l'exemple eft infructueux, & le travail même inutile.

On demande pourquoi il eft des Auteurs dont le ftyle a moins vieilli que celui de leurs contemporains ? En voici la caufe : il eft rare que l'ufage retranche d'une langue les termes qui réuniffent l'harmonie, le coloris, & la clarté. Quoique bifarre dans fes décifions, l'ufage ne laiffe pas de prendre affez fouvent confeil de l'efprit, & fur-tout de l'oreille: on peut donc compter affez fur le pouvoir du fentiment & de la raifon pour garantir, qu'à mérite égal, celui des Poëtes qui dans le choix des termes aura le plus d'égard à la clarté, au coloris, à l'harmonie, fera celui qui vieillira le moins.

Un fort oppofé attend ces Écrivains qui s'empreffent à faifir les mots dès qu'ils viennent d'éclore & avant même qu'ils foient reçus. Ces mots que Labruyere appelle *aventuriers*, qui font d'abord quelque fortune dans le monde, & qui s'éclipsent au bout de six mois, sont dans le style, comme dans les tableaux ces couleurs brillantes & fragiles, qui après nous avoir séduits quelque tems, noirciffent & font une tache. Le secret de Pascal est d'avoir bien choisi ses couleurs.

Le Dictionnaire d'un Poëte, ce sont les Poëtes eux-mêmes, les Historiens & les Orateurs qui ont excellé dans l'art d'écrire. C'est là qu'il doit étudier les finesses, les délicatesses, les richesses de sa langue; non pas à mesure qu'il en a besoin, mais avant de prendre la plume; non pas pour se faire un style des débris de leurs phrases & de leurs vers mutilés, mais pour saisir avec précision le sens des termes & leurs rapports, leur opposition, leur analogie, leur caractere & leurs nuances, l'étendue & les limites des idées qu'on y attache, l'art de les placer, de les combiner, de les faire valoir l'un par l'autre; en un mot, d'en former un tissu, où la Nature vienne se peindre, comme sur la toile, sans que l'Art paroisse y avoir mis la main. Pour cela, je le répete, ce n'est pas assez d'une lecture indolente & superficielle, il faut une étude sérieuse & profondément réfléchie. Cette étude seroit pénible autant qu'ennuyeuse si elle étoit isolée; mais en étudiant les modeles on étudie tout l'Art à la fois, & ce qu'il a de sec & d'abstrait s'apprend sans qu'on s'en apperçoive, dans le tems même qu'on admire ce qu'il a de plus ravissant.

Le style change de modes selon les genres de Poësie; nous l'allons voir en les parcourant. Ici je me borne à donner une idée de ces qualités accidentelles du style que j'appelle modes.

On distingue d'abord trois tons ou degrés dans le style : l'humble, le sublime & le tempéré.

Ces caracteres lui sont donnés, moins par les mots que par les choses; mais quoiqu'il y ait mille façons de parler communes aux trois modes que je vais définir, il y en a mille auſſi qui conviennent à l'un mieux qu'à l'autre. Suppoſons la même choſe à exprimer : ce qui dans la bouche d'un homme affligé ſeroit l'expreſſion la plus naturelle, paroîtra foible & nud dans le ſtyle du Poëte ; & ce qui dans le récit tranquille du Poëte fait une grace, une beauté de ſtyle, ſeroit trop recherché, trop fleuri dans les plaintes d'un homme affligé. Andromaque & Homere ne doivent pas raconter de même le combat d'Achille & d'Hector. Voyez dans Mérope combien le récit d'Égiſte eſt ſimple & modeſte, combien celui de la mort de Poliphonte eſt élevé. L'un eſt dans la bouche d'un héros, mais d'un héros inconnu à lui-même, accuſé, chargé de fers, interrogé comme un vil criminel ; l'autre eſt dans la bouche d'un ſimple confident, mais dans l'enthouſiaſme de la joie & dans ces mouvemens de l'ame qui font les hommes éloquens.

Le ſtyle humble eſt de tous les genres & il n'exclut pas la nobleſſe. C'eſt le langage naturel des passions qui nous abattent : c'est ainsi que s'expriment l'innocence craintive & la vertu dans le malheur.

Telephus & Peleus, cum pauper & exul uterque. Horat.

Il est simple, négligé, timide; il ne recherche aucune parure; il ne connoît que les fleurs des champs, celles qui naissent d'elles-mêmes & que l'on peut cueillir en chemin. Mais qu'on y prenne garde, la négligence du style n'est rien moins que l'incorrection. J'entends louer quelquefois des fautes que l'on érige en graces; vain préjugé : dès qu'on parle une langue, il faut s'en imposer les loix. Il est aussi indispensable, dans le système de la Poésie, de s'exprimer correctement, qu'il l'est en Musique de chanter juste. La négligence qui fait une grace de style est donc celle des ornemens & non pas celle des regles. Une licence légère est une légère faute, qui peut être aisément rachetée; mais la preuve que c'est une tache, c'est le besoin de l'effacer par un agrément de plus, à l'ombre duquel on permet qu'elle passe.

Horat. *Ubi plura nitent in carmine, non ego paucis offendar maculis* (a).

C'est ainsi que pense le Public judicieux; mais son indulgence éclairée dissimule une faute sans l'autoriser; & de ce qu'on applaudit les beaux vers de Racine avec les incorrections qu'on y a observées, il ne s'enfuit pas que ces incorrections soient un privilege de la Poésie, comme on a voulu nous le faire entendre.

Ce qu'on appelle le style sublime appartient aux grands objets, à l'essor le plus élevé des sentimens & des idées. Que l'expression réponde à la hauteur de la pensée, elle en a la sublimité. Supposez donc aux pensées un haut degré d'élévation : si l'expression est juste, le style est sublime. Si le mot le plus simple est aussi le plus clair & le plus sensible, le sublime sera dans la simplicité : si le terme figuré embrasse mieux l'idée & la présente plus vivement,

---

(a) Dans des vers remplis de beautés
Je pardonne aisément quelques taches legeres.

le sublime sera dans l'image. « Tout étoit   Bossuet.
» Dieu excepté Dieu même » : voilà le
sublime dans le simple. « L'Univers alloit   Idem.
» s'enfonçant dans les ténèbres de l'ido-
» lâtrie » ; voilà le sublime dans le figuré.

Le rôle de Cornélie & celui de Joad
sont dans le style sublime; & pour se mon-
ter à ce haut ton, il faut commencer par y
élever son ame. « Il n'y a point de style
» sublime (dit un Philosophe de nos jours),   M. d'A-
» c'est la chose qui doit l'être. Et comment   lembert.
» le style pourroit-il être sublime sans elle
» ou plus qu'elle » ? En effet, de grands
mots & de petites idées ne font jamais
que de l'enflûre. La force de l'expression
s'évanouit si la pensée est trop foible ou
trop légère pour y donner prise.

Ventus ut amittit vires, nisi robore densæ   Lucret.
Occurrant sylva, spatio diffusus inani (a).

De ce sublime constant & soutenu qui

(a) Comme le vent perd ses forces, répandu
dans une espace vuide, s'il ne rencontre d'épais-
ses forêts.

peut régner dans un Poëme comme dans un morceau d'Éloquence, on a voulu, en abufant de quelques paffages de Longin, diftinguer un fublime inftantané, qui frappe, dit-on, comme un éclair; on prétend même que c'eft-là le caractere du vrai fublime, & que la rapidité lui eft fi naturelle qu'un mot de plus l'anéantiroit. On en cite quelques exemples que l'on ne ceffe de répéter, comme le *moi* de Médée, le *qu'il mourût* du vieil Horace, la réponfe de Porus, le blafphême d'Ajax, le *fiat lux* de la Genéfe; encore n'eft-on pas d'accord fur l'importante queftion, fi tel ou tel de ces traits eft fublime. Laiffons-là ces difputes de mots. Tout ce qui porte nos idées au plus haut degré poffible d'étendue & d'élévation, tout ce qui fe faifit de notre ame & l'affecte fi vivement que fa fenfibilité réunie en un point laiffe toutes fes facultés, comme interdites & fufpendues, tout cela, dis-je, foit qu'il opère fucceffivement ou fubitement, eft fublime dans les chofes; & le feul mérite du ftyle eft de

ne

ne pas les affoiblir, de ne pas nuire à l'effet qu'elles produiroient seules, si les ames se communiquoient sans l'entremise de la parole.

Homines ad deos nullâ re propius accedunt quam salute hominibus dandâ. Il y a peu de pensées plus simplement exprimées, & certainement il y en a peu d'aussi sublimes que celle-là. Cic. pro Lig.

Le mot le plus simple, le plus familier suffit quelquefois au sublime. Lafontaine ayant perdu Mme de Lasabliere, rencontre M. d'Hervart son ami. « Mon cher Lafon-
» taine, (lui dit cet honnête homme) j'ai su
» le malheur qui vous est arrivé : vous étiez
» logé chez Madame de Lasabliere ; elle
» n'est plus ; j'allois vous proposer de venir
» loger chez moi ». *J'y allois*, répondit Lafontaine. Dans le Macbeth de Shakespeare on annonce à Macduff que son château a été pris, & que Macbeth y a fait massacrer sa femme & ses enfans. Macduff tombe dans une douleur morne : son ami veut le

consoler; il ne l'écoute point, & méditant sur les moyens de se venger de Macbeth, il ne dit que ces mots terribles, *il n'a point d'enfans!*

Dans Sophocle, Œdipe voyant arriver les enfans qu'il a eus de sa mere, il leur tend les bras & leur dit: *Approchez, embrassez votre.......* Il n'acheve pas, & le sublime est dans la réticence.

Quelquefois même le sublime se passe de paroles: la seule action peut l'exprimer. Le silence alors ressemble au voile qui, dans le tableau de Thimante, couvroit le visage d'Agamemnon, ou à ces feuillets déchirés par la Muse de l'Histoire, dans le fameux tableau de Chantilly. C'est par le silence que dans les enfers Ajax répond à Ulisse & Didon à Ænée (a); & c'est l'expression la plus sublime de l'indignation & du mépris. Mais pourquoi recourir aux

---

(a) *Illa solo fixos oculos aversa tenebat,*
Nec magis incepto vultum sermone movetur
Quam si dura silex.

Poëtes ? De vieux soldats qu'on envoyoit à la mort pour une faute contre la discipline, en passant devant M. de Turenne, lui découvrent leur sein criblé de coups : cela vaut bien une harangue. M. L**, après une bataille, trouve un Grenadier assis au pied d'un arbre, enveloppé dans son manteau, lequel lui dit tranquillement : Mon Général, faites enlever & secourir ces blessés à qui l'on peut sauver la vie. Et vous, mon ami, lui demanda l'Officier, vous ne pensez pas à vous-même ? Le Grenadier pour réponse, leve son manteau & lui fait voir qu'il a eu les deux cuisses emportées par un boulet de canon.

Deux Soldats vont visiter le tombeau du Maréchal de Saxe : là dans le silence du respect & de la consternation, ils tirent leur sabre, le passent sur la pierre qui couvre les restes de ce grand homme, & se retirent sans se parler. Qu'on tâche d'exprimer plus hautement avec des paroles la confiance qu'ils avoient en lui. Tout cela prouve que le sublime n'est pas dans les mots: l'expression y peut nuire sans doute, mais elle n'y ajoute jamais. On dira que plus elle est serrée plus elle est frappante ; j'en conviens & l'on en doit conclure, que la précision est essentielle au style sublime comme au style énergique & pathétique en général ; mais la précision n'exclut pas les gradations, les développemens qui sont eux-mêmes quelquefois le sublime. On cite comme sublime, & avec raison, le *qu'il mourût* du vieil Horace ; mais on ne fait pas réflexion que ces mots doivent leur force à ce qui les précéde. La scène où ils sont placés est comme une pyramide dont ils couronnent le sommet. On vient annoncer au vieil Horace que de ses trois fils deux sont morts & l'autre a pris la fuite. Son premier mouvement est de ne pas croire que son fils ait eu cette lâcheté.

Non, non, cela n'est point ; on vous trompe, Julie :
Rome n'est point sujette, ou mon fils est sans vie.
Je connois mieux mon sang, il sait mieux son devoir.

On l'affure que fe voyant feul il s'est échappé du combat. Alors à la confiance trompée fuccede l'indignation.

Et nos foldats trahis ne l'ont pas achevé!

Camille préfente à ce récit, donne des larmes à fes freres.

HORACE.

Tout beau, ne les pleurez pas tous :
Deux jouiffent d'un fort dont leur pere eft jaloux.
Que des plus nobles fleurs leur tombe foit couverte :
La gloire de leur mort m'a payé de leur perte.
Pleurez l'autre, pleurez l'irréparable affront
Que fa fuite honteufe imprime à notre front ;
Pleurez le deshonneur de toute notre race,
Et l'opprobre éternel qu'il laiffe au nom d'Horace.

JULIE.

Que vouliez-vous qu'il fît contre trois?

HORACE.

Qu'il mourût.

Ce qui eft fublime dans cette fcène, ce n'eft pas feulement cette réponfe; c'eft toute la fcène, c'eft la gradation des fentimens du vieil Horace, & le développement de ce grand caractere dont le *qu'il mourût* n'est qu'un dernier éclat.

On voit par cet exemple ce qui distingue les deux genres de sublime, ou plutôt ce qui les réunit en un seul. Tous les deux élevent l'ame au-dessus d'elle-même, l'un par un choc imprévû, soudain; l'autre par une impulsion successive, & qui dans ses progrès suit la loi des mouvemens accélérés.

On vient de nous donner la traduction des funérailles de Clarice. C'est la nature toute simple : aucun des traits de ce tableau n'est surprenant, inattendu ; & le tableau dans son ensemble, est du sublime s'il en fut jamais. Ce n'est point par surprise que l'ame en est saisie; elle est amenée par une gradation insensible, jusqu'à ce point d'attendrissement où les sanglots nous étouffent, où les larmes nous inondent, où l'ame succombe au sentiment délicieux de sa douleur.

Les Anciens semblent avoir reservé tous les ornemens du style pour le tempéré. Il en est plus susceptible en effet que le style humble, & il en a besoin plus que le sublime. Ces ornemens sont ce que les Grammairiens & les Rhéteurs appellent *tropes* ou figures de mots.

« L'expression figurée (dit M. du Marsais) » est ordinairement plus vive & plus agréa- » ble quand elle est employée à propos, » parce qu'elle réveille plus d'une image. » Elle attache ou amuse l'imagination, & » donne aisément à deviner à l'esprit ». Comme le Philosophe que je viens de citer a développé cette partie, de maniere à n'y laisser rien à desirer, je renvoye à son livre des tropes, & je ne me réserve que deux sortes de métaphores à examiner dans la suite, celle qui donne de l'ame au corps, & celle qui donne du corps à la pensée.

Quant à l'usage des tropes, je ne ferai que rappeller ce qu'il en a dit lui-même : » On ne doit s'en servir que lorsqu'ils se » présentent naturellement à l'esprit, qu'ils » sont tirés du sujet, que les idées accessoi- » res les font naître ou que les bienséances

» les inspirent. Ils plaisent alors ; mais il ne
» faut point les aller chercher dans la vûe
» de plaire ».

Au nombre des modes du style sont comprises, comme je l'ai dit, les qualités qui le varient & le distinguent de lui-même.

L'énergie consiste à presser en peu de mots le sentiment ou la pensée, pour l'exprimer avec plus de force, & lui donner plus de ressort. Tels sont ces vers de Léontine dans Héraclius :

Dans le fils d'un tyran l'odieuse naissance,
Mérite que l'erreur arrache l'innocence :
C'est à de telles mains qu'il nous faut recourir ;
C'est par-là qu'un tyran est digne de périr,
Et le courroux du ciel, pour en purger la terre,
Nous doit un parricide au défaut du tonnerre.

& de Cléopatre dans Rodogune :

Tombe sur moi le ciel pourvu que je me venge...
Si je verse des pleurs, ce sont des pleurs de rage...
Puisse naître de vous un fils qui me ressemble !...
Je maudirois les dieux s'ils me rendoient le jour.

& de Camille dans les Horaces :

Voir le dernier Romain à son dernier soupir,
Moi seule en être cause, & mourir de plaisir.

Souvent l'énergie est dans la force que l'image communique à l'idée.

Animum rege, qui nisi paret, Horat.
Imperat: hunc frenis, hunc tu compesce catena.

Catilina dit, en sortant du Sénat, où il venoit d'être dénoncé, *Incendium ruinâ opprimam.*

Souvent aussi l'énergie résulte du contraste des idées : rien de plus frappant qu'une expression simple qui réunit en deux mots les extrêmes opposés.

Nunc seges ubi Troja fuit.

Des Prêtres fortunés foulent d'un pied tranquile
Les tombeaux des Catons & la cendre d'Emile.

On lit au bas de l'estampe de Bélizaire, d'après le tableau de Wandick :

Date obolum Belisario.

Ces deux mots sont d'autant plus énergiques qu'ils ne prétendent point à l'être. Il en est de même de ce vers d'Auguste à Cinna :

Cinna, tu t'en souviens, & veux m'assassiner !

Après ces vers sublimes de Clytemnestre,

Un Prêtre environné d'une foule cruelle

Portera sur ma fille une main criminelle,
Déchirera son sein, & d'un œil curieux
Dans son cœur palpitant consultera les dieux!

elle ajoûte,

Et moi qui l'amenai, triomphante, adorée,
Je m'en retournerai, seule & désespérée!
Je verrai les chemins encor tout parfumés!
Des fleurs dont sous ses pas on les avoit semés!

Le contraste de ces deux tableaux a quelque chose de si touchant, qu'au théâtre il ne manque jamais de faire couler des ruisseaux de larmes.

Les mots sur lesquels se réunissent les forces accumulées d'une foule d'idées & de sentimens, sont toûjours les plus énergiques : c'est le foyer du miroir ardent. » Pensez à vos ancêtres & à vos descen- » dans », disoit un Barbare à ses compagnons, en marchant contre les Romains.

En général l'énergie du style suppose d'un côté le ressort de la pensée dont elle est comme l'explosion ; de l'autre, le choix des termes & des tours les plus vifs & les plus sensibles. Quelquefois elle sacrifie l'exactitude à la précision, comme dans ce beau vers de Racine:

Je t'aimois inconstant, qu'aurois-je fait fidele?
mais il ne lui est pas permis de négliger de même la justesse ni la clarté. Rien de faux, rien de louche ne peut être énergique. L'expression manque son effet dès que l'ame hésite à saisir les rapports.

Le vice d'une fausse énergie se fait sentir, sur-tout dans ce deux vers de Théophile:

» Le voilà, ce poignard, qui du sang de son
  » maître
» S'est souillé lâchement; il en rougit, le traître.

Attribuer au fer le sentiment de la honte, & l'accuser de lâcheté, c'est abuser de la fiction & passer les bornes du style figuré; je le ferai voir dans la suite : mais attribuer au sentiment de la honte la rougeur d'un poignard teint de sang, c'est le comble de l'extravagance.

Pour justifier cette hardiesse on peut me citer ce vers de Racine:

Le flot qui l'apporta, recule épouvanté;
mais, 1°. il est naturel d'animer les flots, & non pas d'animer le fer : j'expliquerai cette différence. 2°. La cause du reflux des eaux n'est pas si évidente, que Théramene épouvanté n'ait pû croire qu'elles reculoient de frayeur; au lieu que pour imaginer que le glaive de Pirame rougit de honte, il faut oublier qu'il est teint de sang, oubli qui choque la vraisemblance.

En Poësie ce n'est rien de manquer à la vérité absolue, pourvû qu'on observe la vérité relative : ainsi la justesse de la métaphore & de l'hiperbole consiste à ne pas laisser voir le faux, c'est-à-dire, à persuader que celui qui l'employe a vû la chose comme il la peint, & la conçoit comme il l'exprime : d'où je conclus, que la justesse de l'expression dépend du caractere, de la situation, de la maniere de concevoir & de sentir de celui qui parle, & qu'en changeant de place ou de bouche elle perd souvent toute sa vérité. Cela prouve qu'en imitant des hardiesses de style, on doit bien faire attention à ce qui a pu les autoriser.

La véhémence dépend moins de la force des termes que du tour & du mouvement impétueux de l'expression. C'est l'impulsion que le style reçoit des sentimens qui naissent en foule & se pressent dans l'ame, impatiens de se répandre & de passer dans l'ame d'autrui. La conviction est pressante, énergique, elle fait violence à l'entendement; la persuasion seule est vehémente, elle subjugue la volonté. La célérité des idées qui s'échappent comme des traits de lumiere, communiquée à l'expression, fait la vivacité du style; leur facilité à se succéder, même sans vîtesse, imitée par le style, en fait la volubilité; mais ces qualités réunies ne font pas la véhémence : elle veut être animée & nourrie par la chaleur du sentiment.

La finesse, la légèreté, la naïveté, la délicatesse tiennent encore plus à la pensée qu'à l'expression. Je sai qu'il n'y a point de termes, qui, pris l'un pour l'autre, ne changent la pensée au moins de quelques nuances, & que ces nuances de plus ou de moins, font que la pensée est fine, délicate, naïve, legere, ou qu'elle ne l'est pas; mais dans un Ecrivain qui sait sa langue, c'est la pensée qui choisit les mots.

Que Didon voulant attendrir Ænée se fut appesantie sur ce reproche de ses bienfaits.

Si bene quid de te merui, fuit aut tibi quidquam Dulce meum (a).

il n'y auroit plus de délicatesse.

Qu'à ces vers charmans de Lafontaine,

 Les tourterelles se fuyoient;
Plus d'amour, partant plus de joie.

qu'à mille traits pareils semés dans ses écrits on ajoûte, on change quelque chose; ce n'est plus la même naïveté. Que dans ces vers d'une épitre que tout le monde sait par cœur:

 Contente d'un mauvais soupé,

(a) Si j'ai fait pour vous quelque chose,
Si quelqu'un de mes dons put jamais vous flatter.

Que tu changeois en ambroisie,
Tu te livrois, dans ta folie,
A l'amant heureux & trompé
Qui t'avoit consacré sa vie.

que le Poëte, dis-je, au-lieu d'indiquer seulement ce soupé que l'on voit sans qu'il le décrive, en eût fait le détail ; qu'il eût appuyé sur le sens de ces deux mots, *heureux & trompé*, qui disent tant de choses ; son style n'auroit plus cette légèreté que nous peint l'image de l'abeille.

Bouhours trouve délicat cet éloge que Martial fait de Trajan : « Si les anciens » peres de la République revenoient des » champs Élisées, Camille, le généreux dé- » fenseur de la liberté romaine, feroit gloire » de vous servir ; Fabrice recevroit l'or que » vous lui présenteriez ; Brutus feroit bien » aise de vous avoir pour chef & pour maî- » tre ; le cruel Silla vous remettroit le com- » mandement dès qu'il voudroit s'en dé- » faire ; Pompée & Céfar vous aimeroient » & seroient contens d'être hommes pri- » vés ; Crassus vous donneroit sous ses tré-

» fors; enfin, Caton même embrasseroit
» le parti de César ». Si c'est là de la délicatesse, je ne sai plus ce qui n'en est pas. Quelle comparaison de ces louanges avec celles que Despréaux donnoit à Louis XIV. & sur-tout avec les plaintes de la Mollesse dans le Lutrin !

Helas qu'est devenu ce tems, cet heureux tems,
Où les Rois s'honoroient du nom de fainéans?

La délicatesse annonce dans l'ame une sensibilité craintive & qui ménage celle d'autrui; la finesse suppose une vûe à laquelle rien n'échappe, & l'envie d'échapper à celle des autres ou d'éprouver leur sagacité. La délicatesse est la finesse du sentiment; la finesse est la délicatesse de l'esprit. Virgile dit pour exprimer la ressemblance de deux jumeaux :

Simillima proles,
Indiscreta suis, gratusque parentibus error (a).

& pour peindre les agaceries d'une bergere,

(a) Leurs parens s'y trompent eux-mêmes,
Et se plaisent à s'y tromper.

Ma.

Malo me Galathea petit, lasciva puella,
Et fugit ad salices, & se cupit ante videri (a).

Voilà des circonstances finement saisies ; mais cette finesse est en sentiment, au-lieu que celle-ci est en esprit.

Va, fui: te montrer que je crains,
C'est te dire assez que je t'aime.

La délicatesse est toûjours bien reçue à la place de la finesse ; mais la finesse à la place de la délicatesse, manque de naturel & refroidit le style : c'est le défaut dominant d'Ovide.

La légèreté ne fait qu'effleurer la surface des choses : son nom peint son caractere ; la nommer c'est la définir.

La gravité du style est la maniere dont parle un homme profondément occupé de grands intérêts ou de grandes choses : tout ce qui ressemble à l'amusement, à la dissipation, au soin de parer son langage, lui répugne. Peindre comme on voit, s'ex-

___
(a) La vive & tendre Galathée me jette une pomme, & s'enfuit, & se cache parmi les Saules, & veut être apperçue avant de se cacher.

Tome I. K

primer comme on sent, avec le moins de mots & le plus de force qu'il est possible, voilà le style austère & grave : il ne brille que de sa beauté.

La douceur & l'harmonie du style sont des modes indépendans de la pensée ; ils tiennent au méchanisme de la langue : nous allons bien-tôt nous en occuper. Mais ce que l'élocution reçoit de la pensée, ce sont les mouvemens & les tours.

Montagne a dit de l'ame « l'agitation est » sa vie & sa grace ». Il en est de même du style : encore est-ce peu qu'il soit en mouvement, si ce mouvement n'est pas analogue à celui de l'ame ; & c'est ici que l'on va sentir la justesse de la comparaison de Lucien, qui veut que le style & la chose, comme le cavalier & le cheval, ne fassent qu'un & se meuvent ensemble. Ces tours qui expriment l'action de l'ame, sont ce que les Rhéteurs ont appellé figures de pensée. Or l'action de l'ame peut se concevoir sous l'image des directions que suit le mouvement des corps. Que l'on me passe la comparaison; une analyse plus abstraite ne seroit pas aussi sensible.

Ou l'ame s'éleve ou elle s'abaisse, ou elle s'élance en avant, ou elle recule sur elle-même, ou ne sachant auquel de ses mouvemens obéir, elle penche de tous les côtés, chancelante & irrésolue, ou dans une agitation plus violente encore, & de tous sens retenue par les obstacles, elle se roule en tourbillon, comme un globe de feu sur son axe.

Au mouvement de l'ame qui s'éleve répondent tous les transports d'admiration, de ravissement, d'enthousiasme, l'exclamation, l'imprécation, les vœux ardens & passionnés, la révolte contre le ciel, l'indignation contre la foiblesse & les vices de notre nature. Au mouvement de l'ame qui s'abaisse répondent les plaintes, les humbles prieres, le découragement, le repentir, tout ce qui implore grace ou pitié. Au mouvement de l'ame qui s'élance en avant & hors d'elle-même répondent le desir impatient, l'instance vive & redoublée, le reproche, la menace, l'infulte, la colere & l'indignation, la réfolution & l'audace, tous les actes d'une volonté ferme & décidée, impétueufe & violente, foit qu'elle lutte contre les obftacles, foit qu'elle faffe obftacle elle-même à des mouvemens oppofés. Au retour de l'ame fur elle-même répondent la furprife mêlée d'effroi, la répugnance & la honte, l'épouvante & le remords, tout ce qui réprime ou renverfe la réfolution, le penchant, l'impulfion de la volonté. A la fituation de l'ame qui chancelle répondent le doute, l'irréfolution, l'inquiétude & la perplexité, le balancement des idées & le combat des fentimens. Les révolutions rapides que l'ame éprouve audedans d'elle-même lorfqu'elle fermente & bouillonne, font un compofé de ces mouvemens divers, interrompus dans tous les points.

Souvent plus libre & plus tranquille, au moins en apparence, elle s'obferve, fe poffede & modere fes mouvemens. A cette fituation de l'ame appartiennent les détours, les allusions, les réticences du style fin, délicat, ironique, l'artifice & le manège d'une éloquence insinuante, les mouvemens retenus d'une ame qui se dompte elle-même, & d'une passion violente qui n'a pas encore secoué le frein.

Rien n'est plus difficile à définir que les graces. Celles du style consistent dans l'aisance, la souplesse, la variété de ses mouvemens, & dans le passage naturel & facile de l'un à l'autre. Voulez-vous en avoir une idée sensible; appliquez à la Poësie ce que M. Watelet dit de la Peinture. « Les mouvemens de l'ame des
» enfans sont simples, leurs membres do-
» ciles & souples. Il résulte de ces qualités
» une unité d'action & une franchise qui
» plait.... La simplicité & la franchise des
» mouvemens de l'ame contribuent tellement à produire les graces, que les pas-
» sions indécises ou trop compliquées les
» font rarement naître. La naïveté, la cu-
» riosité ingénue, le desir de plaire, la joie
» spontanée, le regret, les plaintes & les

» larmes mêmes qu'occasionne un objet
» chéri, sont susceptibles des graces, parce
» que tous ces mouvemens sont simples ».
Mettez le langage à la place de la personne, croyez entendre au-lieu de voir, & cet ingénieux Auteur aura défini les graces du style. Du reste, il ne faut pas confondre le gracieux & le plaisant : rien au monde n'est plus opposé. *Da cagione*
opposti nascono il riso, è grazioso.

Le Tasse.

Les mouvemens se varient d'eux-mêmes dans le style passionné, lorsqu'on est dans l'illusion & qu'on s'abandonne à la Nature: alors ces figures, qui sont si froides quand on les a recherchées, la répétition, la gradation, l'accumulation, &c. se présentent naturellement avec toute la chaleur de la passion qui les produit. Le talent de les employer à propos n'est donc que le talent de se pénétrer des affections que l'on exprime : l'art ne peut suppléer à cette illusion ; c'est par elle qu'on est en état d'observer la génération, la gradation, le mélange des sentimens, & que dans l'espèce de combat qu'ils se livrent, on sait donner tour-à-tour l'avantage à celui qui doit dominer. Ce n'est que dans l'illusion qu'on imite bien ce desordre, ce renversement des idées qui est quelquefois si naturel. Ctesias fait écrire à une femme Scythe par un jeune Persan, qui lui ayant sauvé la vie & rendu la liberté, mouroit de douleur de n'avoir pu lui plaire: « Je vous ai sauvé » la vie, *& je viens de mourir pour vous* ». On a trouvé l'expression fausse. Mais dans quel moment croit parler celui qui écrit? Ne sent-on pas que c'est dans le moment où sa lettre sera lue? Il voit celle qu'il aime lisant ses adieux, & lorsqu'elle lit il n'est plus. *Je viens de mourir* est donc très-naturel & d'une imagination fortement affectée.

A l'égard du style épique, au défaut de ces mouvemens, il est animé par un autre artifice & varié par d'autres moyens.

Une idée à mon gré bien naturelle, bien ingénieuse, & bien favorable aux Poëtes, a été celle d'attribuer une ame à tout ce qui donnoit quelque signe de vie: j'appelle signe de vie l'action, la végétation, & en général l'apparence du sentiment. L'action est ce mouvement inné qui n'a point de cause étrangere connue, & dont le principe réside ou semble résider dans le corps même qui se meut sans recevoir sensiblement aucune impulsion du dehors : c'est ainsi que le feu, l'air & l'eau sont en action.

De ce que leur mouvement nous semble être indépendant, nous en inférons qu'il est volontaire, & le principe que nous lui attribuons est une ame pareille à celle qui meut ou semble mouvoir en nous les ressorts du corps qu'elle anime. A la volonté que suppose un mouvement libre, nous ajoûtons en idée l'intelligence, le sentiment, & toutes les affections humaines. C'est ainsi que des élémens nous avons fait des hommes doux, bienfaisans, dociles, cruels, impérieux, inconstans, capricieux, avares, &c.

Cette induction, moitié philosophique & moitié populaire, est une source intarrissable de Poésie, & comme nous l'allons voir, une règle infaillible & universelle pour la justesse du style figuré.

Mais si le mouvement seul nous à induits à donner une ame à la matiere, la végétation nous y a comme obligés.

Quand nous voyons les racines d'une plante se glisser dans les veines du roc, en suivre les sinuosités, ou le tourner s'il est solide, & chercher avec l'apparence d'un discernement infaillible, le terrein propre à la nourrir ; comment ne pas lui attribuer la même sagacité qu'à la brebis qui d'une dent aiguë, enlève d'entre les cailloux les herbes tendres & savoureuses ?

Quand nous voyons la vigne chercher l'appui de l'ormeau, l'embrasser, élever ses pampres pour les enlasser aux branches de cet arbre tutelaire ; comment ne pas l'attribuer au sentiment de sa foiblesse, & ne pas supposer à cette action le même principe qu'à celle de l'enfant qui tend les bras à sa nourrice, pour l'engager à le soutenir ?

Quand nous voyons les bourgeons des arbres s'épanouir au premier sourire du printems, & se refermer aussi-tôt que le souffle de l'hiver, qui se retourne & menace en fuyant, vient démentir ces caresses trompeuses, comment ne pas attribuer à l'espoir, à la joie, à l'impatience, à la séduction d'un beau jour le premier de ces mouvemens, & l'autre au saisissement de la crainte? comment distinguer entre les Laboureurs, les troupeaux & les plantes, les causes diverses d'un effet tout pareil?

Horat. *Ac neque jam stabulis gaudet pecus, aut arator igni.*

Les Philosophes distinguent dans la Nature le méchanisme, l'instinct, l'intelligence; mais l'on n'est Philosophe que dans les méditations du cabinet: dès qu'on se livre aux impressions des sens, on devient enfant comme tout le monde. Les spéculations transcendantes sont pour nous un état forcé; notre condition naturelle est celle du peuple: ainsi lorsque Rousseau dans l'illusion poétique, exprime son inquiétude pour un jeune abrisseau qui se presse trop de fleurir, il nous intéresse nous-mêmes.

Jeune & tendre abrisseau, l'espoir de mon verger,

Fertile nourrisson de Vertumne & de Flore,
Des faveurs de l'hiver redoutez le danger,
Et retenez vos fleurs qui s'empressent d'éclore,
Séduites par l'éclat d'un beau jour passager.

Dans Lucrece la peste frappe les hommes, dans Virgile elle attaque les animaux : je rougis de le dire ; mais on est au moins aussi ému du tableau de Virgile que de celui de Lucrece ; & dans cette image,

*It tristis arator
Mœrentem abjungens fraternâ morte juvencum.*

ce n'est pas la tristesse du Laboureur, mais celle du taureau qui nous touche. De la même source naît, comme je le ferai voir dans la suite, cet intérêt universel répandu dans la Poësie, le plaisir de nous trouver par-tout avec nos semblables, de voir que tout sent, que tout pense, que tout agit comme nous : ainsi le charme du style figuré consiste à nous mettre en société avec toute la Nature, & à nous intéresser à tout ce que nous voyons, par quelque retour sur nous-mêmes.

Une règle constante & invariable dans

le style poétique est donc d'animer tout ce qui peut l'être avec vraisemblance.

Virgile peint le moment où la main d'un guerrier vient d'être coupée : il est naturel que les doigts tremblans serrent encore la poignée du glaive; mais que la main cherche son bras, la vraisemblance n'y est plus (a).

Non-seulement l'action & la végétation, mais le mouvement accidentel, & quelquefois même la forme & l'attitude des corps dans le repos, suffisent pour l'illusion de la métaphore. On dit qu'un rocher suspendu *menace*; on dit qu'*il est touché de nos plaintes*; on dit d'un mont sourcilleux, qu'*il va défier les tempêtes*; & d'un écueil immobile au milieu des flots, qu'*il brave Neptune irrité*. De même lorsque dans Homere la flêche *vole avide de sang*, ou qu'elle *discerne & choisit* un guerrier dans la mêlée, comme dans le Poëme du Tasse; son action physique donne de la vraisemblance au senti-

_____

(a) *Te decisa suum, laride dextera quærit, Semianimesque micant digiti, ferrumque retractant.*

ment qu'on lui attribue : cela répond à la pensée de Pline l'ancien, « Nous avons donné des ailes au fer & à la mort ». Mais qu'Homere dise des traits qui sont tombés autour d'Ajax sans pouvoir l'atteindre, *qu'épars sur la terre ils demandent le sang dont ils sont privés* ; il n'y a dans la réalité rien d'analogue à cette pensée. La Pierre *impudente* du même Poëte, & le Lit *effronté* de Despréaux, manquent aussi de cette vérité relative qui fait la justesse de la métaphore. Il est vrai que dans les livres saints le glaive des vengeances célestes s'enivre & se rassasie de sang ; mais au moyen du merveilleux tout s'anime. Au-lieu que dans le système de la Nature, la vérité relative de cette espèce de métaphore n'est fondée que sur l'illusion des sens. Il faut donc que cette illusion ait son principe dans les apparences des choses.

Il y a un autre moyen d'animer le style ; & celui-ci est commun à l'Éloquence & à la Poésie pathétique. C'est d'adresser ou d'attribuer la parole aux absens, aux morts, aux choses insensibles, de les voir, de croire les entendre & en être entendu. Cette sorte d'illusion que l'on se fait à soi-même & aux autres, est un délire qui doit aussi avoir sa vraisemblance, & il ne peut l'avoir que dans une violente passion, ou dans cette rêverie profonde qui approche des songes du sommeil.

Écoutez Armide après le départ de Renaud.

Traître! attend... Je le tiens. Je tiens son cœur
  perfide.
 Ah! je l'immole à ma fureur.
Que dis-je? où suis-je? hélas! infortunée
  Armide.
 Où t'emporte une aveugle erreur?

C'est cette erreur où doit être plongée l'ame du Poëte, ou du personnage qui employe ces figures hardies & véhémentes; c'est elle qui en fait le naturel, la vérité, le pathétique: affectées de sang froid elles sont ridicules plutôt que touchantes; & la raison en est, que pour croire entendre les morts, les absens, les êtres muets, inanimés, ou pour croire en être entendu, pour le croire au-moins confusément & au même degré qu'un bon Comédien croit être le personnage qu'il représente, il faut comme lui s'oublier. *Unus enim idemque omnium finis persuasio* ; & l'on ne persuade les autres qu'autant qu'on est persuadé soi-même. La règle constante & invariable, pour l'emploi de ce qu'on appelle l'hypotypose, & la prosopopée, est donc l'apparence du délire : hors de-là plus de vraisemblance ; & la preuve que celui qui employe ces mouvemens du style est dans l'illusion, c'est le geste & le ton qu'il y met. Que l'inimitable Clairon déclame ces vers de Phedre :

Que diras-tu, mon pere, à ce récit horrible ?
Je crois voir de tes mains tomber l'urne terrible ;
Je crois te voir, cherchant un supplice nouveau,
Toi-même de ton sang devenir le bourreau.
Pardonne. Un dieu cruel a perdu ta famille.
Reconnois sa vengeance aux fureurs de ta fille.

L'action de Phedre sera la même que si Minos étoit présent. Qu'Andromaque, en l'absence de Pyrrhus & d'Astianax, leur adresse tour-à-tour la parole :

Roi barbare, faut-il que mon crime l'entraîne?
Si je te hais, est-il coupable de ma haine?
T'a-t-il de tous les siens reproché le trépas?
S'est-il plaint à tes yeux des maux qu'il ne sent pas?
Mais cependant, mon fils, tu meurs si je n'arrête
Le fer que le cruel tient levé sur ta tête.

L'Actrice, en parlant à Pyrrhus, aura l'air & le ton du reproche, comme si Pyrrhus l'écoutoit: en parlant à son fils, elle aura dans les yeux, & presque dans le geste, la même expression de tendresse & d'effroi que si elle tenoit cet enfant dans ses bras. On conçoit aisément pourquoi ces mouvemens, si familiers dans le style dramatique, se rencontrent si rarement dans le récit de l'Épopée. Celui qui raconte se possede, & tout ce qui ressemble à l'égarement ne peut lui convenir.

Mais il y a dans le dramatique un délire tranquille comme un délire passionné; & la profonde rêverie produit, avec moins de chaleur & de véhémence, la même illusion que le transport. Un berger rêvant à sa bergere absente, à l'ombre du hêtre
qui

qui leur servoit d'asile, au bord du ruisseau dont le crystal répéta cent fois leurs baisers, sur le même gason que leurs pas légers fouloient à peine, & qui après les avoir vus se disputer le prix de la course, les invitoit au doux repos; ce berger environné des témoins de son amour, leur fait ses plaintes, & croit les entendre partager ses regrets, comme il a cru les voir partager ses plaisirs. Tout cela est dans la nature. Voyez ces figures employées dans une Idile de Kleist, célebre Poëte Allemand, que je vais essayer de traduire.

    Elle fuit; un espace immense
    Dérobe Thémire à mes yeux:
    Ici même, ô cruelle absence!
    Ici j'ai reçu ses adieux.
    Viens-tu d'auprès d'elle, ô Zéphire?
    Oui sans doute elle t'attiroit.
    Viens, approche, & que je respire
    Le souffle qu'elle respiroit.
    Ruisseaux, sur les pas de Thémire
    Coulez à flots précipités,
    Et dites-lui que tout soupire
    Dans les vallons qu'elle a quittés;

Dites-lui que de la prairie
Son abſence a ſéché les fleurs,
Que des bois la feuille eſt flétrie,
Que je languis, que je me meurs.
Quel heureux vallon ma bergère
Orne-t-elle de ſes appas ?
Foulé par ſa danſe légère,
Quel gaſon fleurit ſous ſes pas ?
Quel-eſt le fortuné boccage
Que ſes accens font retentir ?
Quelle fontaine a le plaiſir
De lui retracer ſon image ?

L'illuſion va quelquefois plus loin : le berger ſe tranſporte en idée aux lieux où l'on retient ſa bergère ; il lui reproche les plaiſirs qu'elle goûte ſans lui, ſe plaint, l'accuſe, & lui pardonne s'il peut obtenir ſon retour.

Tel eſt ce délire de l'ame, l'un des plus grands charmes de la Poéſie lorsqu'il eſt peint avec vérité.

Il me reſte à parler du coloris & de l'harmonie, qualités qui enchantent l'ame & l'oreille, & par leſquelles tout s'embellit.

CHAPITRE V.

Du Coloris ou des Images.

C'EST un artifice de la Poésie, de peindre une idée avec des couleurs étrangères à son objet, afin de rendre cet objet sensible s'il ne l'est pas, ou plus sensible s'il ne l'est pas assez, ou sensible par des traits plus doux ou plus forts, plus rians ou plus nobles, plus terribles ou plus touchans, s'il n'a pas en lui-même, ou s'il n'a pas assez tel ou tel de ces caractères (*a*).

Voyons comment & par quels degrés les images, d'abord introduites par le besoin, sont devenues depuis un ornement de luxe dans le langage.

Nos idées primitives peuvent se diviser en deux classes: les unes nous rendent les

_____

(*a*) *Quelle cose che apena con l'intelletto possiamo considerare, le recopriremo con un gentillissimo velo d'allegoria.* Le Tasse.

apparences du dehors, les autres nous instruisent de ce qui se passe au-dedans de nous. Les impressions du dehors ont précédé la réflexion sur nous mêmes : ainsi les noms des objets sensibles sont les termes de premier besoin. Or le besoin est le pere des langues ; le langage qui peint à l'imagination a donc été le premier inventé.

A mesure que l'esprit humain s'est exercé sur lui-même ; à mesure qu'il a mieux connu ses facultés, ses affections, leurs rapports, leur variété, leurs nuances ; à mesure que ses notions primitives se sont développées par l'analyse, simplifiées par l'abstraction ; il a fallu des mots pour les énoncer. La langue manquoit aux idées ; on a été obligé de recourir aux dénominations des objets sensibles, & le rapport qu'on a cru voir entre ces objets & les idées nouvellement acquises, a déterminé la translation des termes, du sens naturel au sens figuré : telle a été l'origine du langage métaphorique.

Les termes abstraits sont venus ensuite ; mais on s'est bien-tôt apperçu de leur foiblesse, de l'impression vague & légere qu'ils faisoient sur les esprits ; & la Philosophie elle-même leur a préféré les images, toutes les fois qu'elle l'a pu sans nuire à la précision, à la justesse & à la clarté (a).

Quelques-uns ont fait consister le charme de l'expression métaphorique, en ce qu'elle excite en nous deux idées à la fois. Cela peut être vrai de l'allusion, de l'allégorie en général ; mais il y a quelque chose de plus dans l'artifice des images.

L'entendement humain a trois facultés bien distinctes: la raison, le sentiment & l'imagination. La vérité toute nue suffit à la raison : le style philosophique n'a besoin à la rigueur que d'être simple, clair & précis. Mais l'Éloquence & la Poësie

___

(a) C'est aux esprits philosophiques, dit le Tasse, d'inventer les comparaisons & les images : Platon en use hardiment aussi-bien que Xénophon.

ont le sentiment à émouvoir & l'imagination à frapper. C'est sur-tout pour émouvoir le sentiment qu'on a tout animé dans la Nature : car notre ame n'est jamais intéressée que par un retour sur elle-même : rien ne l'attache que ce qui lui ressemble. Réduisez la Nature au méchanisme physique, elle n'a plus rien de touchant : je l'ai fait voir en parlant des moyens d'animer le style. Il s'agit à présent, non de vivifier l'univers physique, mais de peindre, de colorer, d'embellir l'univers intellectuel.

Les idées abstraites, vagues & confuses n'ont rien qui frappe l'imagination : pour elle, appercevoir c'est peindre : tout ce qui ne tombe pas sous les sens lui est donc étranger, à moins que le voile matériel dont l'idée est revêtue ne la lui rende comme palpable. Or, dès que les hommes se sont communiqué leurs idées, ils ont eu intérêt de parler à l'imagination plûtôt qu'à l'intelligence pure, 1°. parce que l'imagination est beaucoup moins sévère, moins rebelle à la persuasion & bien plus facile à séduire, 2°. parce que l'intelligence est froide & n'a aucune action sur l'ame; que le cœur n'en est pas plus ému quand l'esprit est plus éclairé, & que l'ame est encore libre quoique l'intelligence soit subjuguée; au-lieu que l'imagination influe sur toute l'ame, qu'elle en est la faculté dominante & tyrannique, & qu'elle a sur la raison même un empire que celle-ci désavoue, mais dont elle ne peut s'affranchir. On ne croit jamais bien concevoir ce que l'on ne peut imaginer, & tout langage qui ne peint rien est pour le commun des esprits comme un langage inintelligible; au lieu que l'image est souvent elle-même comme la preuve de la pensée par les rapports qu'elle fait sentir & par les inductions qu'elle facilite. *In alium maturescimus partum*, dit Seneque en parlant de l'immortalité de l'ame; & cette idée qu'on a de la peine à saisir toute nue, semble alors tomber sous les sens (a). Faut-il donc

---

(a) *Nel parlar poetico, il quale non e senza imitazione, è una tacita prova.* Le Tasse.

s'étonner si les hommes intéressés à se persuader, à s'émouvoir mutuellement, ont tâché de revêtir leurs idées d'une enveloppe matérielle que l'imagination pût saisir ? Faut-il s'étonner si l'Éloquence & la Poësie, ces deux Arts qui aspirent à dominer tous les esprits, ont eu recours à l'illusion des images ? On a long-tems attribué les figures du style oriental au climat; mais on a trouvé des images aussi hardies dans les Poësies des Islandois, dans celles des anciens Écossois, & dans les harangues des Sauvages du Canada, que dans les écrits des Persans & des Arabes. Moins les peuples sont civilisés, plus leur langage est figuré, sensible. C'est à mesure qu'ils s'éloignent de la Nature, & non pas à mesure qu'ils s'éloignent du soleil; que leurs idées se dépouillent de cette écorce dont elles étoient revêtues, comme pour tomber sous les sens. Les images sont par-tout le langage de la Nature ; mais l'art de les employer a ses regles que je vais tâcher de déterminer.

La translation d'un mot de son sens naturel à quelqu'autre sens, n'est pas ce que j'appelle image, mais seulement la translation d'un mot qui peint avec les couleurs de son premier objet la nouvelle idée à laquelle on l'attache. *La clef d'une voute, le pied d'une montagne* ne présentent leur nouvel objet que tel qu'il est en lui-même : ce sont des figures de mots, qui n'ajoûtent rien au coloris du style.

La mort de Laocoon dans l'Énéide est un tableau ; l'incendie de Troye est une description ; la description differe du tableau, en ce que le tableau n'a qu'un moment & qu'un lieu fixe. La description peut être une suite de tableaux ; le tableau peut être un tissu d'images ; l'image elle-même peut former un tableau : nous en allons voir des exemples. Mais l'image, comme je l'ai définie, est le voile matériel d'une idée ; au-lieu que la description & le tableau ne sont le plus souvent que le miroir de l'objet même.

Comme cette translation de mots, d'un

objet à l'autre, se fait par analogie, l'image suppose une ressemblance, renferme une comparaison; & de la justesse de la comparaison dépend la clarté, la transparence de l'image. Mais la comparaison est sous-entendue, indiquée ou développée: on dit d'un homme en colere, *il rugit*; on dit de même, *c'est un lion*; on dit encore, *tel qu'un lion altéré de sang*, &c. Il rugit suppose la comparaison; *c'est un lion* l'indique; *tel qu'un lion* la développe.

On demandera peut-être, comment il peut y avoir assez de ressemblance entre une idée métaphysique & un objet matériel, pour que l'un soit l'image de l'autre; ce n'est pas ici le lieu d'expliquer l'analogie des sensations, mais un exemple mettra sur la voie. Nous appellons *lumineux*, un corps dont l'action, l'influence nous rend les objets visibles. Nous appellons *lumineux*, un esprit qui dans l'ordre des idées, nous découvre de nouveaux rapports ou des qualités inconnues: un tel esprit est pour notre ame ce que le soleil est pour nos yeux, & c'est de cette analogie que le terme *lumineux*, appliqué à l'esprit, tire sa justesse & sa force.

Souvent l'analogie de l'image avec l'idée est indépendante de toute convention. Par exemple, l'esprit le moins cultivé passe naturellement des images de l'étendue permanente aux idées de l'étendue successive. Un sourd & muet de naissance, pour exprimer le passé, montroit l'espace qui étoit derriere lui; & l'espace qui étoit devant, pour exprimer l'avenir. Nous les désignons à peu près de même. *Les tems reculés; j'avance en âge; les années s'écoulent*, &c. Quoi de plus clair & de plus juste que cette image dont se sert Montagne, pour dire qu'il s'occupe agréablement du passé sans prévoir l'avenir qui l'attend? « Les ans peu- » vent m'entraîner, mais à reculons ». Souvent aussi la facilité d'appercevoir une idée sous une image est un effet de l'habitude, & suppose une convention. De-là vient que toutes les images ne peuvent ni ne doivent être transplantées d'une langue dans une autre langue ; & lorsqu'on dit qu'une image ne sauroit se traduire, ce n'est pas tant la disette des mots qui s'y oppose, que le défaut d'exercice dans la liaison des deux idées. Toute image tirée des coûtumes étrangères, n'est reçue parmi nous que par adoption ; & si les esprits n'y sont pas habitués, le rapport en sera difficile à saisir. *Hospitalier* exprime une idée claire en françois comme en latin, dans son acception primitive : on dit *les Dieux hospitaliers, un peuple hospitalier ;* mais cette idée ne nous est pas assez familiere pour se présenter d'abord à propos d'un arbre qui donne asile aux voyageurs : ainsi l'*umbram hospitalem* d'Horace, traduit à la lettre par *un ombrage hospitalier*, ne seroit pas entendu sans le secours de la réflexion.

Il arrive aussi que dans une langue, l'opinion attache du ridicule ou de la bassesse à des images, qui, dans une autre langue, n'ont rien que de noble & de décent. La métaphore de ces deux beaux vers de Corneille,

Sur les noires couleurs d'un si triste tableau
Il faut passer l'éponge ou tirer le rideau.

n'auroit pas été soutenable chez les Romains où l'*éponge* étoit un mot sale.

Les Anciens se donnoient une licence que notre langue n'admet pas : dès qu'un même objet faisoit sur les sens deux impressions simultanées, ils attribuoient indistinctement l'une à l'autre : par exemple, ils disoient à leur choix, *un ombrage frais* ou *une fraîcheur sombre* (*a*) ; ils disoient d'une forêt, qu'elle étoit *obscurcie d'une noire frayeur*, au-lieu de dire qu'elle étoit effrayante par son obscurité profonde (*b*) : c'est prendre la cause pour l'effet. Nous sommes plus difficiles ; & ce qui pour eux étoit une élégance, seroit pour nous un contre-sens. Nous voulons que les images suivent l'ordre des idées & en observent les rapports. C'est rétrécir le cercle de la Poésie, mais de peu de chose ; & je ne

---

(*a*) *Frigus opacum.*
(*b*) *Caligantem nigrâ formidine lucum.*

crois pas que ce qu'elle y perd mérite nos regrets.

Telle image est claire comme expression simple, qui s'obscurcit dès qu'on veut l'étendre. *S'enivrer de louange*, est une façon de parler familiere : *s'enivrer* est pris là pour un terme primitif ; celui qui l'entend ne soupçonne pas qu'on lui présente la louange comme une liqueur ou comme un parfum. Mais si vous suivez l'image & que vous disiez, *Un Roi s'enivre des louanges que lui versent les flatteurs*, ou *que les flatteurs lui font respirer*, vous éprouverez que celui qui a reçu *s'enivrer de louange* sans difficulté, sera étonné d'entendre, *verser la louange*, *respirer la louange*, & qu'il aura besoin de réflexion pour sentir que l'un est la suite de l'autre. La difficulté ou la lenteur de la conception vient alors de ce que le terme moyen est sous-entendu : *verser* & *s'enivrer* annoncent une liqueur ; dans *respirer* & *s'enivrer* c'est une vapeur qu'on suppose. Que la liqueur ou la vapeur soit expressément énoncée, l'analogie des termes est claire & frappante par le lien qui les unit. *Un Roi s'enivre du poison de la louange que lui versent les flatteurs ; un Roi s'enivre du parfum de la louange que les flatteurs lui font respirer:* tout cela devient naturel & sensible.

Le nectar que l'on sert au maître du tonnerre,   Lafontaine
Et dont nous enivrons tous les dieux de la terre,
C'est la louange, Iris.

Les langues, à les analyser avec soin, ne sont presque toutes qu'un recueil d'images que l'habitude a mises au rang des dénominations primitives, & que l'on employe sans s'en appercevoir. Il y en a de si hardies, que les Poëtes n'oseroient les risquer si elles n'étoient par reçues. Les Philosophes en usent eux-mêmes comme de termes abstraits. *Perception, réflexion, attention, induction,* tout cela est pris de la matiere. On dit *suspendre, précipiter* son jugement, *balancer* les opinions, les *recueillir, &c.* On dit que l'ame *s'éleve,* que les idées *s'étendent,* que le génie *étincelle,* que Dieu *vole sur les ailes des vents,* qu'il *habite* en lui-même, que son *souffle* anime la matiere, que *sa voix* commande au néant, &c. tout cela est familier, non-seulement à la Poësie, mais à la Philosophie la plus exacte, à la Théologie la plus austère. Ainsi, à l'exception de quelques termes abstraits, le plus souvent confus & vagues, tous les signes de nos idées sont empruntés des objets sensibles. Il n'y a donc pour l'emploi des images usitées d'autre ménagement à garder que les convenances du style.

Il est des images qu'il faut laisser au peuple; il en est qu'il faut reserver au langage héroïque; il en est de communes à tous les styles & à tous les tons. Mais c'est au goût formé par l'usage à distinguer ces nuances.

Quant au choix des images rarement employées ou nouvellement introduites dans une langue, il faut y apporter beaucoup plus de circonspection & de sévérité. Que les images reçues ne soient point exactes; que l'on dise de *l'esprit* qu'il est *solide,*

solide, de la pensée qu'elle est *hardie*, de *l'attention* qu'elle est *profonde*; celui qui employe ces images n'en garantit pas la justesse, & si on lui demande pourquoi il attribue la solidité à ce qu'il appelle un *souffle* (*a*), la hardiesse à l'action de *peser* (*b*), la profondeur *à la direction du mouvement* (*c*), car tel est le sens primitif *d'esprit*, de *pensée* & *d'attention*, il n'a qu'un mot à répondre: Cela est reçu; je parle ma langue.

Mais s'il employe de nouvelles images, on a droit d'exiger de lui qu'elles soient justes, claires, sensibles, & d'accord avec elles-mêmes. C'est à quoi les Écrivains, même les plus élégans, ont manqué plus d'une fois.

Il y a des images, qui, sans être précisément fausses, n'ont pas cette vérité sensible qui doit nous saisir au premier coup-

_____

(*a*) *Spiritus.*
(*b*) *Pensare.*
(*c*) *Tendere ad.*

Tome *I.*   M

d'œil. Vous représentez-vous un jour vaste par le silence, *dies per silentium vastus* ? Il est vrai que le jour des funérailles de Germanicus, Rome dut être changée en une vaste solitude par le silence qui regnoit dans ses murs ; mais après avoir développé la pensée de Tacite, on ne saisit point encore son image.

Lafontaine semble l'avoir prise de Tacite. « Craignez le fond des bois & leur vaste silence ».

Mais ici l'image est claire & juste : on se transporte au milieu d'une solitude immense, où le silence règne au loin ; & *silence vaste* qui paroît hardi, est beaucoup plus sensible que *silence profond* qui est devenu si familier.

Traduisez *tibi rident æquora ponti* de Lucrèce : *la mer prend une face riante* est une façon de parler très-claire en elle-même, & qui cependant ne peint rien. La mer est paisible, mais elle ne rit point, & dans aucune langue *rident* ne peut se traduire, à moins qu'on ne change l'image.

Distinguons cependant une image confufe d'une image vague. Celle-ci peut être claire quoiqu'indéfinie. *L'étendue, l'élévation, la profondeur* font des termes vagues mais clairs : il faut même bien se garder de déterminer certaines expressions dont le vague fait toute la force. *Omnia pontus erat* (a), dit Ovide en parlant du déluge; « Tout étoit Dieu excepté Dieu même », dit Bossuet en parlant des siècles d'idolâtrie; « Je ne vois le tout de rien », dit Montagne; & Lucrèce pour exprimer la grandeur du système d'Épicure :

. . . . *Extra*
Processit longè flammantia mœnia mundi,
Atque omne immensum peragravit mente animoque (b).

Mais dans les objets qui doivent être embrassés d'un coup-d'œil, l'image n'est satisfaisante qu'autant qu'elle est précise & complette.

(a) Tout n'étoit qu'un Océan.
(b) Du monde il a franchi la barriere enflammée,
Et son ame a d'un vol parcouru l'infini.

M ij

Pour s'assurer de la justesse & de la clarté d'une image en elle-même, il faut se demander en écrivant, que fais-je de mon idée ? une colonne, un fleuve, une plante ? L'image ne doit rien présenter qui ne convienne à la plante, à la colonne, au fleuve, &c. la règle est simple, sûre & facile; rien n'est plus commun cependant que de la voir négliger, & sur-tout par les commençans qui n'ont pas fait de leur langue une étude philosophique.

L'analogie de l'image avec l'idée exige encore plus d'attention que la justesse de l'image en elle-même, comme étant plus difficile à saisir. Nous avons dit que toute image suppose une ressemblance ainsi que toute comparaison; mais la comparaison développe les rapports, l'image ne fait que les indiquer : il faut donc que l'image soit au-moins aussi juste que la comparaison peut l'être. L'image qui ne s'applique pas exactement à l'idée qu'elle enveloppe, l'obscurcit au-lieu de la rendre sensible ; il faut que le voile ne fasse aucun pli, ou que du-moins, pour parler le langage des Peintres, le nud soit bien ressenti sous la draperie.

Après la justesse & la clarté de l'image, je place la vivacité. L'effet que l'on se propose étant d'affecter l'imagination, les traits qui l'affectent le plus doivent avoir la préférence.

Tous les sens contribuent proportionnellement au langage figuré. Nous disons *le coloris des idées, la voix des remords, la dureté de l'ame, la douceur du caractère, l'odeur de la bonne renommée.* Mais les objets de la vûe, plus clairs, plus vifs & plus distincts, ont l'avantage de se graver plus avant dans la mémoire, & de se retracer plus facilement : la vûe est par excellence le sens de l'imagination, & les objets qui se communiquent à l'ame par l'entremise des yeux vont s'y peindre comme dans un miroir. Aussi la vûe est-elle celui de tous les sens qui enrichit le plus le langage poëtique. Après la vûe c'est le toucher, après le toucher c'est l'ouie, après l'ouie vient le goût, & l'odorat, le plus foible de tous, fournit à peine une image entre mille. Parmi les objets du même sens, il en est de plus vifs, de plus frappans, de plus favorables à la peinture. Mais le choix en est au-dessus des règles; c'est au sens intime à le déterminer.

Jusqu'à présent nous n'avons considéré les images que relativement aux idées. Il nous reste à les examiner relativement au style & aux différens styles.

Il n'est point de langage qui soit dispensé d'être naturel, & rien n'est plus opposé au naturel qu'une recherche trop curieuse, trop affectée dans l'expression. Les images les plus neuves, les plus recherchées doivent donc paroître se présenter d'elles-mêmes & comme sous la main.

Les Peintres donnent en cela l'exemple aux Orateurs & aux Poetes: ils couronnent les Nayades de perles & de corail, les Bergères de fleurs, les Ménades de pampre, Uranie d'étoiles, &c.

Tout homme n'est pas censé avoir présent à l'esprit toute espèce d'images. Les productions, les accidens, les phénomènes de la Nature different suivant les climats. Il n'est pas vraisemblable que deux amans, qui n'ont jamais dû voir des palmiers, en tirent l'image de leur union. Il ne convient qu'au peuple du Levant, ou à des esprits versés dans la Poësie orientale, d'exprimer le rapport de deux extrêmes par l'image *du cèdre à l'hissope*.

L'habitant d'un climat pluvieux compare la vûe de ce qu'il aime à la vûe d'un ciel sans nuages. L'habitant d'un climat brûlant la compare à la rosée. A la Chine, un Empereur qui fait la joie & le bonheur de son peuple, est semblable au vent du Midi. Voyez combien sont opposées l'un à l'autre les idées que présente l'image d'un fleuve débordé à un berger des bords du Nil & à un berger des bords de la Loire. Il en est de même de toutes les images locales, que l'on ne doit transplanter qu'avec beaucoup de précaution.

Les images sont aussi plus ou moins familieres, suivant les mœurs, les opinions, les usages, les conditions, &c. Un peuple guerrier, un peuple pasteur, un peuple matelot ont chacun leurs images habituelles : ils les tirent des objets qui les occupent, qui les affectent, qui les intéressent le plus. Un chasseur amoureux se compare au cerf qu'il a blessé,

Portant par-tout le trait dont je suis déchiré.

Un berger dans la même situation, se compare aux fleurs exposées aux vents du Midi (a).

C'est ce qu'on doit observer avec un soin particulier dans la Poésie dramatique. Britannicus ne doit pas être écrit comme Athalie, ni Polieucte comme Cinna. Aussi les bons Poëtes n'ont-ils pas manqué de prendre la couleur des lieux & des tems, soit de propos délibéré, soit par sentiment & par goût, l'imagination remplie de leur sujet, l'esprit imbu de la lecture des Auteurs qui devoient leur donner le ton. On

---

(a) *Floribus austrum perditus immisi.* (Virg.)

reconnoît les Prophetes dans Athalie, Tacite & Séneque dans Cinna, & dans Polieucte tout ce que le dogme & la morale de l'Évangile ont de sublime & de touchant.

C'est un heureux choix d'images inusitées parmi nous, mais rendues naturelles par les convenances, qui fait la magie du style de Mahomet & d'Alzire, & qui manque peut-être à celui de Bajazet. Croiroit-on que les harangues des Sauvages du Canada sont du même style que le rôle de Zamore? En voici un exemple frappant. On propose à l'une de ces nations de changer de demeure. Le chef des Sauvages répond: « Cette terre nous a nourris. L'on » veut que nous l'abandonnions! Qu'on la » fasse creuser, on trouvera dans son sein » les ossemens de nos peres. Faut-il donc » que les ossemens de nos peres se lèvent » pour nous suivre dans une terre étrange- » re »? Virgile a dit de ceux qui se donnent la mort, *lucemque perosi projecere animas* (a).

_____

(a) Ils ont fui la lumière & rejetté leur ame.

Les Sauvages difent en fe dévouant à la guerre, « Je jette mon corps loin de moi ».

Il y a des phénomènes dans la Nature, des opérations dans les Arts, qui quoique préfens à tous les hommes, ne frappent vivement que les yeux des Philofophes ou des Artiftes. Ces images d'abord refervées au langage des Arts & des Sciences, ne doivent paffer dans le ftyle oratoire ou poëtique qu'à mefure que la lumière des Sciences & des Arts fe répand dans la fociété. Le reffort de la montre, la bouffole, le télefcope, le prifme, &c. fourniffent aujourd'hui au langage familier des images auffi naturelles, auffi peu recherchées que celles du miroir & de la balance. Mais il ne faut hafarder ces tranflations nouvelles qu'avec la certitude que les deux termes font bien connus, & que le rapport en eft jufte & fenfible.

Le Poëte lui feul comme Poëte, peut employer les images de tous les tems, de tous les lieux, de toutes les fituations de la vie. De-là vient que les morceaux épiques ou lyriques dans lesquels le Poëte parle lui-même en qualité d'homme inspiré, sont les plus abondans, les plus variés en images. Il a cependant lui-même des ménagemens à garder.

1°. Les objets d'où il emprunte ses métaphores doivent être présens aux esprits cultivés.

2°. S'il adopte un système, comme il y est souvent obligé, celui, par exemple, de la Théologie, ou celui de la Mythologie, celui d'Épicure ou celui de Newton, il se borne lui-même dans le choix des images, & s'interdit tout ce qui n'est pas analogue au système qu'il a suivi. La Nature, sous les traits de Vénus, est une image déplacée dans un Poëme où l'on nie que les dieux se mêlent du soin de l'Univers; & celui qui dira dans peu,

Des choses d'ici bas, séparés à jamais,   Lucrèce.
Les dieux doivent jouir d'une éternelle paix.

celui-là ne doit point dire en débutant.

« Je t'implore, ô Vénus, ô mere des Romains,
» Charme des immortels, délices des humains,

» Toi par qui fous les cieux une chaleur féconde
» D'habitans fortunés peuple la terre & l'onde;
» Par qui les animaux conçus dans les plaisirs,
» Naissent, ouvrent les yeux, & sentent des
» desirs ».

De même, quoi que le Dante ait voulu figurer par l'Hélicon, par Uranie, & par le chœur des Muses, ce n'est pas dans un sujet comme celui du Purgatoire qu'il est décent de les invoquer.

3°. Les images que l'on employe doivent être du ton général de la chose, élevées dans le noble, simples dans le familier, sublimes dans l'enthousiasme, & toûjours plus vives, plus frappantes que la peinture de l'objet même; sans quoi l'imagination écarteroit ce voile inutile : c'est ce qui arrive souvent à la lecture des Poëmes dont le style est trop figuré.

4°. Si le Poëte adopte un personnage, un caractère, son langage est assujetti aux mêmes convenances que le style dramatique : il ne doit se servir alors pour peindre ses sentimens & ses idées, que des images qui sont présentes au personaage qu'il a pris.

5°. Les images sont d'autant plus frappantes que les objets en sont plus familiers; & comme on écrit sur-tout pour son pays, le style poétique doit avoir naturellement une couleur natale. Cette réflexion a fait dire à un homme de goût, qu'il seroit à souhaiter pour la Poésie françoise que Paris fût un port de mer. Cependant il y a des images transplantées que l'habitude rend naturelles : par exemple, on a remarqué que chez les peuples Protestans qui lisent les livres saints en langue vulgaire, la Poésie a pris le style oriental. C'est de toutes ces relations observées avec soin que résulte l'art d'employer les images & de les placer à propos.

Mais une règle plus délicate & plus difficile à prescrire, c'est l'économie & la sobriété dans la distribution des images. Nous avons remarqué qu'introduites par le besoin elles avoient passé jusqu'au luxe; j'ai dit aussi qu'elles servent à rendre plus sensible un objet qui ne l'est pas assez; & jusques-là il n'est point de style qui ne les admette. Il suffit d'expliquer ce que j'entends par rendre un objet plus sensible.

Si l'objet de l'idée est de ceux que l'imagination saisit & retrace aisément & sans confusion, il n'a besoin pour la frapper que de son expression naturelle, & le coloris étranger de l'image n'est plus que de décoration. Mais si l'objet, quoique sensible par lui-même ne se présente à l'imagination que foiblement, confusément, successivement, ou avec peine, l'image qui les peint avec force, avec éclat, & ramassé comme en un seul point, cette image vive & lumineuse éclaire & soulage l'esprit autant qu'elle embellit le style. On conçoit sans peine les inquiétudes & les soucis dont l'ambitieux est agité; mais combien l'idée en est plus sensible, quand on les voit voltiger sous des lambris dorés & dans les plis des rideaux de pourpre?

Non enim gaza neque consularis
Summovet lictor miseros tumultus
Mentis, & curas laqueata circum
Tecta volantes. (Horat.)

Lafontaine dit en parlant du veuvage :

On fait un peu de bruit, & puis on se console ;

mais il ajoûte :

Sur les aîles du tems la tristesse s'envole.
  Le tems ramène les plaisirs.

& je n'ai pas besoin de faire sentir quel agrément l'idée reçoit de l'image. Le choc de deux masses d'air qui se repoussent dans l'atmosphère est sensible par ses effets, mais cet objet vague & confus n'affecte pas l'imagination comme la lutte des aquilons & du vent du Midi, *precipitem Africum decertantem aquilonibus*. Ici l'image est frappante au premier coup d'œil : l'esprit la saisit & l'embrasse. Quelle collection d'idées réunies & rendues sensibles dans ce demi vers de Lucain, qui peint la douleur errante & muette !

  Erravit sine voce dolor.

& dans cette image de Rome accablée sous sa grandeur,

  Nec se Roma ferens ;

& dans ce tableau de Séneque, *non miror*.

si quando impetum capit (Deus) spectandi magnos viros colluctantes cum aliqua calamitate! « Dieu se plait à éprouver les grands » hommes par des calamités » : cette idée seroit belle encore exprimée tout simplement ; mais quelle force ne lui donne pas l'image dont elle est revêtue ! Les grands hommes & les calamités sont aux prises, & le spectateur du combat c'est Dieu.

En employant les images à rendre les objets plus sensibles, on s'est apperçu qu'elles les rendoient aussi quelquefois plus beaux ; dès-lors on s'en est servi comme de fard & de parure. Ainsi l'on a dit *l'or des cheveux, le cryftal des eaux, &c.* mais le luxe n'a point de bornes, & la licence conduit à l'excès.

Quand l'image donne à l'objet le caractère de beauté qu'il doit avoir, qu'elle le pare sans le cacher, avec goût & avec décence, elle convient à tous les styles & s'accorde avec tous les tons. Mais pour peu que le langage figuré s'éloigne de ses règles, il refroidit le pathétique, il énerve l'éloquence,

quence, il ôte au sentiment sa simplicité touchante, aux graces leur ingénuité. Les images sont des fleurs, qui pour être semées avec goût demandent une main délicate & légère.

La Poësie elle-même perd souvent à préférer le coloris de l'image au coloris de l'objet. La ceinture de Vénus, cette allégorie si ingénieuse, est encore bien inférieure à la peinture naïve & simple de la beauté dont elle est le symbole. Vénus ayant à communiquer des charmes à Junon ne pouvoit lui donner qu'un voile, & rien au monde n'est mieux peint; mais des traits répandus sur ce voile, se fait-on l'image de la beauté, comme si le même pinceau l'eût exprimée au naturel & sans aucune allégorie?

Que pour rendre sensible cette décence noble & modeste, qui est un assemblage de traits répandus dans le langage, dans le maintien, dans la démarche d'une jeune & belle personne, Ovide nous dise que cette Grace la suit en se cachant, *subsequi-*

turque decor; que pour peindre une troupe vive & légère de jeunes étourdis qui s'empreſſent autour d'une coquette, M. de Voltaire emprunte l'image des ris, des jeux & des amours, & qu'il ajoûte:

Helas, je les ai vû jadis
Entrer chez toi par la fenêtre.

l'imagination n'a aucune peine à ſe former tous ces tableaux, elle ſuit le pinceau du Poete. Mais qu'on nous raconte, comme dans un Sonnet Italien, que les amours étant venus en foule ſe placer dans les yeux, ſur le nez, ſur la bouche, ſur le menton, dans les cheveux d'une jolie femme, l'un de ces petits dieux qui ne trouva plus à ſe nicher, ſe laiſſa tomber ſur le ſein, & de-là regardant ſes camarades, leur cria: « Mes amis, qui de nous eſt le mieux » logé »? Il y a dans cette idée beaucoup de gayeté, de galanterie & de fineſſe; cependant qu'on examine l'image. Se peint-on une jolie figure au milieu de tous ces enfans que l'on voit perchés çà & là? n'eſt-ce pas un tableau grotesque plûtôt qu'une image riante? En général toutes les fois que la nature est belle & touchante en elle-même, c'est dommage de la voiler.

Mais ce n'est pas assez que l'idée ait besoin d'être embellie, il faut qu'elle mérite de l'être. Une pensée triviale revêtue d'une image pompeuse ou brillante, est ce qu'on appelle du Phébus: on croit voir une physionomie basse & commune ornée de fleurs & de diamans. Cela revient à ce premier principe, que l'image n'est faite que pour rendre l'idée sensible. Si l'idée ne mérite pas d'être sentie, ce n'est pas la peine de la colorer.

En observant ces deux règles, sçavoir, de ne jamais revêtir l'idée que pour l'embellir, de ne jamais embellir que ce qui en mérite le soin, on évitera la profusion des images, on ne les employera qu'à propos: c'est-là ce qui fait le charme & la beauté du style de Racine & de Lafontaine. Il est riche & n'est point chargé: c'est l'abondance du génie que le goût ménage & répand.

La continuation de la même image est une affectation que l'on doit éviter, surtout dans le dramatique, où les personnages sont trop émus pour penser à suivre une allégorie. C'étoit le goût du siècle de Corneille, & lui-même il s'en est ressenti.

En changeant d'idée, on peut immédiatement passer d'une image à une autre; mais le retour du figuré au simple est indispensable si l'on s'étend sur la même idée, sans quoi l'on seroit obligé de soutenir la premiere image, ce qui dégénère en affectation, ou de présenter le même objet sous deux images différentes, espèce d'inconséquence qui choque le bon sens & le goût.

Il y a des idées qui veulent être relevées; il y en a qui veulent que l'image les abaisse au ton du style familier. Ce grand Art n'a point de règles, & ne sauroit se raisonner. Entendez Lucrece parlant de la superstition: comme l'image qu'il employe aggrandit son idée!

Humana ante oculos fæde cum vita jaceret

In terris, oppressa gravi sub Religione,
Quæ caput à cæli regionibus ostendebat.

Voyez des idées aussi grandes présentées avec toutes leur force sous les traits les plus ingénus. « C'est le déjeûner d'un petit » ver que le cœur & la vie d'un grand » Empereur », dit Montagne ; & en parlant de la guerre, » Ce furieux monstre à tant » de bras & à tant de têtes, c'est toûjours » l'homme foible, calamiteux & miséra- » ble, c'est une fourmillière émue ». « L'homme est bien insensé (dit-il encore), » il ne sauroit forger un ciron, & il forge » des dieux par douzaines ». Avec quelle simplicité Lafontaine a peint une mort tranquille !

On sortoit de la vie ainsi que d'un banquet,
Remerciant son hôte & faisant son paquet.

Ce qui rend cette familiarité frappante, c'est l'élévation d'ame qu'elle annonce, car il faut planer au-dessus des grands objets pour le voir au rang des petites choses ; & c'est en général sur la situation de l'ame de celui qui parle que le Poëte doit se regler pour élever ou abaisser l'image.

Dans tous les mouvemens impétueux, comme l'enthousiasme, la passion, &c. le style s'enfle de lui-même; il se tempère ou s'affoiblit quand l'ame s'appaise ou s'épuise: ainsi toutes les fois que la beauté du sentiment est dans le calme, l'image est d'autant plus belle qu'elle est plus simple & plus familiere.

Dans l'héroïque même, l'image la plus humble est quelquefois la plus forte. Fléchier, en louant la charité de M. le Président de Lamoignon, qui donnoit aux pauvres ce qu'il retiroit tous les ans du travail actuel du Palais, s'est bien gardé de parler de ce travail en termes fastueux; il rapproche ce Magistrat des malheureux dont il étoit le pere, & vous croyez le voir au milieu des pauvres travaillant avec eux & pour eux. « Il n'étoit pas content » (dit-il) de leur avoir distribué le pain, » s'il ne l'avoit gagné lui-même ». Il y a de la bassesse à trouver bas les détails de la pauvreté. Gardez-vous bien de les éviter par une fausse délicatesse, ou de les voiler pour les annoblir; il faut seulement avoir soin d'en écarter ce qui est dégoûtant. Voyez dans Lafontaine Philémon & Baucis, & le faucon, ces modèles du pathétique naïf & simple. Voyez aussi dans l'Enfant-prodigue cette peinture noble & vraie de la misere du jeune Euphemon; & dans le Pere-de-famille ce tableau si passionné, si touchant de la pauvreté de Sophie. Voilà comme tout s'embellit dans les mains d'un homme de génie & de goût. Les exemples de cette simplicité précieuse sont rares chez les modernes, ils sont communs chez les Anciens, & je ne puis trop inviter les jeunes Poëtes à s'en nourrir l'esprit & l'ame.

Je finirai par quelques réflexions sur l'abus des images qu'on appelle jeux de mots. Les rapports du figuré au figuré ne sont que des relations d'une image à une image, sans que ni l'une ni l'autre soit donnée pour l'objet réel. C'est ainsi que l'on compare les chaînes de l'amour avec celles de l'ambition, & que l'on dit que celles-ci sont plus pesantes & moins fragiles. Alors ce sont les idées mêmes que l'on compare sous des noms étrangers.

Mais c'est abuser des termes que d'établir une ressemblance réelle du figuré au simple : l'image n'est qu'une comparaison dans le sens de celui qui l'employe, & c'est la donner pour l'objet même que de lui attribuer les mêmes rapports qu'à l'objet, comme dans ces vers,

Racine. Brûlé de plus de feux que je n'en allumai.
Corneille. Elle fuit mais en Parthe, en me perçant le cœur.

Dans l'Æneïde Turnus dit à Ænée :

Quam bello petisti, Italiam meti jacens.

« C'est (dit Jul. Scal.) parce qu'on mesure » un terrein quand on l'achette ». Assûrément, Virgile n'avoit pas songé à cette allusion puérile. Les Commentateurs sont de terribles gens !

Il f un tems où l'on ne croyoit avoir de l'esprit qu'autant qu'on donnoit de faux rapports à ses idées, & le mauvais goût devient si naturel par l'habitude, qu'un homme, accoûtumé sans doute aux jeux de mots fit, dit-on, celui-ci dans le plus cruel desespoir. C'étoit un Italien amoureux & malheureux. Avant de se tuer il ordonna à son homme de confiance de faire un flambeau de sa graisse, d'aller trouver son inhumaine, & de lui faire lire à la clarté de ce flambeau le billet qu'il lui écrivit. « Tu m'as défendu de brûler pour toi : » je brûle actuellement dans ta main ; & » c'est à la lueur de ma flamme que tu lis » mes derniers adieux ».

De la fiction à la réalité les rapports sont dans la règle, & non pas de la métaphore à la réalité : par exemple, après avoir changé Sirinx en roseau, le Poëte en peut faire une flute ; mais quoiqu'il appelle *des lys & des roses* les couleurs d'une bergère, il n'en fera pas un bouquet ; pourquoi cela ? C'est que la métamorphose de Sirinx est donnée pour un fait dont le Poëte est persuadé ; au lieu que les lys & les roses ne sont qu'une comparaison dans l'esprit même du Poëte : c'est pour n'avoir pas fait cette distinction si facile, que tant de Poëtes ont donné dans les jeux de mots, l'un des vices les plus opposés au naturel, qui fait le charme du style poëtique.

CHAPITRE VI.

De l'Harmonie du Style.

L'HARMONIE du style comprend le choix & le mélange des sons, leurs intonnations, leur durée, la liaison des mots & leurs nombres, la texture des périodes, leur coupe, leur enchaînement, enfin toute l'économie du discours relativement à l'oreille, & l'art de disposer les mots, soit dans la prose, soit dans les vers, de la maniere la plus convenable au caractère des idées, des images, des sentimens qu'on veut exprimer.

Les recherches que je propose sur cette partie méchanique du style, & les essais que l'on fera pour y exercer son oreille &

sa plume, doivent être, comme les études du Peintre, destinés à ne pas voir le jour. Dès qu'on travaille sérieusement, c'est de la pensée qu'on doit s'occuper, & des moyens de la rendre avec le plus de force, de clarté, de précision qu'il est possible. *Fiat quasi structura quædam ; nec tamen fiat operose : nam esset cum infinitus tum puerilis labor.* Ciceron.

C'est par l'analyse des élémens physiques d'une langue qu'on peut voir à quel point elle est susceptible d'harmonie. Mais ce travail est celui du Grammairien. Le devoir du Poëte, de l'Historien, de l'Orateur est de se livrer aux mouvemens de son ame. S'il possede sa langue, s'il a exercé son oreille au sentiment de l'harmonie, son style peindra sans qu'il s'en apperçoive, & le nombre y viendra de lui-même s'accorder avec la pensée.

Une oreille excellente peut suppléer à la réflexion; mais avant la réflexion personne n'est sûr d'avoir l'oreille délicate & juste. Le détail où je m'engage peut donc avoir son utilité.

Duæ sunt res quæ permulcent aures (dit Ciceron) : *sonus & numerus*.

On peut considérer dans les voyelles le son pur, l'articulation, l'intonnation.

Les voyelles ne sont pas toutes également pleines & brillantes ; le son de l'*a* est le plus éclatant de tous, & la voix, comme pour complaire à l'oreille, le choisit naturellement. La preuve en est dans les accens indélibérés d'une voix qui prélude, dans les cris de surprise, de douleur & de joie. Virgile connoissoit bien la prédilection de l'oreille pour le son de l'*a*, lorsqu'il l'a répété tant de fois dans ce vers si mélodieux.

Mollia luteolâ pingit vaccinia calthâ.

& dans ceux-ci plus doux encore,

. . . . *Vel mixta rubent ubi lilia multâ Alba rosâ, tales virgo dabat ore colores.*

Ces vers prouvent que Vossius a tort de reprocher au son de l'*a* de manquer de douceur : *suavitate ferè destituitur* ; mais il a raison quand il ajoûte : *magnificentiâ aures propemodum percellit.*

Le son de l'*o* est plein, mais grave : pour le rendre plus clair dans le chant, on y mêle du son de l'*a*, comme lorsqu'on veut éclater sur *vole* (*a*); l'*é* plus foible & moins volumineux s'éclaircit de même dans l'*è* ouvert en approchant du son de l'*a* (*b*); l'*i* est plus grêle, plus délicat que l'*é* (*c*); l'*eu* est vague, mais sonore; l'*ou* est plus grave, mais moins foible que l'*u* (*d*); l'*e* muet ou féminin est à peine un son.

(*a*) O, *sonum quidem habet vastum & aliquâ ratione magnificum ; longè tamen minus quam* a. *Nulla hac aptior littera ad significandum magnorum animalium & ingentium corporum, seu vocem, seu sonum.* (Isaac Voss.)

(*b*) E, *non quidem gravem, sed tamen clarum satis & elegantem habet sonum :* è, *vocalis magis sonora & magnifica quam* o, *minus quam* a; *cum & sonum habeat obscuriorem, & prope modum in ipsis faucibus sepultum.* Idem.

(*c*) I, *nulla est clarior voce illâ : in levibus & argutis usum habet præcipuum.* Idem.

(*d*) *Infimum dignitatis gradum tenet* u *vocalis.*

Dans les voyelles doubles, le premier son n'étant que passager, l'oreille n'est sensiblement affectée que du son final, sur lequel la voix se repose & se déploye; ce n'est donc qu'à la voyelle finale que l'on doit avoir égard dans le choix des diphtongues relativement à l'harmonie; & l'on a raison de se plaindre qu'à l'ancienne prononciation de *j'avois, françois, &c.* l'usage ait substitué *j'avès, francès, &c.* (voyez les Notes philosophiques de M. Duclos sur la Grammaire de Port-Royal).

L'effet de la nazale, voyelle que nous avons mise au rang des consonnes, est de terminer le son fondamental par un son fugitif & harmonique qui resonne dans le nez. Ce son fugitif donne plus d'éclat à la voyelle; il la soutient, il l'éleve, & caractérise l'harmonie bruyante.

Virgile. *Luctantes ventos tempestatesque sonoras.*
Voltaire. J'entends l'airain tonnant de ce peuple barbare.

On voit dans le premier exemple combien Virgile a déféré au choix de l'oreille en employant l'épithete *sonoras*, qui n'est point analogue à l'image *imperio premit*, en l'employant, dis-je, préférablement à *rebelles, frementes, minaces* que l'image sembloit demander. C'est la même raison du volume de l'*o*, qui le lui a fait employer tant de fois dans ce vers,

Vox quoque per lucos vulgo exaudita silentes, Ingens.

M. l'Abbé d'Olivet décide longue la voyelle nazale à la fin des mots comme dans *turban, destin, Caton*; mais il me semble que le retentissement de la nazale en doit prolonger le son, du-moins dans la déclamation soutenue, & par-tout où la voix a besoin d'un appui.

La resonnance de la nazale est interrompue par la succession immédiate d'une voyelle, à moins que l'on n'aspire celle-ci pour laisser retentir celle-là : *tyran-inflexible, destin-ennemi*; mais cet *iatus* que l'on a permis en Poësie, est peut-être le plus dur à l'oreille, & celui de tous qu'on doit éviter avec le plus de soin.

Observons cependant que moins la nazale est sonore, plus il est aisé de l'éteindre, & par conséquent moins l'aspiration de la voyelle suivante est dure à l'oreille: aussi se permet-on plus souvent la liaison d'une voyelle avec les nazales *on* & *un*, qu'avec les nazales *an* & *en* : *leçon utile, commun à tous*, sont moins durs que *main habile, océan irrité*. Boileau lui-même a dit:

Le chardon importun hérissa nos guérets.

Dans les monosillabes, le son de la nazale, pour éviter l'aspiration, se réduit à une voyelle pure, suivie de l'*n* consonne qui s'en détache pour se lier avec la voyelle suivante. *L'u'n-& l'autre, l'o'n-aime, e'n-est-il?* (Dans ce dernier exemple l'*e* qui précède l'*n* a le son de l'*a* bref). Toutefois il est mieux de conserver à la nazale la liberté de retentir, en ne la plaçant devant une voyelle que dans les repos & les sens suspendus. Il n'y a que Lamothe qui n'ait pas senti la dureté de ce vers.

Et le mien incertain encore.

C'est peu de consulter pour le choix la
beauté

beauté des sons en eux-mêmes; il faut encore y observer un mélange, une variété qui nous flatte. La monotonie est fatigante, même dans les passages, à plus forte raison dans les repos. Ce n'est pas que le même son répété ne plaise quelquefois (*a*), comme en Musique la même note redoublée à propos est un agrément pour l'oreille; mais cette exception ne détruit pas la règle qui oblige à varier les sons. Dans nos vers on a fait une loi d'éviter la consonnance des deux hémistiches: la même règle doit s'observer dans les repos des périodes: plus ces repos sont variés plus la prose est harmonieuse. Il y a une espèce de consonnance symmétrique dont les Latins faisoient une grace de style (*b*); cette symmétrie peut avoir lieu quelquefois dans

---

(*a*) Quelle douceur, quelle grace, dit Cicéron, ne sent-on pas dans ces composés, *insipientem, iniquum, tricipitem!* au lieu qu'il trouve de la rudesse dans *insapientem, inæquum, tricapitem.*

(*b*) *Similiter cadens, similiter desinens.*

la prose françoise, mais l'affectation en seroit puérile.

Il y a dans la prose comme dans les vers des mesures qu'on appelle nombres, composées de deux ou trois sons ; il faut éviter que les nombres voisins l'un de l'autre s'appuyent sur les mêmes finales, comme dans ce vers de Boileau,
Du destin des Latins prononcer les oracles.

Les consonnes ne sont pas des sons, mais des articulations de sons. Or l'articulation est plus forte ou plus foible, plus rude ou plus douce en elle-même, suivant le caractère de la consonne qui frappe la voyelle.

Les articulations, relativement l'une à l'autre, sont aussi plus ou moins liantes, plus ou moins dociles à se succéder : les unes se suivent coulamment & avec aisance, les autres se froissent & se brisent dans leur choc, & l'étude de tous ces effets peut éclairer le choix de l'oreille.

La parole a des doux & des forts, des sons piqués, des sons appuyés, des sons flattés comme la Musique ; il n'est donc point de consonne qui mise à sa place ne contribue à l'harmonie du discours; mais la dureté blesse par-tout l'oreille. Or la dureté consiste, non pas dans la rudesse ou l'âpreté de l'articulation, mais dans la difficulté qu'elle oppose à l'organe qui l'exécute: le sentiment réfléchi de la peine que doit avoir celui qui parle, nous fatigue nous-mêmes; & voilà dans sa cause & dans son effet ce que nous appellons dureté de style.

Ce vers raboteux que Boileau a fait dans le style de Chapelain:

Droite & roide est la côte & le sentier étroit.

ressemble assez à ce qu'il exprime, cependant notre délicatesse en est blessée : en pareil cas c'est par le mouvement qu'il faut peindre, & non par le froissement des syllabes.

Dans un chemin montant, sablonneux, malaisé, Lafontaine
Et de tous les côtés au soleil exposé,
   Six forts chevaux traînoient un coche.
   L'équipage suoit, souffloit, &c.

La langue la plus douce seroit celle où la

syllabe d'usage n'auroit jamais qu'une consonne, comme la syllabe physique; car dans une syllabe composée de plusieurs consonnes qui semblent se presser autour d'une voyelle, *Sphinx, trop, Grecs, Cecrops*, la réunion précipitée de toutes ces articulations en un tems syllabique rend l'action de l'organe pénible & confuse; & quoique chaque consonne ait naturellement son *e* muet pour voyelle, l'intervale insensible que laisse entre elles ce foible son, ne suffit pas pour les articuler distinctement l'une après l'autre. Cependant ce n'est pas assez qu'une langue soit douce, elle doit avoir de quoi marquer le caractere de chaque idée, & cela dépend surtout des articulations molles ou fermes, rudes ou liantes, qu'elle nous présente au besoin : par exemple, la réunion de deux consonnes en une syllabe lui donne quelquefois plus de vigueur & d'énergie, comme de l'*f* & de l'*r* dans *frémir, frissonner, frapper; frendere, frangere, fragor;* & du *t* avec l'*r*, comme dans ces vers du Tasse tant de fois cités,

*Il rauco suon de la tartarea tromba,
Treman le spaciose atre caverne.*

& comme dans ce vers de Virgile, que le Tasse admiroit lui-même.

Convulsum remis, rostris stridentibus, æquor.

Ce n'est point là de la dureté, mais de cette âpreté que le même Poëte estimoit dans le Dante: *Questa asprezza sente un non so che di magnifico e di grande.*

Ce n'est jamais, comme je l'ai dit, que le travail des organes de la parole qui gêne & fatigue l'oreille; & c'est dans les mouvemens combinés de ces organes que se trouve la raison physique de l'espèce de sympathie ou d'antipathie que l'on remarque entre les syllabes. Or les organes de la parole se divisent en trois mobiles & deux appuis: les mobiles sont le souffle, la langue & les lèvres; les appuis sont le palais & les dents. Je ne prétens pas répéter ici la leçon du Bourgeois-Gentilhomme; mais je dois indiquer la cause physique du plus ou moins de facilité que nous avons à lier les consonnes.

Qu'on étudie l'action des organes dans les différentes articulations; l'on verra pourquoi l'*l* est facile après l'*r*, & l'*r* pénible après l'*l*; pourquoi deux labiales ne peuvent s'allier ensemble, non plus que deux dentales dont l'une est la foible de l'autre; pourquoi le passage d'une labiale à une dentale est facile du foible au foible, comme dans *ab-diquer*; du fort au fort, comme dans *ap-titude*; du foible au fort, comme dans *ob-tenir*; & impossible du fort au foible, comme dans *Cap-de bonne-Espérance*, que l'on est obligé de prononcer *Cab-de bonne-Espérance*.

On y trouvera de même la raison de la difficulté que nous éprouvons à prononcer l'*x* après l'*s*, & réciproquement, comme Quintilien l'a remarqué: *Virtus-Xercis, arx-studiorum*.

Si l'oreille est offensée de la consonnance des voyelles, par la même raison elle doit l'être du retour subit & répété de la même articulation. Les Latins avoient préféré pour cette raison *méridiem* à *medi-*

diem. Qu'en françois l'on traduisît ainsi le début des Paradoxes de Cicéron: « Brutus, » j'ai souvent remarqué que quand Caton » ton oncle opinoit dans le Sénat »; cela seroit choquant & risible. La fréquente répétition de l'*r* & de l'*s* est dure à l'oreille, sur-tout dans les syllabes compliquées où l'*s* siffle, où l'*r* frémit à la suite d'une autre consonne. Lamothe a corrigé dans l'une de ses Odes, *Censeur sage & sincère*. Il auroit bien dû corriger aussi,

Avide des affronts d'autrui.....
Travail toûjours trop peu vanté.....
Les Rois qu'après leur mort on loue......
L'homme contre son propre vice.....
Ton amour-propre trop crédule.....

& une infinité de vers aussi durs, sur lesquels il avoit le malheureux talent de se faire illusion.

Le *z* qui blessoit l'oreille de Pindare, adouci dans notre langue, a quelquefois beaucoup de grace; mais dans une foule d'écrits modernes on l'a ridiculement affecté.

Les Latins retranchoient l'*x* des mots composés où il devoit être selon l'étymologie; & nous avons suivi cet exemple. La répétition des dentales mouillées, *che*, & *ge*, est desagréable à l'oreille.

Lamothe.
>Mais écoutons ; ce berger joue
>Les plus amoureuses chansons.

Les articulations gutturales dont quelques langues du Nord sont remplies, & dont le françois est exempt, ne peuvent donner que des sons foibles & confus. En général les consonnes les plus favorables à l'harmonie sont celles qui détachent le plus distinctement les sons, & que l'organe exécute avec le plus d'aisance & de volubilité : telles sont les articulations simples de la langue avec le palais, de la langue avec les dents, de la lèvre inférieure avec les dents, & des deux lèvres ensemble.

L'*l*, la plus douce des articulations, semble communiquer sa mollesse aux syllabes dures qu'elle sépare. M. de Fenelon en a fait un usage merveilleux dans son style. « On fit couler, dit Télémaque, des

» flots d'huile douce & luisante sur tous les
» membres de mon corps ». L'*l*, si j'ose le
dire, est elle-même comme une huile
onctueuse, qui répandue dans le style en
adoucit les frottemens; & le retour fréquent de l'article *le, la, les,* qu'on reproche
à notre langue, est peut-être ce qui contribue le plus à lui donner de la mélodie :
voyez quelle douceur elle communique à
ce demi vers de Virgile.

Quæque latè lacus liquidos.

Le gazouillement de l'*l* mouillée peut
servir quelquefois à l'harmonie imitative,
mais on en doit réserver le fréquent usage
pour les peintures qui le demandent. L'articulation mouillée qui termine le mot *règne* seroit insoutenable si elle revenoit fréquemment.

Le mouillé foible de l'*l*, exprimé par ce
caractere *y*, & dont nous avons fait une
voyelle parce qu'il est consonne vocale,
est la plus délicate de toutes les articulations; mais cette consonne si douce est
trop foible pour soutenir l'*e* muet; au-lieu

que jointe au son de l'*a*, comme dans *paya*, *déploya*, ou à telle autre voyelle sonore, comme dans *foyer*, *citoyen*, *rayon*, elle fait nombre & suffit à l'oreille.

Par cette analyse des articulations de la langue, on doit voir quelles sont les liaisons qui flattent ou qui blessent l'oreille.

Il n'y a point de liaison d'une voyelle finale avec la consonne initiale du mot suivant; ce n'est qu'une succession de sons indépendans l'un de l'autre.

La liaison est réelle d'une consonne finale avec une voyelle initiale; car la consonne s'attache à la voyelle qui la suit. Mais comme toutes les voyelles s'allient avec toutes les consonnes, la liaison ne sera plus ou moins harmonieuse qu'autant que la consonne, plus forte ou plus foible, contribuera plus ou moins au caractere de l'expression. La rudesse même alors fait beauté, pourvû que l'articulation n'ait rien de pénible.

Virgile. *Tum ferri rigor, atque argutæ lamina serræ.*

Lorsqu'en françois la consonne finale est

double, comme dans *hasard*, dans *respect*, on ne fait sentir que la pénultième avant une consonne, *le hasar ne produit rien*, *le respec m'impose silence*, & le passage est doux & facile : mais devant une voyelle, on est obligé d'articuler aussi la consonne finale, *le respect & l'amour*, *le hasard est aveugle* : liaison dure qu'il est bon d'éviter.

Il n'y a point de liaison d'une voyelle avec une voyelle. Si la première est un *e* muet, le son en est effacé par celui de la seconde, cela s'appelle *élision*. Si la première est une voyelle pleine, la rencontre des deux sons s'appelle *hiatus*.

L'hiatus est quelquefois doux & quelquefois dur à l'oreille. Les Latins du tems de Cicéron l'évitoient, même dans le langage familier; les Grecs n'avoient pas tous le même scrupule : on blâmoit Théophraste de l'avoir porté à l'excès. « Si Iso-
» crate son maître lui en a donné l'exem-
» ple (dit Cicéron) Thucidide n'a pas fait
» de même, & Platon, écrivain encore
» plus illustre, a négligé cette délicatesse,

lui dont l'élocution (dit Quintilien) « est d'une beauté divine & comparable à celle d'Homère ». Cependant ce concours de voyelles que Platon s'est permis, non-seulement dans ses écrits philosophiques, mais dans une Harangue de la plus sublime beauté, Démosthène l'évitoit avec soin. C'étoit donc une question indécise parmi les Anciens, si l'on devoit se permettre ou s'interdire l'*hiatus*.

Pour nous à qui leur maniere de prononcer est inconnue, prenons l'oreille pour arbitre.

J'ai dit que l'*hiatus* est quelquefois doux, quelquefois dur; & l'on va s'en appercevoir. Les accens de la voix peuvent être tour-à-tour détachés ou coulés comme ceux de la flute, & l'articulation est à l'organe ce que le coup de langue est à l'instrument: or la modulation du style, comme celle du chant, exige tantôt des sons coulés, & tantôt des sons détachés, selon le caractère du sentiment ou de l'image que l'on veut peindre; donc si la comparaison est juste, non-feulement l'*hiatus* eſt quelquefois permis, mais il eſt ſouvent agréble. C'eſt au ſentiment à le choiſir; c'eſt à l'oreille à marquer ſa place. Nous ſommes déjà ſûrs qu'elle ſe plaît à la ſucceſſion immédiate de certaines voyelles: rien n'eſt plus doux pour elle que ces mots, *Danaé, Laïs, Dea, Ieo, Ilia, Thoas, Leucothoé, Phaon, Léandre, Actéon,* &c. Le même *hiatus* ſera donc mélodieux dans la liaiſon des mots; car il eſt égal pour l'oreille que les voyelles ſe ſuccèdent dans un ſeul mot, ou d'un mot à un autre. Il y avoit chez les Anciens une eſpèce de baillement dans l'*hiatus*, mais s'il y en a chez nous il eſt inſenſible, & la ſucceſſion de deux voyelles ne me ſemble pas moins continue & facile dans *il y-a, il a-été-à,* que dans *Ilia, Danaé, Méléagre.*

Nous éprouvons cependant qu'il y a des voyelles dont l'aſſemblage déplait: *a-u, o-i, a-en, a-en, o-un,* ſont de ce nombre, & l'on en trouve la cauſe phyſique dans le jeu même de l'organe. Par exemple, des voyelles gutturales â, é, ô, avec celles qui refonnent au bord des lèvres ou des dents, l'*hiatus* eft infoûtenable, & fa dureté vient du changement pénible & foudain qui doit s'opérer dans l'inftrument de la voix; au-lieu que deux voyelles dont le fon fe modifie à peu près dans le même point, fe fuccèdent fans peine & fans dureté, comme dans *Ilia*, *Clio*, *Danaé*. Il n'y a que l'*hiatus* d'une voyelle avec elle-même qui foit toûjours dur à l'oreille: il vaudroit mieux fe donner, même en profe, la licence que Racine a prife, quand il a dit, *j'écrivis en Argos*, que de dire, *j'écrivis à Argos*. C'eft encore pis quand l'*hiatus* eft redoublé, comme dans *il alla à Athènes*.

On voit par-là qu'on ne doit ni éviter ni employer indifféremment dans la profe toute efpèce d'*hiatus*. Il étoit permis anciennement dans les vers; on l'en a banni par une règle à mon gré trop générale & trop févère. Lafontaine n'en a tenu compte, & je crois qu'il a eu raifon.

Du reste, parmi les Poëtes qui observent cette règle en apparence, il n'y en a pas un qui ne la viole en effet, toutes les fois que l'*e* muet final se trouve entre deux voyelles; car cet *e* muet s'élide, & les sons des deux voyelles se succèdent immédiatement.

Hector tomba sous lui, Troy'expira sous vous. — Racine.
Allez donc & portez cette joy'à mon frere. — Idem.

Il y a peu d'*hiatus* aussi rudes que celui de ces deux vers. La règle qui permet cette élision & qui défend l'*hiatus*, est donc une règle capricieuse, & aussi peu d'accord avec elle-même, qu'avec l'oreille qu'elle prive d'une infinité de douces liaisons.

Il n'y a pas moins à choisir dans la succession des consonnes que dans celle des voyelles. L'articulation est une suite de mouvemens variés que l'organe exécute; & du passage pénible ou facile de l'un à l'autre, dépend le sentiment de dureté ou de douceur dont l'oreille est affectée. *Collabuntur verba ut inter se quam aptissimè cohæ-* — Cicer.
reant extrema cum primis. Il faut donc exa-

miner avec soin quelles sont les articulations sympatiques ou antipatiques dans les mots déjà composés, afin d'en rechercher ou d'en éviter la rencontre dans le passage d'un mot à un autre. On sçait, par exemple, qu'il est plus facile à l'organe de doubler une consonne en l'appuyant, que de changer d'articulation; si l'on est libre de choisir, on préférera donc pour initiale d'un mot la finale du mot qui précède: *Les Grecs-sont nos modèles; le soc-qui fend la terre.*

Racine. L'hymen-n'est pas toûjours entouré de flambeaux.

Lafontaine Il avoit de plant vif-fermé cette avenue.

Si Lafontaine avoit mis *bordé* au-lieu de *fermé*, l'articulation seroit plus pénible. Ainsi Virgile ayant à faire entrer le mont *Tmolus* dans un vers, l'a fait précéder d'un mot qui finit par un *t*.

Non vides croceos ut Tmolus odores.

On sait que deux différentes labiales de suite sont pénibles à articuler; on ne dira donc

donc point *Alep fait le commerce de l'Inde, Jacob vivoit, sep verdoyant*: ainsi de toutes les articulations fatigantes pour l'organe, & qu'avec la plus légère attention il est facile de reconnoître, en lisant soi-même à haute voix ce que l'on écrit.

L'étude que je propose paroît d'abord puérile ; mais on m'avouera que les opérations de la Nature ne sont pas moins curieuses dans l'homme, que celles de l'industrie dans le Fluteur du célèbre Vaucanson ; & qui de nous a rougi d'aller examiner les ressorts de cette machine ?

Au choix, au mélange des sons, au soin de rendre les articulations faciles & de les placer au gré de l'oreille, les Anciens joignoient les accens & les nombres, double avantage qu'on doit leur envier, mais dont l'un, bien plus précieux que l'autre à mon avis, n'est pas interdit à la langue Françoise.

Dans les langues anciennes l'accent prosodique donnoit aux vers une espèce de mélodie. Il élevoit la voix sur telle syllabe, il l'abaissoit sur telle autre, & souvent il l'élevoit & l'abaissoit sur la même. Cette modulation attachée aux élémens d'une langue nous est inconnue: à peine concevons-nous comment elle n'altéroit pas la vérité de l'élocution. Tout ce qu'on peut imaginer de plus favorable, c'est que dans les momens passionnés l'accent prosodique cédoit sa place à l'accent naturel, & que dans les momens tranquilles il revenoit animer le récit & le sauver de la monotonie. Encore ne voit-on pas bien quel agrément pouvoit y répandre une mélodie absolument fortuite & indépendante de la pensée; & il y a peut-être bien de la prévention à regretter ce que nous ne concevons pas.

Si les langues modernes n'ont point d'accent élémentaire & prosodique, elles ont leur accent expressif, leur modulation naturelle: par exemple, chaque langue interroge, admire, se plaint, menace, commande, supplie, avec des intonnations, des inflexions qui lui sont propres. Une langue qui dans ce sens-là n'auroit point d'accent, seroit monotone, froide, inanimée; & plus l'accent est varié, sensible, mélodieux dans une langue, plus elle est favorable à l'Éloquence & à la Poésie.

L'accent françois est peu marqué dans le langage familier; il l'est plus dans le débit oratoire, plus encore dans la déclamation poétique, & de plus en plus, selon le degré de chaleur & de véhémence du style; de maniere que dans le pathétique de la Tragédie, & dans l'enthousiasme de l'Ode, il est au plus haut point où le génie de la langue lui permette de s'élever. Mais c'est toûjours l'ame elle-même qui imprime ce caractère à l'expression de ses mouvemens. De-là vient, par exemple, que notre Poésie assez vive dans le Drame, est un peu froide dans l'Épopée. Elle a une mélodie pour les sentimens; elle n'en a point pour les images: & si mon observation est juste, c'est une nouvelle raison pour nous de rendre l'Épopée aussi dramatique qu'il est possible.

L'harmonie du style dans notre langue ne dépend donc pas, comme dans les langues anciennes, du mélange des sons aigus & des sons graves, mais bien du mélange des sons plus lents ou plus rapides, liés & soutenus par des articulations faciles & distinctes, qui marquent le nombre sans dureté.

Commençons par avoir une idée nette & précise du rithme, du nombre, & du metre.

Le rithme des Anciens étoit dans la langue, ce que dans la Musique on appelle mesure. Isaac Vossius le définit le système ou la collection des piés, & ces piés sont ce qu'on appelloit nombres. Le nombre avoit plusieurs tems, & la syllabe un tems ou deux, selon qu'elle étoit brève ou longue. On est convenu de donner à la brève ce caractère ◡, & à la longue celui-ci —. Ces élémens prosodiques se combinoient diversement, & ces combinaisons faisoient tel ou tel nombre, ensorte que les nombres fe varioient fans altérer la mefure : la valeur des notes étoit inégale, la fomme des tems ne l'étoit pas, & chacun des piés ou nombres du vers étoit l'équivalent des autres.

Le metre étoit une fuite de certains nombres déterminés : il réduifoit & limitoit le rithme, & diftinguoit les efpèces de vers.

La mefure à trois tems n'a que trois combinaifons & ne produit que trois piés ou nombres ; le tribrache ◡ ◡ ◡ ; le chorée — ◡ ; & l'iambe ◡ —. La mefure à quatre tems fe combine de cinq manières, en dactile, — ◡ ◡ ; fpondée, — — ; anapefte, ◡ ◡ — ; amphibrache, ◡ — ◡ ; & dipyrriche, ◡ ◡ ◡ ◡.

Les Anciens avoient bien d'autres nombres dont il feroit fuperflu de parler ici. Or ces nombres employés dans la profe lui donnoient une marche grave ou légère, lente ou rapide, au gré de l'oreille ; & fans avoir, comme les vers, un metre précis & régulier, elle avoit des mouvemens analogues à ceux de l'ame (*a*).

« La prose (dit Cicéron) n'admet aucun
» battement de mesure, comme fait la Mu-

(*a*) *Spondeus incessum habet tardum & magnificum: itaque rebus gravibus & maximè sacris adhibetur.*

Iambus incessum & percutionem habet insignem & virilem: non acer tantum & bellicus, sed & mordax & iracundus.

Trocheus (vel choreus) debilem & muliebrem imitatur motum, vehemens in initio, sed citò deficiens: quapropter lenibus & amatoriis affectibus exprimendis est aptus.

Tribrachys, vilis, humilis, è quo generosum nil confici possit. Anapestus imprimis decorus est maximeque virilis. Aptus est hic permovendis affectibus.

*Dactilus concinnus, pulcher & jucundus......
Magnam sanè in concentu pes iste præ se fert hilaritatem.... Nec tamen est remissus aut effeminatus quemadmodum trocheus, qui statim frangitur & deficit. Hic quippe bis resilit, & magis æquales habet numeros, cum totidem in elatione ac positione possideat tempora.*

Amphibrachius. Fractum & effeminatum incessum huic tribuit Dionis. Halic. Musicis tamen antiquis aliter visum. (Isaac Vossius).

» fique; mais toute son action est règlée
» par le jugement de l'oreille, qui allonge
» ou abrège les périodes »; (il pouvoit
dire encore: qui les retarde ou les précipite) » selon qu'elle y est déterminée par
» le sentiment du plaisir: c'est-là ce qu'on
» appelle nombre ». Or le même nombre
tantôt satisfait pleinement l'oreille, tantôt
lui laisse desirer un nombre plus ou moins
rapide, plus ou moins soutenu: Cicéron
lui-même en donne des exemples; &
cette diversité dans les sentimens, dont
l'oreille est affectée, a le plus souvent pour
principe l'analogie des nombres avec les
mouvemens de l'ame, & le rapport des
sons avec les images qu'ils rappellent à
l'esprit.

Il y a donc ici deux sortes de plaisir,
comme dans la Musique. L'un, s'il est permis de le dire, n'affecte que l'oreille: c'est
celui qu'on éprouve à la lecture des vers
d'Homere & de Virgile, même sans entendre leur langue: il faut avouer que ce plaisir est foible. L'autre est celui de l'expres-

sion; il intéresse l'imagination & le sentiment, & il est souvent très-sensible.

Cicéron divise le discours en périodes & en incises; il borne la période à vingt-quatre mesures, & l'incise à deux ou trois. D'abord sans avoir égard à la valeur des syllabes, il attribue la lenteur aux incises & la rapidité aux périodes; & en effet, plus les repos absolus sont fréquens, plus le style semble devoir être lent dans sa marche. Mais bien-tôt il considère la valeur des syllabes dont la mesure est composée, comme faisant l'essence du nombre, & avec raison : car si les repos plus ou moins fréquens, donnent au style plus ou moins de lenteur ou de rapidité, la valeur des sons qu'on y employe ne contribue pas moins à le précipiter ou à le ralentir; & il est évident qu'un même nombre de syllabes arrivera plus vîte au repos s'il se précipite en dactiles, que s'il se traînoit en graves spondées. On ne doit donc perdre de vûe, dans la théorie des nombres, ni la coupe des périodes, ni la valeur relative des sons.

Tous les genres de littérature n'exigent pas un style nombreux, mais tous demandent, comme je l'ai dit, un style satisfaisant pour l'oreille.

Quamvis enim suaves gravesque sententiæ, tamen si inconditis verbis efferuntur, offendunt aures, quarum est judicium superbissimum.

La diction philosophique est affranchie de la servitude des nombres : Cicéron la compare à une vierge modeste & naïve qui néglige de se parer. « Cependant rien » de plus harmonieux (dit-il) que la prose » de Démocrite & de Platon » ; & c'est un avantage que la raison, la vérité même ne doit pas dédaigner. Il est certain cependant que dans un genre d'écrire où le terme qui rend l'idée avec précision est quelquefois unique, où la vérité n'a qu'un point, qui souvent même est indivisible, il n'y a pas à balancer entre l'harmonie & le sens ; mais il est rare qu'on en soit réduit à sacrifier l'un à l'autre, & celui qui sait manier sa langue trouve bien l'art de les concilier.

Cicéron demande pour le style de l'Histoire des périodes nombreuses, semblables, dit-il, à celles d'Isocrate; mais il ajoûte que ces nombres fatigueroient bien-tôt l'oreille s'ils n'étoient pas interrompus par des incises. Ce mélange a de plus l'avantage de donner au récit plus d'aisance & de naturel; or quand on est obligé, comme l'Historien, de dire la vérité & de ne dire que la vérité, l'on doit éviter avec soin tout ce qui ressemble à l'artifice. Quintilien donne pour modèle à l'Histoire la douceur du style de Xénophon « si éloignée (dit-il) de toute affectation, » & à laquelle aucune affectation ne pourra » jamais atteindre ».

Il en est du style oratoire comme de la narration historique: la prose n'en doit être ni tout-à-fait dénuée de nombres, ni tout-à-fait nombreuse; mais dans les morceaux pathétiques ou de dignité, Cicéron veut qu'on employe la période. « On sent bien, » (dit-il en parlant de ses peroraisons), que » si je n'y ai pas toûjours attrapé le nombre, » j'ai fait ce que j'ai pû pour en appro-

» cher ». Cependant il conseille à l'Orateur d'éviter la gêne : elle éteindroit le feu de son action & la vivacité des sentimens qui doivent l'animer : elle ôteroit au discours ce naturel précieux, cet air de candeur qui gagne la confiance, & qui seul a droit de persuader.

Quant aux incises, il recommande qu'on les travaille avec soin : « moins elles ont » d'étendue & d'apparence, plus l'harmo- » nie s'y doit faire sentir. C'est même dans » ces occasions qu'elle a le plus de force » & de charme ». Or il entend par harmonie la mesure & le mouvement qui plaisent le plus à l'oreille.

On voit combien ces préceptes sont vagues, & il faut avouer qu'il est difficile de donner des règles au sentiment. Toutefois les principes de l'harmonie du style doivent être dans la nature : chaque pensée a son étendue, chaque image son caractère, chaque mouvement de l'ame son degré de force & de rapidité. Tantôt la pensée est comme un arbre touffu dont les branches s'entrelaffent; elle demande le développement de la période. Tantôt les traits de lumière dont l'efprit eft frappé font comme autant d'éclairs qui fe fuccedent rapidement; l'incife en eft l'image naturelle. Le ftyle coupé convient encore mieux aux mouvemens impétueux de l'ame: c'eft le langage du pathétique véhément & paffionné; & quoique le ftyle périodique ait plus d'impulfion à raifon de fa maffe, le ftyle coupé ne laiffe pas d'avoir quelquefois autant & plus de viteffe: cela dépend des nombres qu'on y employe.

Il eft évident que dans toutes les langues le ftyle coupé, le ftyle périodique font au choix de l'Écrivain, quant aux fufpenfions & aux repos; mais toutes les langues ont-elles ces nombres d'où réfulte la célérité ou la lenteur du mouvement? Cette queftion à réfoudre eft au-delà de mon deffein: je me borne à la langue Françoife. Si elle a, ou peut avoir une profodie, elle a, ou peut avoir des nombres: or pour décider le premier point, je propose une alternative à laquelle je ne vois pas de milieu.

Ou les sons élémentaires de la langue Françoise ont une valeur appréciable & constante, & alors sa prosodie est décidée ; ou ils n'ont aucune durée prescrite, & alors ils sont dociles à recevoir la valeur qu'il nous plait de leur donner, ce qui fait de la langue Françoise la plus souple de toutes les langues ; & ce n'est pas ce que l'on prétend lorsqu'on lui dispute sa prosodie.

Que m'opposera donc le préjugé que j'attaque ? Dire que les syllabes françoises sont en même tems indécises dans leur valeur, & décidées à n'en avoir aucune ; c'est dire une chose absurde en elle-même ; car il n'y a point de son, pur ou articulé, qui ne soit naturellement disposé à la lenteur ou à la vitesse, ou également susceptible de l'une & de l'autre ; & son caractère ne peut l'éloigner de celle-ci, sans l'incliner vers celle-là.

Les langues modernes, dit-on, n'ont

point de syllabes qui soient longues ou brèves par elles-mêmes. Je suppose que cela soit; les langues anciennes en ont-elles davantage? Est-ce par elle-même qu'une syllabe est tantôt brève & tantôt longue dans les déclinaisons latines? Veut-on dire seulement que dans les langues modernes la valeur prosodique des syllabes manque de précision? Mais qu'est-ce qui empêche de lui en donner? L'Auteur de l'excellent Traité de la *Prosodie Françoise*, après avoir observé qu'il y a des brèves plus brèves, des longues plus longues, & une infinité de douteuses, finit par décider que tout se réduit à la brève & à la longue: en effet, tout ce que l'oreille exige, c'est la précision de ces deux mesures; & si dans le langage familier leur quantité relative n'est pas complette, c'est à l'Acteur, c'est au Lecteur d'y suppléer en récitant. Les Latins avoient comme nous des longues plus longues, des brèves plus brèves, au rapport de Quintilien; & les Poëtes ne laissoient pas de leur attribuer une valeur égale.

M. l'Abbé d'Olivet.

Quant aux douteuses, ou elles changent de valeur en changeant de place; alors, selon la place qu'elles occupent, elles sont décidées brèves ou longues : ou réellement indécises, elles reçoivent le degré de lenteur ou de vitesse qu'il plaît au Poëte de leur donner alors, loin de mettre obstacle au nombre, elle le favorisent; & plus il y a dans une langue de ces syllabes dociles au mouvement qu'on leur imprime, plus la langue elle-même obéit aisément à l'oreille qui la conduit. Je suppose donc, avec M. l'Abbé d'Olivet, tous nos tems syllabiques réduits à la valeur de la longue & de la brève; nous voilà en état de donner à nos vers une mesure exacte & des nombres réguliers.

« Mais où trouver (me dira-t-on) le
» type des quantités de notre langue?
» l'usage en est l'arbitre; mais l'usage va-
» rie, & sur un point aussi délicat que l'est
» la durée relative des sons, il est mal aisé
» de saisir la vraie décision de l'usage ».

Il est certain que tant que les vers n'ont

point de metre précis & régulier dans une langue, sa prosodie n'est jamais stable. C'est dans les vers qu'elle doit être comme en dépôt, semblable aux mesures que l'on trace sur le marbre pour rectifier celles que l'usage altère ; & sans cela comment s'accorder ? La volubilité, la mollesse, les négligences du langage familier sont ennemies de la précision. *Fluxa & lubrica res sermo humanus* (dit Platon). Vouloir qu'une langue ait acquis par l'usage seul une prosodie régulière & constante, c'est vouloir que les pas se soient mesurés d'eux-mêmes, sans être réglés par le chant.

Chez les Anciens, la Musique a donné ses nombres à la Poësie comme à la Danse : ces nombres employés dans les vers & communiqués aux paroles, leur ont donné telle valeur : celles ci l'ont retenue & l'ont apportée dans le langage ; les mots pareils l'ont adoptée, & par la voie de l'analogie le système prosodique s'est formé insensiblement. Dans les langues modernes l'effet n'a pu précéder la cause, & ce ne sera que

que long-tems après qu'on aura prescrit aux vers les loix du nombre & de la mesure, que la prosodie sera fixée & unanimement reçue.

En attendant elle n'a, je le sçais, que des règles défectueuses; mais ces règles, corrigées l'une par l'autre, peuvent guider nos premiers pas.

1°. L'usage consulté par une oreille attentive & juste, lui indiquera, sinon la valeur exacte des sons, au-moins leur inclination à la lenteur ou à la vîtesse.

2°. La déclamation théâtrale vient à l'appui de l'usage, & détermine ce qu'il laisse indécis.

3°. La Musique vocale habitue depuis long-tems nos oreilles à saisir de justes rapports dans la durée relative des sons élémentaires de la langue. Ainsi, des observations faites sur l'usage du monde, sur la déclamation théâtrale & sur le chant modulé, de ces observations recueillies avec soin, combinées ensemble, & rectifiées l'une par l'autre, peut résulter un système de prosodie, ou régulier, ou du-moins suffisant pour les essais que je vais proposer dans la structure de nos vers. Il ne s'agit encore ici que de la prose poétique.

La prose ne doit pas être un mélange de vers; mais les mouvemens qu'on employe dans les vers peuvent tous passer dans la prose. Sa liberté la rend même susceptible d'une harmonie plus variée, & par conséquent plus expressive que celle des vers, dont la mesure limite les nombres. Il est vrai que la gêne de notre syntaxe est effrayante pour qui ne connoît point encore les souplesses & les ressources de la langue: l'inversion, qui donoit aux Anciens l'heureuse liberté de placer les mots dans l'ordre le plus harmonieux, nous est presque absolument interdite; mais cette difficulté même n'a fait qu'exciter l'émulation du génie, & les Auteurs qui ont eu de l'oreille, n'ont pas laissé de se ménager au besoin, des nombres analogues au sentiment ou à l'image qu'ils vouloient rendre.

Il seroit peut-être impossible de rendre l'harmonie continue dans notre prose; & les bons Écrivains ne se sont attachés à peindre la pensée, que dans les mots dont l'esprit & l'oreille devoient être vivement frappés. C'est aussi à quoi se bornoit l'ambition des Anciens; & l'on va voir quel effet produisent dans le style oratoire & poëtique, des nombres placés à propos.

Fléchier, dans l'Oraison funèbre de M. de Turenne, termine ainsi la première période: « Pour louer la vie & pour dé-
» plorer la mort du sage et vaillant Mac-
» chabée ». S'il eût dit, « du vaillant & sage
» Macchabée »; s'il eût dit, « pour louer la
» vie du sage & vaillant Macchabée & pour
» déplorer sa mort »; la période n'avoit plus cette majesté sombre qui en fait le caractère: la cause physique en est dans la succession de l'iambe, de l'anapeste & du dichorée, qui n'est plus la même dès que les mots sont transposés. On doit sentir en effet que de ces nombres les deux premiers se soutiennent, & que les deux derniers

Q ij

en s'écoulant, semblent laisser tomber la periode avec la négligence & l'abandon de la douleur. « Cet homme (ajoûte l'Ora-
» teur) cet homme que Dieu avoit mis
» autour d'Israël comme un mur d'airain,
» où se briserent tant de fois toutes les
» forces de l'Asie.…..… venoit tous les ans,
» comme les moindres Israélites, réparer
» avec ses mains triomphantes, les ruines
» du sanctuaire ». Il est aisé de voir avec quel soin l'analogie des nombre, relativement aux images, est observée dans tous ces repos: pour fonder un mur *d'airain*, il a choisi le grave spondée; & pour réparer les ruines du temple, quels nombres majestueux il a pris! Si vous voulez en mieux sentir l'effet, substituez à ces mots des synonymes qui n'ayent pas les mêmes quantités: supposez *victorieuses* à la place de *triomphantes*; *temple*, au-lieu de *sanctuaire*. « Il
» venoit tous les ans, comme les moindres
» Israélites, réparer avec ses mains victo-
» rieuses les ruines du temple »: Vous ne retrouvez plus cette harmonie qui vous a

charmé. « Ce vaillant homme repouffant
» enfin avec un courage invincible, les en-
» nemis qu'il avoit réduits à une fuite hon-
» teufe, reçoit le coup mortel, & demeure
» comme enfeveli dans fon triomphe ».
Que ce foit par fentiment ou par choix
que l'Orateur a peint cette mort imprė-
vûe par deux iambes & un fpondée, &
qu'il a oppofé la rapidité de cette chûte,
cōme ēnsĕvĕlī, à la lenteur de cette image, *dāns sōn trĭŏmphĕ*, où deux nazales
fourdes retentiffent lugubrement; il n'eft
pas poffible d'y méconnoître l'analogie
des nombres avec les idées. Elle n'eft pas
moins fenfible dans la peinture fuivante :
« Au premier bruit de ce funefte accident,
» toutes les villes de Judée furent émues,
» des ruiffeaux de larmes coulerent des
» yeux de tous leurs habitans; ils furent
» quelque tems faifis, muets, immobiles :
» un effort de douleur rompant enfin ce
» long & morne filence, d'une voix en-
» trecoupée de fanglots, que formoient
» dans leurs cœurs la triftefle, la piété, la

Q iij

» crainte, ils s'écrierent : Comment est
» mort cet homme puissant qui sauvoit le
» peuple d'Israël ? A ces cris Jérusalem
» redoubla ses pleurs ; les voutes du tem-
» ple s'ébranlerent, le Jourdain se trou-
» bla, & tous ses rivages retentirent du
» son de ces lugubres paroles : Comment
» est mort cet homme puissant ? &c. » Avec
quel soin l'Orateur a coupé, comme par
des soupirs, ces mots, *saisis, muets, immobiles !* Comme les deux dactiles renversés
expriment bien l'impétuosité de la douleur,
& les deux spondées qui les suivent l'effort
qu'elle fait pour éclater ! Comme la lenteur
& la resonnance des sons rendent bien l'i-
mage de ce *long & morne silence !* Comme
le dipirriche & le dactile suivis d'un spondée, peignent vivement les pleurs de Jérusalem ! Comme le mouvement renversé de
l'iambe & du chorée dans *s'ēbrānlērĕnt*,
est analogue à l'action qu'il exprime !
Combien plus frappante encore est l'harmonie imitative dans ces mots, « le Jour-
» dain se troubla, & ses rivages reten-

» tirent du son de ces lugubres paroles » !

Bossuet n'a pas donné une attention aussi sérieuse au choix des nombres : son harmonie est plûtôt dans la coupe des périodes, brisées ou suspendues à propos, que dans la lenteur ou la rapidité des syllabes ; mais ce qu'il n'a presque jamais négligé dans les peintures majestueuses, c'est de donner des appuis à la voix sur des syllabes sonores & sur des nombres imposans.

« Celui qui règne dans les cieux, & de » qui relevent tous les Empires, à qui seul » appartient la gloire, la majesté, l'indé- » pendance, &c. » Qu'il eût placé *l'indépendance* avant *la gloire* & *la majesté ;* que devenoit l'harmonie ? « Il leur apprend (dit- » il en parlant des Rois), il leur apprend » leurs devoirs d'une manière souveraine » & digne de lui ». Qu'il eût dit seulement *d'une manière digne de lui,* ou *d'une manière absolue & digne de lui ;* l'expression perdoit sa gravité : c'est le son déployé sur la pénultième de *souveraine* qui en fait la pompe.

« Si elle eut de la joie de regner sur une » grande nation (dit-il de la Reine d'Angleterre) », c'est parce qu'elle pouvoit » contenter le desir immense qui sans cesse » la sollicitoit à faire du bien ». Retranchez l'épithete *immense*, substituez-y celle d'*extréme*, ou telle autre qui n'aura pas cette nazale volumineuse; l'expression ne peindra plus rien.

Examinons du même Orateur le tableau qui termine l'Oraison funèbre du grand Condé. « Nobles rejettons de tant de Rois, » lumières de la France, mais aujourd'hui » obscurcies & couvertes de votre dou- » leur comme d'un nuage, venez voir le » peu qui vous reste d'une si auguste naissance, » de tant de grandeur, de tant de » gloire. Jettez les yeux de toutes parts: » voilà tout ce qu'a pu faire la magnifi- » cence & la piété pour honorer un héros. » Des titres, des inscriptions, vaines mar- » ques de ce qui n'est plus; des **figures qui** » **semblent pleurer autour d'un tombeau, &** » de fragiles images d'une douleur que le

» tems emporte avec tout le reste; des » colonnes qui semblent vouloir porter jus- » qu'au ciel le magnifique témoignage de » votre néant ». Quel exemple du style harmonieux! *Obscurcies & couvertes de votre douleur* n'auroit peint qu'à l'imagination, *comme d'un nuage* rend le tableau sensible à l'oreille. Bossuet pouvoit dire, *les déplorables restes d'une si auguste naissance*; mais pour exprimer son idée il ne lui falloit pas de grands sons: il a préféré *le peu qui reste*, & a reservé la pompe de l'harmonie pour *la naissance, la grandeur & la gloire*, qu'il a fait contraster avec ces foibles sons. La même opposition se fait sentir dans ces mots, *vaines marques de ce qui n'est plus*. Quoi de plus expressif à l'oreille que ces figures *qui semblent pleurer autour d'un tombeau!* C'est la lenteur d'une pompe funèbre. Et que l'on ne dise pas que le hasard produit ces effets: je découvre par-tout dans les bons Écrivains les traces du sentiment ou de la réflexion: si ce n'est point l'art, c'est le génie; car le génie est l'instinct des grands hommes. Il suffit de lire ces paroles de Fléchier dans la peroraison de Turenne : « Ce grand homme étendu sur ses propres » trophées, ce corps pâle & sanglant au- » près duquel fume encore la foudre qui l'a » frappé ». Il suffit de les lire à haute voix, pour sentir l'harmonie qui resulte de cette longue suite de syllabes tristement sonores, terminée tout-à-coup par ce dipirriche, *qui l'ă frăppĕ*. Dans le même endroit, au-lieu *de la religion & de la patrie ēplōrēĕ*, que l'on dise, *de la religion & de la patrie en pleurs*, il n'y a plus aucune harmonie; & cette différence si sensible pour l'oreille, dépend d'un dichorée sur lequel tombe la période : effet singulier de ce nombre, dont on peut voir l'influence dans presque tous les exemples que je viens de citer, & qui dans notre langue, comme dans celle des Latins, conserve sur l'oreille le même empire qu'il exerçoit du tems de Cicéron (a).

Je n'ai fait sentir jusqu'à présent qu'une

(a) *Filii temĕritas cōmprŏbāvĭt.*

harmonie majestueuse & sombre, parce que j'en ai pris les modèles dans des discours où tout respire la douleur. Mais dans les momens tranquilles, dans la peinture des douces émotions de l'ame, dans les tableaux naïfs & touchans, l'Éloquence françoise a mille exemples du pouvoir & du charme de l'harmonie. Lisez les discours enchanteurs que le vénérable Massillon adressoit à un jeune Roi; vous verrez combien la mélodie des paroles ajoûte à l'onction céleste de la sagesse & de la vertu.

Le Poëme épique est encore plus varié dans son harmonie; mais par malheur nous avons peu de Poëmes en prose que l'on puisse citer comme des modèles du style harmonieux: il semble que les Traducteurs n'ayent pas même eu la pensée de substituer à l'harmonie des Poëtes anciens les nombres & les mouvemens dont notre langue étoit capable. Cependant on en trouve plus d'un exemple dans la traduction du Paradis perdu & dans celle de l'Iliade; & quoi qu'en difent les partifans trop zélés de nos vers, lorfque dans Homere la terre eft ébranlée d'un coup du trident de Neptune, l'effroi de Pluton qui *s'élance de fon trône*, eft mieux peint par ces mots de Madame Dacier que par l'hémiftiche de Boileau, *Pluton fort de fon trône*. Et lorfqu'elle dit des enfers : « Cet » affreux féjour, demeure éternelle des » ténèbres & de la mort, abhorré des » hommes & craint même des dieux »; fa profe me femble, même du côté de l'harmonie, au-deffus des vers :

Cet empire odieux
Abhorré des mortels & craint même des dieux,

où l'on ne trouve rien de femblable à ces nombres, *demeure éternelle des ténèbres & de la mort.*

L'Auteur du Télémaque excelle dans les fituations paifibles. Sa profe mélodieufe & tendre exprime le caractère de fon ame, la douceur & l'égalité; mais dans les momens où l'expreffion demanderoit des mouvemens brufques & rapides, fon ftyle n'y répond pas assez. On voit dans les mêmes tableaux, des exemples du charme naturel de son harmonie, & du défaut de vigueur qu'on lui reproche avec raison.

Jettons les yeux sur la description de la grotte de Calipso: « Les doux zéphirs con-
» servoient en ce lieu, malgré les ardeurs
» du soleil, une délicieuse fraîcheur: des
» fontaines coulant avec un doux murmu-
» re, sur des prés semés d'amaranthes & de
» violettes, formoient en divers lieux des
» bains aussi purs & aussi clairs que le cris-
» tal. Mille fleurs naissantes émailloient les
» tapis verds dont la grotte étoit environ-
» née: là on trouvoit un bois de ces arbres
» touffus qui portent des pommes d'or, &
» dont la fleur, qui se renouvelle dans tou-
» tes les saisons, répand le plus doux de
» tous les parfums. Ce bois sembloit cou-
» ronner ces belles prairies, & formoit une
» nuit que les rayons du soleil ne pou-
» voient percer: là on n'entendoit jamais
» que le chant des oiseaux, ou le bruit d'un
» ruisseau qui se précipitant du haut d'un

» rocher, tomboit à gros bouillons pleins » d'écume, & s'enfuyoit au-travers de la » prairie ». Qui ne sent pas la mélodie que répand dans ces périodes le choix & l'enchaînement de ces mots, *une délicieuse fraîcheur; des prés semés d'amaranthes & de violettes; aussi clair que le cryſtal; mille fleurs naiſſantes émailloient ces tapis verds, &c?* Que l'on déplace, que l'on change quelques-uns de ces nombres; qu'au lieu de cette chûte, *tomboit à gros bouillons pleins d'écume,* où le dichorée eſt encore employé, on écrive, *tomboit à gros bouillons en écumant,* il semble que ce ne soit plus la même chose, tant l'harmonie ajoûte à la couleur. Mais pour peindre la fuite du ruiſſeau il eût fallu des nombres fugitifs; *& au-travers de la prairie* eſt une finale traînante.

Aucun de ces exemples, me dira-t-on, n'eſt inconteſtable: je l'avoue, & la raison en eſt que la profodie de la langue n'eſt pas encore décidée. Mais, 1°. j'ose dire qu'il n'eſt pas de bon lecteur qui ne donne aux mots que j'ai notés la quantité que je leur assigne; 2°. si les exemples sont douteux, l'expérience est infaillible; & il n'y a personne qui n'éprouve tous les jours en écrivant, qu'après avoir rendu complettement son idée, il lui manque souvent quelque chose. Or cette inquiétude n'est pas celle de l'esprit, car il est content; mais celle de l'oreille qui demande le nombre, & qui n'est tranquille qu'après qu'un mot, quelquefois inutile au sens, est venu remplir la mesure.

C'est sur-tout dans le récit, que le Poëte doit rechercher les nombres : ils ajoûtent au coloris des peintures un degré de vérité qui les rend mobiles & vivantes. Par-là les plus petits objets deviennent intéressans; une paille, une feuille qui voltige dans un vers nous étonne & nous charme l'oreille.

Sæpè levem paleam & frondes volitare caducas (a).
Mais dans le style passionné, c'est à la coupe des périodes qu'il faut s'attacher;

_____
(a) On voit voler la feuille & la paille légère.

c'est de-là que dépend essentiellement l'imitation des mouvemens de l'ame.

Virg. *Me me adsum qui feci: in me convertite ferrum, O Rutuli! mea fraus omnis: nihil iste nec ausus, Nec potuit (a).*

L'impatience, la crainte de Nisus pouvoit-elle être mieux exprimée? quoi de plus vif, de plus pressant que cet ordre de Jupiter?

Idem. *Vade, age, nate, voca zephiros & labere pennis (b).*

Voyez au contraire dans le monologue d'Armide, l'effet des mouvemens interrompus.

Frappons. . . . . Ciel! qui peut m'arrêter?
Achevons.... Je frémis. Vengeons-nous.... Je soupire.
Est-ce ainsi que je dois me venger aujourd'hui?
Ma colère s'éteint quand j'approche de lui.

───────────────

(a) Me voici : j'ai tout fait : tournez sur moi vos coups,
Rutules! c'est mon crime : il n'en est point complice.
Mon ami n'a rien pu, rien tenté contre vous.

(b) Vole, appelle Zéphire, & descends sur ses ailes.

Plus

Plus je le vois, plus ma vengeance est vaine.
Mon bras tremblant se refuse à ma haine.
Ah quelle cruauté de lui ravir le jour !
A ce jeune héros tout cede sur la terre.
Qui croiroit qu'il fût né seulement pour la guerre ?
Il semble être fait pour l'amour.

Dans tout ce que je viens de dire en faveur de notre langue, pour encourager les Poëtes à y chercher la double harmonie des sons & des mouvemens, je n'ai proposé que la simple analogie des nombres avec le caractère de la pensée. La ressemblance réelle & sensible des sons & des mouvemens de la langue avec ceux de la nature, cette harmonie imitative qu'on appelle *Onomatopée*, & dont nous voyons tant d'exemples dans les Anciens, n'est pas permise à nos Poëtes. La raison en est, que dans la formation des langues Grecque & Latine, l'oreille avoit été consultée, au-lieu que les langues modernes ont pris naissance dans des tems de barbarie, où l'on parloit pour le besoin & nul-

Tome I. R

ement pour le plaisir. En général, plus les peuples ont eu l'oreille sensible & juste, plus le rapport des sons avec les choses a été observé dans l'invention des termes. La dureté de l'organe a produit les langues apres & rudes; l'excessive délicatesse a produit les langues foibles, sans énergie & sans couleur. Or une langue qui n'a que des syllabes apres & fermes, ou que des syllabes molles & liantes, a le défaut d'un monocorde. C'est de la variété des voyelles, & des articulations, que dépend la fécondité d'une belle harmonie. Dire d'une langue qu'elle est douce ou qu'elle est forte, c'est dire qu'elle n'a qu'un mode; une langue riche les a tous. Mais si les divers caractères de fermeté & de mollesse, de douceur & d'apreté, de vîtesse & de lenteur y sont répandus au hasard, elle exige de l'Écrivain une attention continuelle, & une adresse prodigieuse pour suppléer au peu d'intelligence & de soin qu'on a mis dans la formation de ses élémens; & ce qu'il en coûtoit aux Démosthènes & aux Platons, doit nous consoler de ce qu'il nous en coûte. Il n'est facile dans aucune langue de concilier l'harmonie avec les autres qualités du style ; & si l'on veut imaginer une langue qui peigne naturellement, il faut la supposer, non pas formée successivement & au gré du peuple, mais composée ensemble & de concert, par un Métaphysicien comme Locke, un Poëte comme Racine, & un Grammairien comme du Marsais. Alors on voit éclore une langue à-la-fois philosophique & poëtique, où l'analogie des termes avec les choses est sensible & constante, non-seulement dans les couleurs primitives, mais dans les nuances les plus délicates ; de manière que les synonymes en sont gradués du rapide au lent, du fort au foible, du grave au léger, &c. Au système naturel & fécond de la génération des termes, depuis la racine jusqu'aux derniers rameaux, se joint une richesse prodigieuse de figures & de tours, une variété infinie dans les mouvemens, dans les tons, dans le mélange des sons articulés & des quantités prosodiques, par conséquent, une extrême facilité à tout exprimer, à tout peindre: ce grand ouvrage une fois achevé, je suppose que les inventeurs donnassent pour essais quelques morceaux traduits d'Homère & d'Anacréon, de Virgile & de Tibule, de Milton & de l'Ariofte, de Corneille & de Lafontaine: d'abord ce seroient autant de grifes qu'on s'amuseroit à expliquer à l'aide des livres élémentaires; peu-à-peu on se familiariseroit avec la langue nouvelle, on en sentiroit tout le prix: on auroit même par la simplicité de sa méthode, une extrême facilité à l'apprendre; & bien-tôt pour la première fois, on goûteroit le plaisir de parler un langage qui n'auroit eu ni le peuple pour inventeur, ni l'usage pour arbitre, & qui ne se ressentiroit ni de l'ignorance de l'un ni des caprices de l'autre. Voilà un beau songe, me dira-t-on: Je l'avoue, mais ce songe m'a semblé propre à donner l'idée de ce que j'entends par l'harmonie d'une langue; &

tout l'art du style harmonieux consiste à rapprocher, autant qu'il est possible, de ce modèle imaginaire la langue dans laquelle on écrit.

CHAPITRE VII.

Du Méchanisme des Vers.

LE sentiment du nombre nous est si naturel, que chez les peuples les plus sauvages la danse & le chant sont cadencés. Par la même raison, dès qu'on s'est avisé de parler en chantant, les sons articulés ont dû s'accommoder au chant. Telle est l'origine des vers (*a*). Ce qui les distingue de la prose, c'est la rime, la mesure & la cadence.

La rime est la consonnance des finales des vers. Cette consonnance doit être sensible à l'oreille : il faut donc qu'elle tombe

———

(*a*) *Illud quidem certum, omnem Poesin olim cantatam fuisse.* (Isaac Vossius.)

sur des syllabes sonores ; & si les vers finissent par une muette, la rime doit être double & commencer à la pénultième : *attendre*, *prétendre* ; *auspice*, *propice*. Quoique dans les finales des mots les consonnes qui suivent la voyelle ne se fassent presque jamais sentir, cependant, pour rimer à l'œil en même tems qu'à l'oreille, & concilier ainsi le suffrage des deux sens, on veut que les deux finales présentent les mêmes caractères, ou des caractères équivalens : par exemple, *Sultan* ne rime point avec *instant* ; *instant* & *attend* riment ensemble.

Le nombre a été jusqu'ici confondu dans nos vers avec la mesure ; ou plûtôt on ne leur a donné ni mesure ni nombre précis : c'est pourquoi il est si facile d'en faire de mauvais, & si difficile d'en faire de bons.

Nos vers réguliers sont de douze, de dix, de huit ou de sept syllabes : voilà ce qu'on appelle mesure. Le vers de douze est coupé par un repos après la sixième,

& le vers de dix, après la quatrième : le repos doit tomber fur une fyllabe fonore, & le vers doit finir tantôt par une fonore, tantôt par une muette : voilà ce qu'on appelle cadence.

Toutes les fyllabes du vers, excepté la finale muette, doivent être fenfibles à l'oreille : voilà ce qu'on appelle nombre.

On fait que la fyllabe muette eft celle qui n'a que le fon de cet *e* foible, qu'on appelle *muet* ou *féminin* : c'eft la finale de *vie* & de *flamme*. Toute autre voyelle a un fon plein.

Dans le cours du vers, l'*e* féminin n'eft admis qu'autant qu'il eft foutenu d'une confonne, comme dans *Rome* & dans *gloire*. S'il eft feul, il ne fait pas nombre, & l'on eft obligé de placer après lui une voyelle qui l'efface, comme *vi' active, anné' abondante* : cela s'appelle élifion. L'*h* initiale, qui n'eft point afpirée, eft nulle, & n'empêche pas l'élifion.

On peut élider l'*e* muet final, quand même il eft articulé ou foutenu d'une consonne; mais on n'y est pas obligé: *gloire durable* & *gloir'éclatante* sont au choix du Poëte. Si l'on veut que l'*e* muet articulé fasse nombre, il faut seulement éviter qu'il soit suivi d'une voyelle; comme si l'on veut qu'il s'élide, il faut qu'une voyelle initiale lui succede immédiatement. Dans la liaison *d'hommes illustres*, l'*e* muet *d'hommes* ne s'élide point: l'*s* finale y met obstacle.

Il n'y a d'élision que pour l'*e* muet : la rencontre de deux voyelles sonores s'appelle *hiatus*; & l'*hiatus* est banni du vers. Je crois avoir prouvé qu'on a eu tort de l'en exclure: quoi qu'il en soit, l'usage a prévalu.

J'ai dit que la finale du vers est tour-à-tour sonore & muette. Le vers à finale sonore s'appelle *masculin*, les Anglois le nomment, vers *à rime simple*, & les Italiens, vers *tronqué*. Le vers à finale muette s'appelle *féminin*, les Anglois & les Italiens le nomment, vers *à rime double*. Il est vrai que dans le vers François, la finale est plus foible que dans le vers Italien; mais l'une est auſſi brève que l'autre, & c'eſt de la durée, non de la qualité des ſons, que réſulte le nombre du vers.

Cette finale, ſur laquelle la voix expire, n'étant pas aſſez ſenſible à l'oreille pour faire nombre, on la regarde comme ſuperflue, & on ne la compte pas. Le vers féminin, dans toutes les langues, a donc le même nombre de ſyllabes que le vers maſculin, & de plus ſa finale muette.

Les vers maſculins ſans mélange auroient une marche bruſque & heurtée; les vers féminins ſans mélange auroient de la douceur, mais de la molleſſe. Au moyen du retour alternatif & périodique de ces deux eſpèces de vers, la dureté de l'un & la molleſſe de l'autre ſe corrigent mutuellement, & la variété qui en réſulte eſt je crois un avantage de notre Poëſie ſur celle des Italiens, ſur-tout ſi l'on s'applique à donner à l'entrelacement des rimes toute la grace qu'il peut avoir.

On a voulu juſqu'à préſent que la Tragédie & l'Épopée fussent rimées par distiques, & que ces distiques fussent tour-à-tour masculins & féminins. On a permis les rimes croisées au Poëme lyrique, à la Comédie & à tout ce qu'on appelle Poësies familieres & fugitives. Ainsi la gêne & la monotonie sont pour les longs Poëmes ; & les plus courts ont le double avantage de la liberté & de la variété. N'est-ce pas plûtôt aux Poëmes d'une longue étendue qu'il eût fallu permettre les rimes croisées ? je le croirois plus juste, non-seulement parce que les vers masculins & féminins entrelacés n'ont pas la fatigante monotonie des distiques, mais parce que leur marche libre, rapide & fière, donne du mouvement au récit, de la véhémence à l'action, du volume & de la rondeur à la période poëtique. On a pris pour de la majesté la pesanteur des vers qui se tiennent comme enchaînés deux-à-deux, & qui se retardent l'un l'autre ; mais la majesté consiste dans le nombre, le coloris, l'éclat & la pompe du style ; & le morceau le plus majestueux de la Poësie françoise, la Prophétie de Joad dans Athalie, est écrit en rimes croisées. Voyez de même dans l'Opéra de Proserpine, s'il manque rien à la majesté des vers entrelacés dans le début de Pluton. Du reste, on sait que la nécessité gênante & continuelle de deux rimes accouplées, amene souvent des vers foibles & superflus : or une difficulté infructueuse est toûjours un vice dans l'art.

Mais de quelque façon que l'on entrelace les rimes, l'oreille exige qu'il n'y ait jamais de suite deux finales pleines, ni deux muettes de différens sons, comme *vainqueur* & *combat*, comme *victoire* & *couronne*. Elle demande aussi que la rime ne change qu'au repos absolu. C'est une règle trop négligée, & j'aurai lieu de faire voir combien elle contribue à donner aux vers un mouvement périodique & nombreux.

Peut-être y a-t-il encore de nouveaux moyens d'ajoûter au nombre & à la cadence de nos vers : essayons de les rechercher par la voie de l'analogie. Ceci est inutile aux Poëtes qui ont l'oreille sensible & juste ; mais la délicatesse de l'organe n'est pas donnée à tous ceux qui ont du talent pour la Poësie; & si par la méthode on y peut suppléer, on aura fait quelque chose d'utile.

Les Italiens regardent comme un avantage de leur vers sur le nôtre, le double accent qui le frappe, & le changement du repos.

Ils appellent accent, une syllabe de poids sur laquelle la voix se repose à l'hémistiche & à la fin du vers. Il est certain que ces deux appuis marquent la cadence ; mais nos bons Poëtes les ont observés sans autre guide que l'oreille, & cela n'est pas mal-aisé. Toutefois je ne prétends pas qu'on en fasse une règle sévère : je dis seulement, que dans un morceau de Peinture ou d'Éloquence, lorsque le vers doit marcher avec pompe, il est aussi facile qu'avantageux de placer à l'hémistiche &

à la fin du vers deux sons mâles & soutenus, sur lesquels la voix se repose & s'étende ; & l'on va voir que l'un des principes de la langue Françoise a pour objet de multiplier ces appuis.

Quant au déplacement du repos, la variété qui en résulte peut plaire aux Italiens & aux Anglois qui les ont imités : il seroit même injuste & ridicule de disputer à des peuples aussi cultivés leurs plaisirs ; mais qu'il me soit permis d'observer que ce changement dans la coupe du vers héroïque Italien, divisé tour-à-tour en 4 & 6, 5 & 5, 6 & 4, sans compter la finale brève, lui donne tantôt la forme du vers François de dix syllabes, tantôt celle du Saphique ou de l'Alcaïque, & tantôt celle du Phaléuce.

Vers de dix Syllabes.

Giace il cavallo-al suo signor appresso.
Le cheval tombe-à côté de son maître.

Vers Alcaïque ou Saphique.

D'antica selva-dal cavallo scorta.
Qualem ministrum-fulminis alitem.
Pindarum quisquis-studet æmulari.

Vers Phaléuce.

Non piu governa il fren la man tremante
Arces turrigeræ-superba tecta.

Or notre oreille répugne à ces interruptions du mouvement donné ; & nous avons pour nous l'exemple des Anciens, qui dans leurs Poëmes héroïques n'ont fait que varier le nombre, sans jamais changer le rithme du vers.

Il est vrai que les vers héroïques Italiens étant féminins presque sans mélange, ils seroient monotones s'ils avoient tous la même coupe. Mais notre vers de dix syllabes n'a pas cet inconvénient : la marche en est régulière & n'est point fatigante ; il coule de source ; il est doux sans lenteur ; il est rapide sans cascade ; & l'inégalité des deux hémistiches, avec le mélange des finales alternativement sonores & muettes, en supposant les rimes croisées, suffiroit pour le sauver de la monotonie, sans qu'on altérât le mouvement.

Il faut avouer cependant qu'il n'y a que les vers Grecs & Latins où la variété des nombres se concilie pleinement avec la régularité de la mesure, & c'est dans cette source qu'on doit puiser l'art de la versification; mais pour tirer quelque fruit de l'exemple des Anciens, il faut commencer par se persuader que notre langue a sa prosodie, ou peut l'avoir comme les leurs, & je crois l'avoir démontré. Il est vrai que dans la langue Françoise, comme dans toutes les langues, tels nombres sont plus rares & tels nombres plus familiers: aussi n'est-elle pas indifférente à toutes les formes de vers; & de-là vient, par exemple, le mauvais succès de nos anciens Poëtes, qui ont voulu composer en françois des Élégiaques sur le modèle des Latins. Mais cela prouve seulement qu'ils n'avoient pas étudié le caractère de la langue; & nous allons voir qu'il y a des mouvemens qu'elle observe sans nul effort.

Je demanderois seulement qu'on accordât à la prosodie poëtique ce que l'oreille ne lui refuse pas, & ce que l'usage même lui cede. A propos de l'*e* féminin, qui redoublé à la fin d'un mot, se change en é masculin sur la pénultième, « La langue » (dit M. l'Abbé d'Olivet) a consulté les » principes de l'harmonie, qui demandent » que la pénultième soit fortifiée si la der- » nière est muette ».

Il observe ailleurs, « Qu'une syllabe dou- » teuse, & qu'on abrège dans le cours de » la phrase, est allongée si elle se trouve à » la fin : on dit *un homme honnête, un homme* » *brăve*; mais on dit *un honnēte homme, un* » *brăve homme* ».

Il fait remarquer aussi, que la première syllabe d'*heure* est brève dans, *une heure entière*, & longue dans, *depuis une heure*, par la raison que dans l'une elle est passagère, & que dans l'autre c'est le point du repos.

Le même, après avoir mis au nombre des syllabes brèves la pénultième de *modèle, fidèle, paresse, caresse, tranquile, facile, &c.* ajoûte : « Mais cela n'empêche pas que » dans le chant & dans la déclamation » soutenue, on n'allonge quelquefois ces « finales ».

FRANÇOISE. 273

» finales ». Et la raison qu'il en donne est, « que l'oreille a besoin d'un soutien, & que » ne le trouvant pas dans la dernière, elle » le prend dans la pénultième ». Par la même raison il doit donc être permis d'allonger aussi dans les vers, quand le nombre l'exige, la pénultième des mots suivans, fût-elle décidée brève dans le langage familier : *audace, menace; fatale, rivale; organe, profanes vaste, faste; éclatte, flatte; ténèbres, célèbres; veine, peine; regrette, secrette; pénetre, lettre; funeste, céleste; sublime, victime; justice, propice; habite, subite; idole, immole; couronne, environne; homme, Rome; parfume, allume; chûte, exécute*, &c.

La Musique vocale les prolonge, & l'oreille n'en est point offensée; la déclamation peut donc les prolonger aussi: bien entendu cependant qu'elle n'altère point la qualité du son : par exemple, l'*a* de *fatale* & d'*organe* sera fermé, quoiqu'il soit long, ainsi que l'*è* pénultième de *misere* & de *mere*. De même l'*o* de *couronne*, de *Rome*

Tome I. S

& d'*idole* se prolongera, sans approcher du son de l'*o* grave de *trône*, d'*arôme*, & de *pôle*; ce qu'il est important d'observer.

On peut m'opposer le peu de volume du son de l'*é*, de l'*i* & de l'*u*; mais ces mêmes sons aussi grêles dans le latin, ne laissent pas de s'y prolonger; & en effet, le volume du son n'en décide pas la durée.

Dans les exemples que donne M. l'Abbé d'Olivet des pénultièmes longues dans certains mots & brèves dans d'autres, j'observe que la longue est le plus souvent affectée aux termes nobles, usités au théâtre; & la brève, aux mots qui sont plus en usage dans le langage familier: ce qui prouve que la Musique & la déclamation tendent insensiblement à se ménager des appuis sur le son qui précède la finale muette; car l'oreille est sans cesse occupée à ramener la langue aux principes de l'harmonie, & c'est au spectacle sur-tout qu'elle apporte un discernement délicat.

Si la déclamation & le chant étoient consultés sur la prosodie poétique, nouseulement les voyelles qui précedent l'e muet seroient longues, mais toute finale pleine auroit droit de l'être, au-moins dans les repos.

La valeur des articles, & d'une infinité de monosyllabes qui semblent douteux, seroit décidée par la même voye. Par exemple, l'usage constant du théâtre veut que l'é ouvert de *mes, ses, les* se prolonge s'il est suivi d'une brève, *mes amis*, ou d'un monosyllabe long, *mes yeux*; mais il permet qu'on l'abrège avant les mots dont la première est longue, *les enfers*; & tel est le génie de notre langue, que dans un nombre, quel qu'il soit, l'oreille & la voix ne demandent qu'un point d'appui. De trois syllabes, dont chacune seroit longue au besoin, la voix choisira donc celle dont la lenteur favorise le plus l'expression, & glissera sur les deux autres. Ecoutez une Actrice récitant ce vers dans le rôle d'Inès. Éloignez mes enfans, ils redoublent mes maux. Vous allez voir que dans ce nombre, *mes enfans*, la voix passe rapidement la première, appuie en gémissant sur la seconde, & tombe comme épuisée sur la troisième.

Cette observation peut faire entendre comment une infinité de syllabes changent de valeur, pour favoriser l'expression & le nombre: avantage inestimable de notre langue, si l'on savoit en profiter. Les Grecs se donnoient la même licence, & l'on en a fait des figures de mots sous le nom de *sistole* & de *diastole*; mais les choses de sentiment n'ont pas besoin d'autorité.

En général, l'usage du théâtre applanit presque toutes les difficultés de la prosodie poëtique. Soit que la sensible Clairon récite les vers de Racine; soit que le mélodieux Lully ait noté les vers de Quinault; il n'y a point d'oreille qui n'adopte les nombres que l'une ou l'autre lui fait sentir. L'habitude en est prise, les suffrages sont recueillis, l'ouvrage est plus avancé qu'on ne pense; & la valeur des mots usités sur l'un & l'autre théâtre étant une fois décidée, il est facile de déterminer par la voie de l'analogie, la quantité prosodique des termes que l'on n'y a point encore employés. Mais ce seroit sur-tout lorsque dans nos vers on commenceroit à observer les nombres, que le système de la prosodie se développeroit à vûe d'œil.

Cependant, quel seroit dans nos vers l'emploi de ces nombres une fois reconnus ? Mon dessein est-il de renouveller l'entreprise abandonnée depuis près de deux cens ans, d'assujettir les vers François aux règles étroites des vers Latins ? Non sans doute. Mais si le François n'a pas les mêmes nombres que le Latin, ou que telle autre langue, il en a les équivalens: par exemple, il a peu de spondées & de dactiles ; mais il abonde en anapestes, en chorées & en iambes. Je parle un langage inconnu à bien des lecteurs : pour m'en faire entendre rappellons ici les élémens des vers anciens.

Ces vers étoient composés de piés ou mesures. La mesure régulière avoit, comme je l'ai dit, trois ou quatre tems ; & j'en ai donné les formules, avec les noms qui les désignoient.

Du mélange du dactile, — ◡ ◡, & du spondée, — —, étoient composés le vers Héroïque ou Hexamètre, & le vers Asclépiade. Mais dans l'Hexamètre il n'y avoit que le 5ᵉ. pié qui exigeât le dactile, & que le 6ᵉ. qui exigeât le spondée : dans les quatre premiers le Poëte avoit le choix du spondée ou du dactile, au gré de son oreille, & selon que l'image ou le sentiment lui demandoit plus de lenteur ou de rapidité.

Pāndĭtŭr īntĕrĕā dŏmŭs ōmnĭpŏtēntĭs Ŏlīmpī.
Lūctāntēs vēntōs tēmpēstātĕsquĕ sŏnōrās.
Sīlvēstrēm tĕnŭī Mūsām mĕdĭtārĭs ăvēnā.
Īllă vĕl īntāctăe sĕgĕtĭs pēr sūmmă vŏlārĕt.

Le spondée prenoit même quelquefois la place du dactile au 5ᵉ. pié, pour favoriser l'harmonie, & l'on plaçoit alors le dactile au 4ᵉ. afin qu'il n'y eût pas trois spondées de suite à la fin du vers.

Quāe căpŭt ā cōelī rĕgĭŏnĭbŭs ōstēndēbăt.

On voit par-là combien le nombre de l'Hexamètre étoit varié, docile & fécond. Notre langue pour l'imiter n'a pas assez de dactiles & de spondées: les anapestes dont elle est remplie ont un mouvement opposé à celui du dactile; mais si le rithme de l'Hexamètre s'y refuse, celui de l'Asclépiade s'y prête aisément.

Dans l'Asclépiade, la place du dactile & du spondée étoit immuable: voici la forme de ce vers.

$$- -, - \cup \cup, -, - \cup \cup, - \cup \cup.$$

La longue, qui est seule au milieu, étoit suivie d'un silence de deux tems, qui avec elle formoit une mesure. Ainsi l'Asclépiade étoit composé de cinq mesures à quatre tems. Je crois avoir déjà observé dans l'un des articles de l'Encyclopédie, que ce vers a servi de modéle à notre vers Héroïque: en effet, un Asclépiade est un vers François masculin de la plus parfaite régularité.

Moēcēnās ătăvīs ēdĭtă Rēgĭbŭs.

Mais un vers François n'est pas un Asclépiade: le nombre des syllabes & le repos sont les mêmes; mais la valeur prosodique des syllabes est déterminée dans le Latin, & ne l'est pas dans le François. Il est même impossible, vû l'indigence des dactiles, de faire constamment dans notre langue des Asclépiades réguliers; & quand cela seroit facile, il faudroit l'éviter : en voici la raison. L'Asclépiade est invariable, & par conséquent monotone : aussi ne l'employoit-on que dans de petits Poëmes lyriques. Nous avons destiné au contraire notre vers Héroïque à l'Épopée, à la Tragédie, aux deux Poëmes dont l'étendue exige le plus de variété. D'ailleurs plus l'Asclépiade est compassé dans sa marche, plus il s'éloigne de la liberté du langage naturel : il ne convient donc point à la Poësie dramatique, dont le style doit être celui de la nature. Enfin le caractère de notre langue est d'appuyer sur la pénultième ou sur la dernière syllabe des mots; & presque tous les piés de l'Asclépiade se soutiennent sur la première & glissent sur les deux suivantes. C'en est assez pour faire sentir que nous ne pouvons ni ne devons affecter l'Asclépiade pur. Mâis n'y auroit-il pas moyen de varier les nombres de l'Asclépiade sans en altérer le rithme, comme on varie les notes de musique sans altérer la mesure du chant ? C'est ce que j'ose proposer; & si quelqu'un regarde ce projet comme une idée chimérique, je le préviens qu'il y a dans Racine, Voltaire, Lafontaine & Quinault, que j'ai actuellement sous les yeux, mille & mille vers mesurés, comme j'entends que les vers François peuvent l'être. Je n'en cherchois que quelques exemples, j'en ai trouvé sans nombre; & je ne propose aux jeunes Poëtes que d'essayer par réflexion ce que leurs maîtres ont fait par un sentiment exquis de la cadence & de l'harmonie.

Commençons par nous retracer les deux piés de l'Asclépiade, — —, — ᴗ ᴗ : sans changer la mesure de ces deux nombres, on peut les remplacer par l'un de ces équivalens.

ᴗ — ᴗ

ᴗ ᴗ ᴗ ᴗ

ᴗ ᴗ —

D'abord ne changeons que les dactiles.

Asclépiade pur $--, -\cup\cup, -, -\cup\cup, -\cup\cup$.

Equivalens. $\begin{cases} --, \cup\cup-, -, \cup\cup-, \cup\cup-. \\ --, \cup-\cup, -, \cup-\cup, \cup-\cup. \end{cases}$

Le mouvement n'est plus le même, & les piés du vers sont égaux.

Volt.   Aŭ sēin tŭmŭltŭeŭx dĕ lă guērrĕ cĭvĭle.
Vo^lt.   Ūn Rōi vĭctŏrĭeŭx ĕcrāsĕ mĕs sērpĕns.
Quin.   Īls sōnt ēnsĕvĕlīs foŭs lă māssĕ pĕsānte.
Racine.   Pōurquōi l'ăssăsĭnēr ? qu'ă-t-ĭl făĭt ? ă quĕl tĭtre ?

Supposons ensuite que dans le premier hémistiche le dactile ou l'équivalent prenne la place du spondée, & le spondée celle du dactile, comme dans ce vers :

Quin.   L'ĭndĭffĕrēnt Ātĭs n'en fera point jaloux.

Supposons encore le second hémistiche composé d'un dipirriche & d'un spondée, ou d'un spondée & d'un dipirriche, comme dans ces exemples :

Racine.   Et je lui porte enfin mōn coeŭr ă dĕvŏrēr.
Quin.   Vient enflammer mon fang ĕt dĕvŏrĕr mōn coeur.

Les combinaisons commencent à se multiplier ; mais ce n'est pas tout. Nous avons observé que le repos de l'Asclépiade est

FRANÇOISE. 283

moitié vuide & moitié rempli par la syllabe longue qui suspend l'hémistiche : or ce repos peut être tout en silence, & il l'est communément dans notre façon de réciter. Alors le premier hémistiche se saisit de la sixième syllabe, & devient par-là susceptible des mêmes nombres que le second. Dans cette supposition chaque hémistiche peut donc être divisé de deux manières : en 2 & 4, & en 3 & 3.

Division en 2 & 4.

— —, ◡ ◡ ◡ ◡, — —, ◡ ◡ ◡ ◡.

◡ ◡ ◡ ◡, — —, ◡ ◡ ◡ ◡, — —.

Enfīn jĕ mĕ dĕrŏbe à la joie importune.	Racine.
Cĕ quĕ lă nŭit dēs tēms enferme dans ses voiles.	Lafontaine
Leur cours ne change point ĕt vŏus ăvĕz chāngĕ.	Quinault.
Il part ; dans ce moment d'Estrée ĕvănŏŭīe,	Voltaire.

Division en 3 & 3.

— ◡ ◡, — ◡ ◡, — ◡ ◡, — ◡ ◡.

◡ ◡ —, ◡ ◡ —, ◡ ◡ —, ◡ ◡ —.

◡ — ◡, ◡ — ◡, ◡ — ◡, ◡ — ◡.

Lĕ mŏmēnt ŏù jĕ părle ēst dĕjă lōin dĕ mŏi.	Boileau.
Să crŏupĕ sĕ rĕcŏurbe ēn rĕplĭs tōrtŭeŭx.	Racine.
Lĕ quădrŭpĕde ĕcūme ĕt sŏn oeil ĕtĭncĕlle.	Lafontaine
Māis lĕ zĕphīr lĕgĕr ĕt l'ōndĕ fŭgĭtīve.	Quinault.
Ănĭmĕ l'ŭnĭvĕrs ĕt vĭt dāns toŭs lēs coeŭrs.	Voltaire.

Ces deux divisions peuvent se combiner ensemble, & c'est encore un moyen de multiplier les formules du vers. Mais voici une source de variété bien plus féconde, & qui n'a pas d'exemple chez les Anciens.

Il y a, même dans le langage familier, des petits repos ou silences : ces repos sont plus marqués dans la déclamation poëtique, & ils occupent des tems sensibles dans la mesure du vers. Si donc le Poëte savoit en apprécier la valeur, comme fait le Musicien, il pourroit, avant ce silence, n'employer qu'un pié de trois tems, un iambe, par exemple, au-lieu d'un anapeste, ou un chorée à la place d'un dactile.

Oui, je viens dans son temple adorer l'Eternel,
Jĕ viens, selon l'usage antique & solemnel.

On voit que le second vers commence par un iambe ; mais aux trois tems de l'iambe se joint un tems de silence qui remplit la mesure. Observez au contraire que si dans le premier vers on met un silence après *oui*, comme cela se peut, *oüi, jĕ viens dans son temple ;* l'oreille ne sent plus le nombre de l'anapeste: le tems de la virgule est de trop. Il n'en est pas de même dans l'exemple suivant.

Oui, c'est Agamemnon, c'est ton Roi qui t'éveille.

La premiere mesure a besoin du silence, qui de l'iambe fait l'anapeste : *oŭi, c'ĕst Ăgămēmnōn*. Le silence remplit de même la mesure de l'iambe dans le troisième pié de ce vers.

Jĕ soŭhāitĕ, jĕ crāins, jĕ vēux, jĕ mĕ rĕpēns.

Ces petits repos, semés dans nos vers, y feroient ce qu'ils font en musique ; mais il faut savoir les compter à propos ; & l'art de les faire valoir est un des prestiges de la lecture.

La 6ᵉ. & la 12ᵉ. syllabe prolongées pour soutenir la voix semblent devoir altérer le nombre ; mais observez que l'une & l'autre sont suivies d'un silence, & c'est dans ce vuide que s'étend le son, de manière que la mesure précédente n'en retient que la moitié : voilà pourquoi cette mesure

— ͜ — (a), tient la place de celle-ci,
— ͜ ͜.

Tout cela demande une oreille attentive ; mais mon dessein n'est pas de prouver qu'on puisse faire des vers harmonieux sans peine (b). J'ose dire seulement, que pour qui saura manier la langue, la liberté du choix, entre les combinaisons innombrables que je propose, rend nos vers mesurés au-moins aussi faciles que l'étoient ceux des Latins.

On peut réduire nos vers Héroïques à la mesure de l'iambe trimetre ; toutefois, l'analogie n'en est pas la même qu'avec l'Asclépiade, & personne en les récitant ne leur donne la marche de l'iambe. J'en excepte quelques vers où le mouvement rompu & changé d'un hémistiche à l'autre, rend l'image plus frappante ; & en cela l'oreille a souvent bien guidé nos Poëtes.

Quinault. Ils nous ont appelés cruels, tirans, jaloux.

(a) Ce pié s'appelle crétique.
(b) *Angustam esse viam voluit* (Deus) *paucisque licere.* (Vida).

Ces mouvemens rompus peuvent être employés avec beaucoup d'avantage dans les peintures vives & dans les momens paſſionnés: on les employe quelquefois auſſi dans les images lentes; mais alors le ſpondée ſe mêle avec l'iambe.

Trāçāt ă̄ pās tārdĭfs ūn pĕnīblē sĭllōn.

La preuve que Boileau meſuroit ce vers en Iambique & non pas en Aſclépiade, c'eſt qu'il ne s'apperçut point en le compoſant de la cacophonie, *traçât à pas tar* que lui reprochoit un mauvais Poëte. C'eſt ainſi qu'en mutilant le vers & en altérant le nombre, un Critique mal intentionné rend dur à l'oreille ce qui ne l'eſt pas.

Notre vers de dix ſyllabes n'a point de modèle chez les Anciens: il eſt vraiſemblable que nous l'avons pris, comme les Italiens, des Poëtes Provençaux. Les Italiens n'y ont fait aucun changement: ils l'ont tel encore qu'il leur eſt venu de Provence; nous en avons fixé le repos. Les Allemands en ont fait leur vers Dactilique, lequel eſt compoſé de trois dactiles & d'une longue.

—ᴗᴗ,—ᴗᴗ,—ᴗᴗ,—.

Chez nous, au contraire, sa mesure naturelle est d'une longue & de trois anapestes.

—, ᴗᴗ—, ᴗᴗ—, ᴗᴗ—.

Observons que de nos quatre formules de vers, deux débutent par une mesure pleine, & deux par une mesure tronquée. Les vers à mesure pleine sont ceux de 12 & de 8. Les vers à mesure tronquée sont ceux de 10 & de 7.

Dans celui de 10, si l'on frappe sur la première, l'hémistiche est divisé en 1 & 3.

Pē-rĕ dŭ joūr,

Si l'on frappe sur la seconde, la mesure tronquée est un iambe, la suivante un spondée, & l'hémistiche est divisée en 2 & 2.

L'Ămoūr-ēst nŭd.

Le premier hémistiche peut donc se varier ainsi:

—, ᴗᴗ—.

—, —ᴗᴗ.

—, ᴗ—ᴗ.

ᴗ—, ——.

bien entendu que la brève finale est une syllabe sonore, & qu'elle peut se prolonger

ger dans l'intervale des deux hémistiches.

Le second hémistiche est le même que celui du vers de 12 syllabes, & reçoit les mêmes variations.

L'avantage du vers de 10 sur celui de 12, est non-seulement, comme je l'ai dit, dans l'inégalité des deux hémistiches qui le sauve de la monotonie; mais dans une continuité plus immédiate, dans un passage plus pressé d'un vers à l'autre: l'on va m'entendre. Quand les vers débutent par une mesure pleine, l'intervale des deux vers est une mesure vuide & complette; au-lieu que si le vers commence par la moitié ou les trois quarts de la mesure, le silence qui précede n'en est que le supplément: par exemple, si le second vers débute par un iambe, l'intervale n'est que d'un tems qui se joint aux trois tems de l'iambe. Voilàpour quoi dans les vers de 10 syllabes on peut enjamber de l'un à l'autre, en ne plaçant le repos du sens qu'à l'hémistiche du second; ce qui seroit vicieux dans les vers de 12, dont l'intervale est plus marqué.

Si le vers de 10 est frappé sur la seconde, il veut débuter par un iambe : car la première doit passer vîte, & la seconde appuyer la voix. Si le vers est frappé sur la première, c'est elle qui doit être longue ; car c'est elle qui devient l'appui. Voici les exemples de l'un & de l'autre.

> Bĕllĕ Gāufsīn, reçois mon tendre hommage,
> Rĕçōis mēs vērs au théâtre applaudis.

C'est sur-tout ce premier hémistiche que l'on doit travailler avec soin, par la raison même qu'il est court, & que ce n'est que par un nombre sensible qu'il peut être agréable à l'oreille.

On fait souvent débuter le vers par deux iambes : alors il manque un tems à l'hémistiche, & le vers n'est pas nombreux. Souvent aussi la première syllabe est une brève détachée.

> Dĕ toūs lēs biĕns fūt lĕ plūs prĕcīeūx.

Le silence qui précede le vers est alors de

trois tems, & l'appui de la voix est foible. Le mieux est donc de partir ou par une longue isolée, ou par un iambe.

Ētrĕ l'Ămoūr, quĕlquĕfŏĭs jĕ dĕsīre.
Jĕ pleūre hēlās să mōrt ĕt să naīssānce.

Je fonde mes observations sur la récitation la plus cadencée, sans dissimuler cependant qu'il seroit mal de l'affecter, soit au théâtre, soit dans la lecture. Mais quoiqu'il faille scander les vers Latins pour en faire sentir exactement le nombre, l'altération que la mesure éprouve quand on récite naturellement, n'empêche pas une oreille délicate & juste de sentir la rondeur périodique du vers; & de deux morceaux de poësie récités avec la même négligence pour la mesure, la multitude même ne laissera pas de distinguer le plus harmonieux. Il en est des vers François comme des vers Latins : quoi qu'on donne au sens & à l'expression, la beauté physique du nombre n'échappe jamais à l'oreille. Voyez si au théâtre même les vers d'Inès ont pour l'oreille le charme de ceux de

Zaïre & de ceux de Britannicus.

Le vers de 9 syllabes employé quelquefois par Quinault, dans un chant mesuré sur des airs de danse, n'est que le vers de 10, dont on retranche la syllabe isolée, & qui est frappé sur la troisième. Son défaut le plus essentiel est la trop grande inégalité de deux hémistiches, dont l'un est le double de l'autre.

Ce beau jour-ne permet qu'à l'aurore.

Aussi n'est-il reçu que dans le chant, & les exemples en sont assez rares.

Notre vers de 7 syllabes, est le vers Anacréontique, avec un léger changement : voici la formule de l'Anacréontique.

◡ –, ◡ –, ◡ –, ◡.

Observons, 1°. que la mesure en est de trois tems ; 2°. qu'il y a une syllabe isolée & comme suspendue à la fin du vers ; 3°. que dans la première mesure Anacréon lui-même employe souvent le dactile, le spondée & leurs équivalens, à la place de l'iambe ; qu'alors cette mesure a un tems de plus que les suivantes, où l'iambe est invariable ; & que ce tems superflu est pris dans l'intervale des deux vers, comme je l'ai observé à propos du vers de 10 syllabes qui débute par un iambe. L'intervale de deux vers Anacréontiques est de trois tems ; mais ce n'est point un espace pur : il est occupé par la finale du vers qui le précede, & quelquefois par le tems superflu du premier pié du vers qui le suit. Quand ces deux extrémités réunies forment un nombre complet, il n'y a point de silence d'un vers à l'autre ; & l'on voit par-là combien la course en est rapide. Mais si le second commence par un iambe, comme il n'a rien à donner à l'intervale qui le précede, il reste au-moins dans cet intervale un tems de silence pur ; car la finale du premier vers n'en peut jamais remplir que deux.

Or voici en quoi notre vers de 7 syllabes differe du vers Anacréontique.

Il a de même, avec trois iambes, une syllabe détachée ; mais c'est la premiere du vers : & la raison qui a déterminé l'oreille à ce déplacement est sensible. Nous avons un vers à finale muette ; les Grecs & les Latins n'en avoient pas. Si donc la syllabe isolée étoit à la fin du vers François, la muette superflue du vers féminin formeroit avec elle un nombre absolu, — ◡, d'un mouvement opposé à celui de l'iambe, ◡ — : c'est ce que l'oreille semble avoir évité. Il est vrai qu'on a le choix de ces deux mouvemens ; mais ils ne sont pas compatibles : aussi ne voit-on jamais dans le vers Anacréontique le chorée, — ◡, à la place de l'iambe, ◡ — ; & si Anacréon employe quelquefois le premier de ces nombres, c'est sans mélange du second, comme Barnès l'a remarqué dans l'Ode 61e.

Les Allemands, qui dans leur vers Héroïque ont préféré l'iambe au chorée, ne laissent pas d'avoir aussi leur vers Trochaïque, qui n'est autre chose que deux de nos vers de 7 syllabes sur la même ligne. Les Italiens ont ce même vers, qu'ils appellent vers Martellien, & qui répond, disent-ils, au vers iambique de Térence & de Plaute ; mais dans le fait il se réduit à deux vers de 7 syllabes, écrits de suite & non rimés.

Nous avons la liberté de substituer le chorée à l'iambe ; & rien n'est plus facile que de renverser le mouvement de ces deux nombres. Un monosyllabe long, placé avant des iambes, en fait des chorées ; un monosyllabe bref, placé avant des chorées, en fait des iambes ; mais la voyelle muette, qui dans notre langue fait le plus souvent la brève du chorée, a le son si foible, qu'à peine est-elle sensible après une longue sonore. De-là vient que notre vers Trochaïque est encore plus sautillant que celui des Latins & que celui des Italiens mêmes. Le caractère de notre langue est donc plus analogue à l'iambe, & ce nombre est pour nos petits vers ce que l'anapeste est pour nos vers de 10 & 12 syllabes. Il y a de plus un avantage à le préférer au chorée : outre que celui-ci est plus léger sans être plus rapide, il laisse plus d'intervale vuide dans le passage d'un vers à l'autre, ce qui en retarde le mouvement, comme je vais le faire sentir. Que notre vers soit Trocaïque à finale muette;

—◡, —◡, —◡, —◡.

tous les nombres en sont complets, & le silence qui le suit est une mesure absolument vuide. Qu'il soit iambique féminin avec la première isolée;

—, ◡—, ◡—, ◡—, ◡.

la finale brève allant se joindre à la longue initiale du vers suivant, forme avec elle un iambe plein; ce nombre roule sans interruption d'un vers à l'autre, & l'oreille ne sent point de vuide dans l'intervale des deux vers. Qu'il soit iambique masculin,

—, ◡—, ◡—, ◡—.

un nombre absolu le termine; mais l'intervale qui le suit ne laisse pas d'être réduit à un seul tems de silence par la syllabe initiale du second vers, qui étant longue en occupe deux. Ainsi, le plus long vuide qui les sépare est d'un tiers de mesure; à-moins que l'initiale du second vers ne soit brève, ce qu'il faut éviter le plus qu'il est possible, par la raison, comme je l'ai dit, que cette syllabe frappée doit pouvoir soutenir la voix. C'est donc une propriété des vers de 7 syllabes, comme de ceux de 10, de se lier l'un à l'autre par des syllabes d'attente, s'il m'est permis de le dire; au-lieu que ceux de 8, comme ceux de 12, sont séparés par un vuide absolu.

A l'initiale isolée du vers de 7 syllabes, ajoûtez une brève qui complette le nombre, & vous aurez le vers de 8 syllabes,

$$\smile -, \smile -, \smile -, \smile -.$$

il peut être aussi Trocaïque;

$$- \smile, - \smile, - \smile, - \smile.$$

& dans l'un & l'autre la mesure est de trois tems, mais d'un mouvement opposé.

Ce renversement de rithme employé avec goût peut ajoûter à l'expression du sentiment ou de l'image; mais s'il arrive à tout propos, il trompe & fatigue l'oreille. Le vers de 8 syllabes se mesure aussi à quatre tems: alors il est composé de trois piés, dont l'un doit être spondée, & les deux autres dactiles, ou équivalens du dactile.

$$--\begin{cases}\cup\cup-\\-\cup\cup\\\cup-\cup\end{cases}\quad\begin{matrix}\cup\cup-\\-\cup\cup\\\cup-\cup\end{matrix}$$

$$\begin{matrix}\cup\cup-\\-\cup\cup\\\cup-\cup\end{matrix}\Big\}\quad--\begin{cases}\cup\cup-\\-\cup\cup\\\cup-\cup\end{cases}$$

$$\begin{matrix}\cup\cup-\\-\cup\cup\\\cup-\cup\end{matrix}\quad\begin{matrix}\cup\cup-\\-\cup\cup\\\cup-\cup\end{matrix}\Big\}--$$

On voit, par les combinaisons dont ces formules sont susceptibles, que ce ne seroit pas mettre le Poëte à l'étroit que de lui en prescrire l'usage. Cependant, on peut m'opposer qu'avec la liberté d'employer des nombres de toute espèce, notre vers de 8 syllabes ne laisse pas d'être harmonieux. Je commence par avouer que c'est celui de tous qu'on a le plus négligé du côté du nombre. On trouve dans nos bons Poëtes une infinité de vers de 10 & de 12 syllabes qui se scandent comme les Latins, sans faire violence à la prosodie ; nos vers de 7 syllabes se décident assez pour la marche ou du chorée ou de l'iambe; mais ceux de 8 changent à chaque pas de cadence & de mouvement. Toutefois j'avoue encore que ces vers ont le don d'en imposer à l'oreille, & que sans aucun nombre ils paroissent nombreux.

Mais cette illusion vient, 1°. de ce qu'en récitant on altère la prosodie pour donner au vers le nombre qu'il n'a pas, & qu'on flatte l'oreille aux dépens de la langue : 2°. de ce que les Poëtes qui l'ont employé dans l'Ode, comme Malherbe & Rousseau, n'ont rien négligé pour le rendre sonore, pompeux, éclatant. On en a fait des Stances ; on y a ménagé des repos ; on en a entrelacé les rimes de différentes manières ; & le jeu symmétrique des desinances, la rondeur des périodes, la beauté des images, l'éclat des paroles, enfin le peu qu'il en coûte à la voix pour soutenir un vers de 8 syllabes, & pour lui donner l'impulsion, tout cela, dis-je, en a imposé. Si l'on en doute, qu'on essaye de mettre en musique la plus belle Ode de Malherbe ou de Rousseau : il n'y a pas deux strophes qui, sans violer la prosodie, suivent un mouvement donné. En seroient-elles mieux, dira-t-on, si l'on y avoit observé le nombre ? Celui qui fera cette question n'a point d'oreille, & mes raisons ne lui en donneroient pas.

Cependant je ne dois pas dissimuler qu'il y a des nombres composés, dont les Anciens faisoient usage pour émouvoir les passions. Platon les trouvoit si dangereux, qu'il déclaroit sérieusement que la République étoit perdue si la Poësie employoit ces nombres ; « Au-lieu (disoit-il) que » tout ira bien tant qu'on n'usera que des » nombres simples ». Il s'en faut bien que nous soyons susceptibles de ces violentes impressions, qui dans la Grèce changeoient les mœurs des peuples & la face des états : nos Législateurs peuvent se dispenser de régler les mouvemens de la Musique & de la Poësie ; mais du plus au moins l'effet du nombre est invariable : ce qui, du tems de Platon exprimoit le trouble de l'ame & le desordre des passions l'exprime encore; & l'effet n'en est qu'affoibli. Dans les nombres composés que l'instinct des Poëtes a choisi pour le vers de 8 syllabes, il seroit donc possible de trouver les élémens de cette harmonie imposante que nous y sentons quelquefois, & dont la cause nous est cachée. La théorie des nombres composés peut aller encore plus loin: elle peut s'étendre jusqu'aux vers de 10 & de 12 syllabes; elle peut donner les moyens d'en varier le caractère, & d'en rendre l'harmonie imitative dans les momens passionnés. Mais c'est un labyrinthe où je n'ose m'engager: il faut pour cela des lumières que je n'ai point, & des recherches que je n'ai pas faites. Pour indiquer mes idées sur l'harmonie de la prose & des vers, je n'ai pris que des nombres simples à trois & à quatre tems de mesure; je n'ai même pas examiné l'usage des piés de 3 syllabes qui excedent le nombre de quatre tems, comme le crétique, – ◡ –; moins encore les piés de 4 syllabes, qui ont cinq, six, ou sept tems de mesure comme les Épitrites & les Poëans (a), si célèbres chez les Anciens : l'analyse de ces élémens eût occupé plus de tems & d'espace que je ne pouvois lui en donner ici. C'est dans un traité du rithme, plus philosophique, plus approfondi que celui d'Isaac Vossius, que ces développemens auroient lieu, & c'est un ouvrage digne d'un homme plus instruit que moi.

Nous avons de petits vers de 6, de 5, de 4, & même de 3 syllabes. Le vers de 6 n'est autre chose qu'un hémistiche de celui de 12 : il doit suivre les mêmes loix. Le plus nombreux & le plus fréquent est composé de deux anapestes. Celui de 5 est d'un spondée, précédé ou suivi d'un pié de 3 syllabes, équivalent du spondée.

(a) L'Epitrite est composé de trois longues & d'une brève; le Poëan, de trois brèves & d'une longue, dans leurs quatre combinaisons.

$--\begin{cases} -\smile\smile \\ \smile\smile- \\ \smile-\smile \end{cases}$

ou bien

$\begin{rcases} -\smile\smile \\ \smile\smile- \\ \smile-\smile \end{rcases}--$

Dans ce petit vers on appuie fur la finale du premier nombre : elle doit pouvoir foutenir la voix : ainfi l'anapefte & le fpondée y font mieux placés que le dactile. L'iambe y tient fouvent la place du fpondée ; & alors le tems qui manque à la mefure de l'iambe eft pris dans l'intervale d'un vers à l'autre : enforte que deux vers, dont le fecond débute par un iambe, font féparés par un tems de filence ; au-lieu que fi le fecond commence par un fpondée, ils fe fuccèdent immédiatement.

Le vers de 4 fyllabes fe divife en deux fpondées, en deux iambes, ou en deux chorées, felon le mouvement donné. Souvent il accouple deux de ces nombres ; mais on doit y éviter l'alliance de l'iambe

& du chorée ; ce sont des nombres ennemis. Voici ses formules les plus régulières.

$$-\!-,\ -\!-.$$
$$\smile-,\ \smile-.$$
$$-\smile,\ -\smile.$$

Le vers de 3 est un dactile, un anapeste,
ou un amphibrache.

$$-\smile\smile.$$
$$\smile\smile-.$$
$$\smile-\smile.$$

Bien entendu que la dernière est au-moins
douteuse, si elle n'est longue ; car c'est le
point d'appui de la voix.

On peut m'objecter que la gêne de la
rime & du sens suffisent à ces petits vers,
sans les assujettir au nombre ; & j'avoue
qu'ils méritent plus d'indulgence que les
grands vers. Mais comme on ne les employe guères qu'en musique & dans des
airs de mouvement, si le Poëte veut que
le Musicien observe la prosodie, il doit
commencer par l'observer lui-même ; &
sur-tout ne pas associer des nombres incompatibles, comme le chorée & l'iambe.

Dans

Dans des vers récités posément, comme les vers Héroïques, deux nombres d'un rithme opposé, le dactile & l'anapeste, par exemple, peuvent se succéder sans étonner l'oreille ; & nous en avons mille exemples dans nos vers les plus harmonieux : aussi n'ai-je pas hésité à les donner pour équivalens l'un de l'autre. Mais dans un mouvement rapide & marqué, comme celui de nos petits vers, la rupture subite du mouvement, & le renversement du nombre, ne peut manquer d'inquietter l'oreille : elle aime à suivre un mouvement donné.

Après avoir considéré le méchanisme du vers en lui-même, il me reste à dire un mot du mélange & de l'arrangement des vers en périodes, stances, ou couplets.

Le mélange des vers est relatif à la rime & à la mesure.

Jamais plus de deux vers de suite qui riment ensemble.

Jamais de suite deux vers masculins ni deux féminins qui ne riment pas.

Jamais de changement de rime au milieu d'un sens.

Voilà les seules règles prescrites dans le mélange des vers relativement à la rime. D'excellens Poëtes les ont négligés, & leurs vers ont d'ailleurs tant de charmes, que l'on est tenté de prendre leurs licences pour des agrémens ; mais il faut se dire une fois pour toutes, que ce n'est jamais le défaut qui plait. Ce qui l'accompagne fait croire qu'on l'aime ; mais en l'imitant on n'imitera pas les beautés qui l'environnent & qui le parent de leurs attraits.

Il faut avouer cependant que des trois règles que je viens d'établir, il en est une qui quoique reçue, ne me paroît pas assez fondée : c'est la défense de mettre de suite plus de deux vers qui riment ensemble.

Les Italiens, qui ont l'oreille aussi délicate que nous, ne font aucune difficulté de tripler la rime (*a*). Racine se l'est per-

---

(*a*) On trouve dans le Poëme du Tasse des Stances, dont tous les vers ont la même finale : voilà l'excès que l'on doit éviter.

mis dans un morceau d'enthousiasme. Les exemples en sont fréquens dans nos Poësies familières, & jamais l'oreille n'en est offensée.

Mais la règle de ne jamais changer la rime au milieu du sens, loin d'être suivie, n'est pas même connue. Il est certain cependant que la période poëtique n'est jamais harmonieuse qu'autant que cette règle est observée fidèlement. Que la rime enjambe d'un sens à l'autre, l'esprit se repose dans l'intervale, & l'oreille reste comme en suspens : c'est à quoi le sentiment répugne. Qui croiroit, par exemple, que ces vers de Chaulieu sont d'une pièce rimée ?

<blockquote>
Il faut encor que mon exemple,
Mieux qu'une stoïque leçon,
T'apprenne à supporter le faix de la vieillesse,
A braver l'injure des ans.
</blockquote>

L'oreille veut suivre le mouvement de la pensée. La première règle de la Stance est donc qu'elle renferme un sens complet ; la seconde, qu'elle soit divisée en

parties égales ou proportionnellement iné-
gales.

Si la Stance est de 4 ou de 5 vers, le sens doit être fini, ou du-moins suspendu à la fin du second; si elle est de 6, la pose doit être après le 3e ou le 4e; de 7 ou de 8, après le 4e; de 9 ou de 10, après le 4e & le 7e. Dans toutes ces divisions vous voyez que les parties de la Stance sont entre elles comme 1 à 1, 1 à 2, 2 à 3, 3 à 4, rapports que l'oreille à choisis, & qu'il seroit bon d'observer, même dans la prose, entre les membres d'une période.

Dans un Poëme composé de stances pareilles, si elles commencent par un vers masculin, il est de règle qu'elles finissent par un vers féminin, & réciproquement, afin que dans le passage d'une stance à l'autre il n'y ait pas de suite deux féminins ou deux masculins non rimés. Toutefois comme les stances sont séparées par un intervale qui peut dérober cette dissonance à l'oreille, je ne crois pas qu'on doive se faire une loi rigoureuse de l'éviter; & les Poëtes les plus harmonieux se sont donné cette licence. Ainsi la Stance de 4 vers ou le Quatrain, peut se combiner de quatre manières : l'*m* indiquera le vers masculin, & l'*f* le vers féminin.

m, *f*, *m*, *f*.
f, *m*, *f*, *m*.

& par licence,

m, *f*, *f*, *m*.
f, *m*, *m*, *f*.

Dans la Stance de 5 vers, l'une des deux rimes est triple, comme dans tous les nombres impairs.

m, *f*, *f*, *m*, *f*.
f, *m*, *m*, *f*, *m*.

& par licence,

m, *f*, *m*, *f*, *m*.
f, *m*, *f*, *m*, *f*. &c.

L'on sait de combien de manières cinq élémens peuvent se combiner ; & il sera facile en consultant l'oreille, de distinguer celles de ces combinaisons qui ont le plus d'harmonie & de grace. En général, plus les vers sont enlacés, plus l'oreille se complait au jeu varié des desinances.

La Stance de 6 vers est composée de deux tercets, ou d'un quatrain & d'un distique. Les deux tercets peuvent se former de trois vers masculins & de trois féminins sur la même rime :

m, f, m : f, m, f.
f, m, f : m, f, m.

ou de quatre vers féminins & de deux masculins, ou de quatre masculins & de deux féminins, rimés deux à deux :

m, m, f : m, m, f.
f, f, m : f, f, m.
m, f, f : m, f, f.
f, m, m : f, m, m.

Les quatre vers masculins ou féminins, au lieu de rimer deux à deux, peuvent rimer tous ensemble; & alors la Stance peut être combinée de deux nouvelles façons :

m, f, m : m, f, m.
f, m, f : f, m, f.

Cela n'est pas permis si la rime change; car il y auroit de suite deux masculins ou deux féminins qui ne rimeroient pas, ce qu'on doit éviter avec soin. Le quatrain & le distique peuvent changer de place ; mais si le distique est masculin, le quatrain qui le suit ou qui le précède doit commencer ou finir par un vers féminin, & *vice versâ*.

La Stance de 7 vers est formée d'un quatrain & d'un tercet : j'ai donné les formules de l'un & de l'autre.

La Stance de 8 vers se divise en deux stances de 4, chacune des deux composée de deux masculins & de deux féminins entrelacés. Quelquefois aussi elle est coupée à l'Italienne,

fffm : fffm.

les féminins à rime triplée ; mais on ne l'employe que dans le chant.

La Stance de 10 vers est composée d'un quatrain & de deux tercets : on peut en multiplier les combinaisons ; mais celles-ci sont les plus familières.

fmfm : ffm : ffm.
mfmf : mmf : mfm.
fmmf : mmf : mfm.

La première de ces formules est celle que Malherbe & Rousseau ont rendue si célebre : c'est la période poëtique la mieux arrondie & la plus pompeuse qu'on puisse donner à nos vers de 8 syllabes. Les vers de 7 la reçoivent aussi, mais ils ne la soutiennent pas avec autant de majesté.

La Stance de 9 vers, n'est que celle de 10 à laquelle il manque un vers du second tercet.

f m f m : f f m : f m.

On voit que le pénultième étant impair, il se trouve sans rime ; mais il se met à l'unisson des deux vers féminins du tercet précédent. Cette stance n'a pas la noblesse & la pompe du dixain ; en revanche elle a une variété, une légèreté qui flatte sensiblement l'oreille. Son agrément résulte des divisions proportionnelles 4, 3 & 2 qu'on y a ménagées, comme pour en diminuer le poids & en accélérer la marche.

La Stance est composée, tantôt de vers de mesure égale, comme de 7, de 8, de 12 syllabes ; tantôt d'un mélange de vers inégaux. Mais ce mélange que l'on croit arbitraire ne l'est pas: il n'a pour règle que le sentiment, & il n'en est que plus difficile. Cependant, si l'on étudie le méchanisme de nos vers, & si l'on prend soin d'en observer les nombres, on se rendra bien-tôt raison de la prédilection ou de la répugnance de l'oreille pour tel ou tel mélange de vers. On sentira, par exemple, pourquoi le petit vers de 6 entre si naturellement dans une Stance composée de vers de 12; pourquoi un petit vers de 4, dont la première est une longue détachée, suivie d'un dactile ou de l'équivalent, se mêle si bien avec des vers de 10: c'est que l'un de ces vers étant l'hémistiche de l'autre, le mouvement est soutenu, & le passage est insensible. Mais qu'à la place du vers de 6 ou de 4 syllabes, on mette un vers Anacréontique, le caractère de l'expression change avec le nombre; la période, qui d'abord a pris la marche du dactile & du spondée, la quitte pour celle de l'iambe; & l'oreille est alors comme un coursier délicat & sensible, qu'une main capricieuse presse ou retient sans savoir pour quoi. Il y a sans doute des effets d'harmonie auxquels les mouvemens rompus sont favorables ; & ces exceptions, fondées sur l'analogie de l'expression avec le sentiment & l'image, loin de détruire la règle, ne font que la justifier. Tant que la marche de la pensée est égale & soutenue, la marche de la Stance doit l'être ; celle-ci ne doit changer que pour obéir à celle-là.

On peut m'opposer que dans un Poëme comme l'Ode, où les mouvemens de l'ame & les tableaux de l'imagination sont si rapidement variés, la coupe des stances & les nombres du vers devroient donc se varier de même, & je serois bien de ce sentiment : c'est ce que j'ai même souvent admiré, non pas dans les Odes Françoises, mais dans les Fables de Lafontaine, l'un de nos Poëtes les plus harmonieux. Cette liberté de rompre la mesure & de changer le mouvement, est le plus grand avantage de nos vers libres, lorsqu'on sait en user à propos. Cependant je ne pense pas que l'égalité des stances soit incompatible avec la variété des mouvemens. On a pu voir en combien de nombres différens pouvoit se varier le metre; & le vers Anacréontique, de tous les vers le plus décidé, ne laisse pas de s'accommoder dans le chant à mille modulations différentes. Mais c'est sur-tout au vers de 8 syllabes qu'on peut donner tous les caractères de l'harmonie & de l'expression, vû sa docilité à prendre tour-à-tour la marche du spondée & du dipirriche, du dactile & de l'anapeste, du chorée & de l'iambe, du poëan même & de l'épitrite, au gré de l'oreille & du sentiment. De-là vient qu'il se mêle aux vers de 12 syllabes avec beaucoup de grace & de majesté. Mais il exige d'autant plus de soin que l'harmonie en est plus libre. L'art n'est jamais si difficile que lorsque la règle l'abandonne, & que le seul instinct le conduit.

Dans mes observations sur le physique de la langue, j'ai pu me faire illusion: je ne les donne pas comme des règles sûres; mais j'ose promettre à celui qui voudra bien les vérifier, que son oreille se perfectionnera en recherchant les erreurs de la mienne.

CHAPITRE VIII.

De l'invention.

POUR concevoir l'objet de la Poësie dans toute son étendue, il faut oser considérer la Nature comme présente à l'Intelligence suprême. Alors, non-seulement l'état actuel des choses, mais le cahos, son développement, les métamorphoses, les révolutions de ce tout immense & de ses parties; les phénomènes innombrables qu'ont dû produire la circulation de la matière d'après les loix du mouvement, & le commerce mutuel de la pensée & du mouvement d'après les loix de l'union de l'esprit & de la matière; tout ce qui dans le jeu des élémens, dans l'organifation des êtres vivans, animés, fenfibles, a pu concourir à varier le fpectacle mobile & fucceffif de l'univers, eft réuni dans le même tableau. Ce n'eft pas tout: à l'ordre préfent, aux viciffitudes paffées, fe joint la chaîne infinie des poffibles, d'après l'effence même des êtres, & nonfeulement ce qui eft, mais ce qui feroit dans l'immenfité du tems & de l'efpace, fi la Nature développoit jamais le tréfor inépuifable des germes renfermés dans fon fein. C'eft ainfi que Dieu voit la Nature; c'eft ainfi que felon fa foibleffe le Poëte doit la contempler. S'emparer des caufes fecondes; les faire agir dans fa penfée, felon les loix de leur harmonie; réalifer ainfi les poffibles; raffembler les débris du paffé; hâter la fécondité de l'avenir; donner une exiftence apparente & fenfible à ce qui n'eft encore & ne fera peut-être jamais que dans l'effence idéale des chofes: c'eft ce qu'on appelle inventer. Il ne faut donc pas être furpris fi l'on a regardé le génie poëtique comme une émanation de la Divinité même; *Ingenium cui sit, cui mens divinior;* & si l'on a dit de la Poésie qu'elle sembloit disposer les choses avec le plein pouvoir d'un Dieu: *Videtur sane res ipsas velut alter Deus condere.* On voit par-là combien le champ de la fiction doit être vaste, & combien l'inventeur qui s'élance dans la carrière des possibles laisse loin de lui l'imitateur fidèle & timide qui peint ce qu'il a sous les yeux.

<small>Horat.</small>

<small>Scalig.</small>

Ramenons cependant à la vérité pratique ces spéculations transcendantes. Tout ce qui est possible n'est pas vraisemblable: tout ce qui est vraisemblable n'est pas intéressant. La vraisemblance consiste à n'attribuer à la Nature que des procédés conformes à ses loix & à ses facultés connues; or cette préscience des possibles ne s'étend guères au-delà des faits. Notre imagination devancera bien la Nature à quelque pas de la réalité; mais à une certaine distance, elle s'égare & ne reconnoît plus le chemin qu'on lui fait tenir. Je le ferai voir en traitant du merveilleux dans la fiction. D'un autre côté, rien ne nous touche que ce qui nous approche, & l'intérêt tient aux rapports que les objets ont avec nous-mêmes: or des possibles trop éloignés n'ont plus avec nous aucun rapport ni de ressemblance ni d'influence. Ainsi le genie poëtique ne fût-il pas limité par sa propre foiblesse & par le cercle étroit de ses moyens, il le seroit par notre manière de concevoir & de sentir. Le spectacle qu'il donne est fait pour nous, il doit pour nous plaire se mesurer à la portée de notre vûe. On reproche à Homère d'avoir fait des hommes de ses dieux; & que vouloit-on qu'il en fît ayant à les peindre à des hommes ? Ovide pour nous rendre sensible le palais du Dieu de la lumière, n'a-t-il pas été obligé de le bâtir avec des grains de notre sable, les plus luisans qu'il a pu choisir ? Inventer, ce n'est donc pas se jetter dans des possibles auxquels nos sens ne peuvent atteindre ; c'est combiner diversement nos perceptions, nos affections, ce qui se passe au milieu de nous, autour de nous, en nous-mêmes.

Le froid copiste, je l'avoue, ne mérite pas le nom d'inventeur ; mais celui qui découvre, saisit, développe dans les objets ce que n'y voit pas le commun des hommes, celui qui compose un tout idéal & nouveau d'un assemblage de choses connues, ou qui donne à un tout existant une grace, une beauté nouvelle, celui-là, dis-je, est Poëte, ou Corneille & Homère ne le sont pas. Le fond de l'Iliade & de Cinna étoit connu. La gloire des Poëtes qui l'ont ennobli est donc toute dans l'invention des moyens & des circonstances. Je dis plus : parmi les Poëmes qui nous ravissent il en est peu dont le mérite & le succès tiennent à une combinaison de choses singulières & nouvelles ; ce n'est point là ce qui rendra l'Æneide immortelle ; ce n'est point là ce qui élève la Phèdre de Racine au-dessus de celle de Pradon.

Le Tasse. *Novo sara il Poëma, in cui nuova sara la testura di nodi, nuove le solutioni, nove gli episodii.*

L'histoire,

L'Histoire, la scène du monde, donnent quelquefois les causes sans les effets, quelquefois les effets sans les causes, quelquefois les causes & les effets sans les moyens, plus rarement le tout ensemble. Il est certain que plus elle donne, moins elle laisse de gloire au génie. Mais en supposant même que le tissu des événemens soit tel, que la vérité dérobe à la fiction le mérite de l'ordonnance ; pourvû que le Poëte s'applique à donner aux mœurs, aux descriptions, aux tableaux qu'il imite, cette vérité intéressante qui persuade, touche, captive, & saisit l'ame des lecteurs ; ce talent de reproduire la Nature, de la rendre présente aux yeux de l'esprit, suffira pour élever l'Imitateur au-dessus de l'Historien, du Philosophe & de tout ce qui n'est pas Poëte.

Si la matière de la Poësie étoit la même que celle de l'Histoire, dit Castelvetro, elle ne seroit plus une ressemblance, mais la réalité même ; & c'est d'après ce sophisme qu'il refuse le nom de Poëte à celui qui, comme Lucain, s'attache à la vérité historique.

Sans doute le décorateur, qui pour représenter sur le théâtre une cascade, employeroit de l'eau, renonceroit à la gloire du Peintre, au mérite de l'illusion; & l'on auroit raison de dire, ce n'est plus la ressemblance, c'est la réalité; ce n'est plus l'art, c'est la nature. Il en seroit de même du Poëte, s'il faisoit dire & penser à ses personnages ce qu'ils ont dit & pensé réellement ou selon l'histoire : par exemple, si l'Auteur de Rome sauvée avoit mis dans la bouche de Catilina les harangues mêmes de Salluste, & dans la bouche du Consul des morceaux pris de ses oraisons. Mais si d'après un caractère connu dans l'histoire ou dans la société, le Poëte invente les idées, les sentimens, le langage qu'il lui attribue; plus il persuade qu'il ne feint pas, & plus il excelle dans l'art de feindre. Nous croyons tous avoir entendu ce que disent les Acteurs de Moliere, nous croyons les avoir connus : c'est le prestige de sa composition; & c'est à force d'être Poete qu'il fait croire qu'il ne l'est pas.

Ainsi, les sujets les plus favorables, comme les plus critiques, sont quelquefois ceux que la Nature a placés le plus près de nous, mais que nous voyons, comme on dit, sans les voir, & dont l'imitation réveille en nous le souvenir par l'attention qu'elle recueille. Je dis, *les plus favorables*, parce que la ressemblance en étant plus sensible, & le rapport avec nous-mêmes plus immédiat, plus touchant, nous nous y intéresson sdavantage : je dis aussi *les plus critiques*, parce que la comparaison de l'objet avec l'image étant plus facile, nous sommes des juges plus éclairés & plus sévères de la vérité de l'imitation.

Ce qu'appréhendent les spéculateurs, c'est que la gloire de l'invention ne manque au génie du Poëte ; & afin qu'il ne soit pas dit qu'il n'a rien mis du sien dans sa composition, ils l'ont obligé à ne prendre des Historiens & des anciens Poëtes que les faits ; & à changer les circonstan-

X ij

ces des tems, des lieux & des personnes. C'est à ce déguisement facile & vain qu'on attache le mérite de l'invention, le triomphe de la Poësie ; & tandis qu'on attribue à un plagiaire adroit toute la gloire du Poëte, on refuse le titre de Poëme aux Georgiques de Virgile, & à tout ce qui ne traite que des sciences & des arts. *Non v'havendo il Poeta, parte niuna per laquale si possa vantare d'essere Poeta* (dit Castelvetro), quand même il seroit inventeur (ajoûte-t-il) ; « car alors il n'auroit fait que » découvrir la vérité qui étoit dans la nature » des choses. Il seroit Artiste, Philosophe » excellent, mais il ne seroit pas Poëte ». Voilà où conduit une équivoque de mots quand les idées n'ont pour appui qu'une théorie vague & confuse. « La Poësie est » une ressemblance ; donc tout ce qui a son » modèle dans l'Histoire ou dans la Nature » n'est pas de la Poësie ». Ainsi raisonne Castelvetro. Quintilien avoit le même préjugé, quand il croyoit devoir placer Lucain au nombre des Rhéteurs plûtôt qu'au nombre des Poëtes. Scaliger s'y est mépris d'une autre façon, en n'accordant la qualité de Poëte à Lucain que parce qu'il a écrit en vers, & en faveur de quelques incidens merveilleux dont il a orné son Poëme. Ces Critiques auroient dû voir que la difficulté n'est pas de déplacer & de combiner diversement des faits arrivés mille fois, comme un massacre, une tempête, un incendie, une bataille & tous ces événemens, si communs dans les annales de la malheureuse humanité; mais de les rendre présens à la pensée par une peinture fidèle & vivante. C'est-là le vrai talent du Poëte & le mérite de Lucain. Il ne falloit pas beaucoup de génie pour imaginer que la femme de Caton, qu'il avoit cédée à Hortensius, vint après la mort de celui-ci, supplier Caton de la reprendre; mais que l'on me cite dans l'antiquité un tableau d'une ordonnance plus belle & plus simple, d'un ton de couleur plus rare & plus vrai, d'une expression plus naturelle & plus singulière en même tems, que ce triste &

X iij

pieux hyménée (a). C'est aussi le talent de peindre qui caractérise le poëme Didactique, & qui le distingue de tout ce qui ne fait que décrire sans imiter.

N'ayons égard ni aux épisodes que Virgile a mêlés à ses leçons d'agriculture, ni aux traits de fable qu'il employe pour embellir les plus petits détails : détachons, par exemple, de la métamorphose de Nisus & de Sylla, ce vers qui exprime la fuite de l'alouette à l'approche du vautour,

Illa levem fugiens raptim secat æthera pennis.

n'est-ce plus de la Poësie ? Le Tasse se laissant aller au préjugé que je viens de combattre, définit la Poësie, *l'imitation des choses humaines*, & se trouve par-là obligé d'en exclure un des plus beaux morceaux de Virgile : *ne Poëta Virgilio descrivendo ci i costumi, e le leggi, e le guerre dell'api*. Mais bien-tôt il franchit les limites qu'il vient de prescrire à la Poësie, & lui donne pour objet la Nature entière : *la perfettissima Poë-*

(a) La Pharsale, L. 2.

sia imita le cose che sono, che furono, e che possono essere. Ce qui comprend les faits particuliers comme les causes générales, & les animaux, les élémens eux-mêmes, comme les hommes & les dieux: *de gli elementi, ancora che sono nel infimo grado, saran soggetti d'ella Poësia.* Voilà donc les Georgiques de Virgile rétablies au rang des Poëmes. Et le moyen de leur refuser ce titre, quand même elles seroient réduites aux préceptes les plus simples, & n'y eût-il que la manière dont ces préceptes y sont tracés ? Que Virgile prescrive de laisser sécher au soleil les herbes que le soc déracine,

Pulverulenta coquat maturis solibus æstas.

d'enlever le chaume après la moisson,

Sustuleris fragiles calamos silvamque sonantem.

de le brûler dans le champ même,

Atque levem stipulam crepitantibus urere flammis.

de faire paître les bleds en herbe s'ils poussent avec trop de vigueur,

Luxuriem segetum tenerâ depascit in herbâ.

quel coloris, quelle harmonie! voilà cette

Poësie de style, qui seule mériteroit aux Georgiques le nom de Poëme inimitable, & si Castelvetro demande à quel titre? Je répondrai, parce que tout s'y peint; & si ce n'est point assez des images détachées, je lui rappellerai ces descriptions si belles du printems, de la vie rustique, des amours des animaux, &c. tableaux peints d'après la Nature. Toutefois n'allons pas jusqu'à prétendre que la Poësie de style, qui fait le mérite essentiel du Poëte didactique, l'élève seule au rang des Poëmes où l'invention domine. Il y a plus de génie dans l'épisode d'Orphée que dans tout le reste du Poëme des Georgiques; plus de génie dans une scène de Britannicus, du Misantrope, ou de Rodogune, que dans tout l'Art Poëtique de Boileau. Je crois l'avoir démontré en parlant des talens du Poëte.

Les divers sens qu'on attache au mot d'invention, sont quelquefois si opposés, que ce qui mérite à peine le nom de Poëme aux yeux de l'un, est un Poëme par excellence au gré de l'autre. D'un côté, l'on refuse à la Comédie le génie poëtique, parce qu'elle imite des choses familières & qui se passent au milieu de nous. De l'autre, on lui attribue la gloire d'être plus inventive que l'Épopée elle-même. *Tantum abest ut Comedia Poëma non sit, ut penè omnium & primum & verum existimem. In eo enim ficta omnia & materia quæsita tota* (Scal.) Ainsi chacun donne dans l'excès. Je suis bien persuadé qu'il n'y a pas moins de gloire à former dans sa pensée les caractères du Misantrope & du Tartuffe, qu'à imaginer ceux d'Ulisse, d'Achile & de Nestor; mais je n'en conclus pas que la Comédie du Tartuffe ou du Misantrope soit au niveau de l'Iliade. Homère & Moliere ont peint la Nature, & l'ont mise en action avec une vérité merveilleuse: ils sont Poëtes par excellence. A présent lequel des deux genres suppose le génie le plus élevé, le plus de talens réunis? C'est sans contredit l'Épopée.

Que le sujet soit pris dans l'ordre des faits ou des possibles, près de nous ou loin de nous, cela est égal ; mais ce qui ne l'est pas, c'est que le fond en soit heureux & riche : de-là dépend la facilité, l'agrément du travail, le courage & l'émulation du Poëte, & souvent le succès du Poëme. Il arrive cependant que pour n'avoir pas assez réfléchi à cette première opération du génie, on s'épuise en recherches vagues ; & l'irrésolution se termine souvent à choisir entre vingt sujets, pris & rejettés tour-à-tour, le plus stérile & le plus ingrat.

Il est possible que l'histoire, la fable, la société vous présentent un tableau disposé à souhait ; mais les exemples en sont bien rares. Le sujet le plus favorable est toûjours foible & défectueux par quelque endroit. Il ne faut pas se laisser décourager aisément par la difficulté de suppléer à ce qui lui manque ; mais aussi ne faut-il pas se livrer avec trop de confiance à la séduction d'un côté brillant : c'est l'écueil des jeunes Poëtes. Un caractère singulier, une situation touchante, un moment pathétique leur élevent l'ame, leur échauffent l'imagination; ils comptent fur les reffources de leur génie pour le refte, & s'abandonnent au feu de la compofition, fans s'appercevoir que l'endroit qui les éblouit épuife toutes leurs richeffes, & laiffe après lui la ftérilité.

Avant que l'on fe fût permis le changement de lieu fur notre théâtre, il étoit comme impoffible de tirer cinq actes du fujet de Coriolan, & cependant combien de fois, à l'appât de deux belles fcènes, a-t-on entrepris de l'exécuter ? Il en eft de même du fujet de Régulus, qui réduit à l'unité de lieu, ne peut guère avoir qu'un bel acte. Racine, jeune encore, fe laiffa féduire par la réponfe de Porus à Alexandre ; mais un mot fublime, un beau caractère ne fait pas une Tragédie.

Un Poëme eft un édifice dont toutes les parties doivent concourir à la folidité, à la beauté du tout ; ou plûtôt, c'eft une machine dans laquelle tout doit être combiné pour produire un mouvement commun. Le morceau le mieux travaillé n'a de valeur qu'autant qu'il est une pièce essentielle de la machine, & qu'il y remplit exactement sa place & sa destination. Ce n'est donc jamais la beauté de telle ou telle partie qui doit déterminer le choix du sujet. Dans l'Épopée, dans la Tragédie, le mouvement que l'on veut produire c'est une action intéressante, & qui dans son cours répande l'illusion, l'inquiétude, la surprise, la terreur & la pitié. Les premiers mobiles de l'action chez les Grecs, ce sont communément les dieux & les destins ; chez nous, les passions humaines ; les roues de la machine, ce sont les caractères ; l'intrigue en est l'enchaînement ; & l'effet qui résulte de leur jeu combiné, c'est l'illusion, le pathétique, le plaisir & l'utilité. On dira la même chose de la Comédie, en mettant le ridicule à la place du pathétique. Ainsi de tous les genres de Poësie, relativement à leur caractère, & à la fin qu'ils se proposent. On n'a donc pas inventé un sujet lorsqu'on a trouvé quelques pièces de cette machine, mais lorsqu'on a le fyftème complet de fa compofition & de fes mouvemens.

Il faut avoir éprouvé foi-même les difficultés de cette première difpofition pour fentir combien frivoles & puérilement importunes font ces règles dont on étourdit les Poëtes, d'inventer la fable avant les perfonnages, & de généralifer d'abord fon action avant d'y attacher les circonftances particulières des tems, des lieux & des perfonnes. Peut-on vouloir réduire en méthode la marche de l'imagination, & la rencontre accidentelle & fortuite des idées ? Il eft certain que s'il fe préfente aux yeux du Poëte une fable anonyme intéreffante, il cherchera dans l'hiftoire une place qui lui convienne, & des noms auxquels l'adapter ; mais falloit-il abandonner le fujet de Cinna, de Brutus, de la mort de Céfar, parce qu'il n'y avoit à changer ni les noms, ni l'époque, ni le lieu de la fcène ? Il eft tout fimple que les fujets comiques fe préfentent fans aucune circonftance particulière de lieu, de tems

& de personnes ; mais combien de sujets héroïques ne viennent dans l'esprit du Poëte qu'à la lecture de l'histoire ? Faut-il pour les rendre dignes de la Poésie, les dépouiller des circonstances dont on les trouve revêtus ? Je veux croire avec Lebossu, qu'Homère, comme Lafontaine, commença par inventer la moralité de ses Poëmes, & puis l'action, & puis les personnages. Mais supposons que de son tems on sût par tradition, qu'au siège de Troie, les héros de la Grèce s'étoient disputé une esclave, qu'un sujet si vain les avoit divisés, que l'armée en avoit souffert, & que leur réconciliation avoit seule empêché leur ruine ; supposons qu'Homère se fût dit à lui-même, Voilà comme les peuples sont punis des folies des Rois : il faut faire de cet exemple une leçon qui les étonne. Si c'étoit ainsi que lui fût venu le dessein de l'Iliade, Homère en seroit-il moins Poëte, l'Iliade en seroit-elle moins un Poëme, parce que le sujet n'auroit pas été conçu par abstraction & dénué de ses circonstances ? En vérité les Arts de génie ont assez de difficultés réelles sans qu'on leur en fasse de chimériques. Il faut prendre un sujet comme il se présente, & ne regarder qu'à l'effet qu'il est capable de produire. Intéresser, plaire, instruire, voilà le comble de l'Art, & rien de tout cela n'exige que le sujet soit inventé de telle ou de telle façon.

Dans l'invention des sujets héroïques, ce qui occupoit le moins les Anciens, est ce qui doit nous occuper le plus, savoir les mœurs & les caractères. Je viens d'observer qu'ils avoient pour premiers mobiles la volonté des dieux, la fatalité. Or avec de tels agens on n'a pas besoin que le malheureux, qui en est le jouet & la victime, ait un caractère décidé. Pour intéresser, il suffit qu'il soit homme & qu'il ne soit pas tout-à-fait méchant. Une Philosophie plus saine & plus utile nous a fait placer dans le cœur humain le ressort qui le fait agir : cette révolution, qui a changé le système de la Tragédie & peut-être celui de l'Épopée, est l'ouvrage du grand Corneille. J'examinerai dans la suite si nous y avons perdu ou gagné. Quoi qu'il en soit, il n'y a plus moyen de retourner sur les traces des Anciens. Il faut s'en tenir aux passions humaines.

Si le sujet en lui-même est intéressant; si les caractères ont de l'activité; si les sentimens qui les animent ont du ressort, de l'énergie; s'ils sont opposés de manière à se presser, à s'animer l'un l'autre, on doit être peu en peine des situations & des tableaux : l'action les amène tous naturellement, & l'on est surpris de les voir se présenter & se placer d'eux-mêmes. Pénétrons dans le cabinet du Poëte, & voyons-le occupé du choix & de la disposition d'un sujet.

Parmi cette foule d'idées que la lecture & la réflexion lui présentent, il lui vient celle d'un usurpateur, qui de deux enfans nourris ensemble, ne sait plus lequel est son fils, lequel est fils du Roi légitime dont il veut éteindre la race.

Le

Le Poëte dans cette masse d'idées voit de quoi exciter l'inquiétude, la terreur & la pitié; il la pénètre, la développe, & voici à peu près comment.

Ces deux enfans peuvent avoir été confondus par leur nourrice; mais si la nourrice n'est plus, on est sûr que le secret de l'échange est enseveli avec elle: le nœud n'a plus de dénouement. Si elle est vivante & susceptible de crainte, l'action ne peut plus être suspendue : l'aspect du supplice fera tout avouer à ce témoin foible & timide. Le Poëte établit donc le caractère de cette femme comme la clef de la voute. Elle aime le sang de ses maîtres, déteste la tyrannie, brave la mort, & s'obstine au secret. Ce n'est pas tout: si le tyran n'est qu'ambitieux & cruel, sa situation n'est pas assez pénible. Il peut même être barbare au point d'immoler son fils, plûtôt que de risquer que son ennemi ne lui échappe, & trancher ainsi le nœud de l'intrigue. Que fait le Poëte? Au puissant motif de perdre l'héritier du trône, il op-

Tome I. Y

pose l'amour paternel, ce grand ressort de la nature; & dès-lors voyez comme son sujet devient pathétique & fécond. Le tyran va, sur des lueurs de sentimens, sur des soupçons & des conjectures, balancer entre ses deux victimes; & les menacer tour-à-tour. Mais si l'un des deux Princes étoit beaucoup plus intéressant que l'autre par son caractère, il n'y auroit plus cette alternative de crainte qui met l'ame des spectateurs à l'étroit, & qui rend la situation si pressante & si terrible : le Poëte qui veut qu'on frémisse pour tous les deux tour-à-tour, les fait donc vertueux l'un & l'autre ; & dès-lors non-seulement le tyran ne sait plus lequel choisir pour son fils, mais lorsqu'il veut se déterminer, aucun des deux ne consent à l'être. De cette combinaison de caractères naissent comme d'elles-mêmes ces belles situations qu'on admire dans Héraclius,

Devine si tu peux, & choisis si tu l'oses....
O malheureux Phocas! ô trop heureux Maurice!

Tu retrouve deux fils pour mourir après toi;
Et je n'en puis trouver pour régner après moi.

Comment s'est fait le double échange qui a trompé deux fois le tyran ? sur quel témoignage chacun des deux Princes se croit-il Héraclius ? par quel moyen Phocas les va-t-il réduire à la nécessité de décider son choix ? quel incident, au fort du péril, tranchera le nœud de l'intrigue & produira la révolution ? tout cela s'arrange dans la pensée du Poëte comme l'eût disposé la Nature elle-même si elle eût médité ce beau plan. C'est ainsi que travailloit Corneille. Il ne faut donc pas s'étonner si l'invention du sujet lui coûtoit plus que l'exécution.

Quand la fable n'a pas été combinée avec cette méditation profonde, on s'en apperçoit au défaut d'harmonie & d'ensemble, à la marche incertaine & laborieuse de l'action, à l'embarras des développemens, au mauvais tissu de l'intrigue, & à une certaine répugnance que nous avons à suivre le fil des événemens.

La marche d'un Poëme, quel qu'il soit, doit être celle de la Nature, c'est-à-dire, telle qu'il nous soit facile de croire que les choses se sont passées comme nous les voyons. Or dans la Nature les idées, les sentimens, les mouvemens de l'ame ont une génération qui ne peut être renversée sans un renversement de la Nature même. Les événemens ont aussi une suite, une liaison que le Poëte doit observer, s'il veut que l'illusion se soutienne. Des incidens détachés l'un de l'autre, ou mal-adroitement liés, n'ont plus aucune vraisemblance. Il en est du moral comme du physique, & du merveilleux comme du familier : pour que la contexture de la fable soit parfaite, il faut qu'elle ne tienne au-dehors que par un seul bout. Tous les incidens de l'intrigue doivent naître successivement l'un de l'autre, & c'est la continuité de la chaîne qui produit l'ordre & l'unité. Les jeunes gens dans la fougue d'une imagination pleine de feu, négligent trop cette règle importante. Pourvû qu'ils excitent du tumulte sur la scène, & qu'ils forment des tableaux frappans, ils s'inquiettent peu des liaisons, des gradations & des passages. C'est par-là cependant qu'un Poëte est le rival de la Nature, & que la fiction est l'image de la vérité. Mais je me reserve d'insister sur ce point dans le chapitre de la Tragédie.

C'est peu d'inventer la masse du sujet, & de le disposer selon le plan & les procédés de la Nature ; il reste encore des détails à tirer du fond du sujet même, & c'est un génie différent du premier.

Il y a pour le Poëte, comme pour le Peintre, des modèles qui ne varient point. Pour se les retracer fidèlement, il faut une imagination vive & rien de plus : pour les peindre il suffit de savoir manier la langue, qui est à-la-fois le pinceau & la palette de la Poësie. Mais il y a des détails d'une nature mobile & changeante, dont le modèle ne tient pas : l'Artiste alors est obligé de peindre d'après le miroir de la pensée, & c'est-là qu'il est difficile de donner à l'imitation, cet air de vérité qui nous séduit & qui nous enchante. Aussi la Peinture & la Sculpture préferent-elles la Nature en repos à la Nature en mouvement, & cependant elles n'ont jamais qu'un moment à saisir & à rendre; au-lieu que la Poësie doit pouvoir suivre la Nature dans ses progrès les plus insensibles, dans ses mouvemens les plus rapides, dans ses détours les plus secrets. Virgile & Racine avoient supérieurement ce génie inventeur des détails : Homère & Corneille possédoient au plus haut degré le génie inventeur de l'ensemble. Mais un don plus rare que celui de l'invention, c'est celui du choix. La Nature est présente à tous les hommes, & presque la même à tous les yeux. Voir n'est rien ; discerner est tout : & l'avantage de l'homme supérieur sur l'homme médiocre, est de mieux saisir ce qui lui convient.

CHAPITRE IX.
Du choix dans l'Imitation.

ON ne cesse de dire aux Arts, Imitez la belle Nature. Mais qu'est-ce que la belle Nature? est-ce l'ordre, l'harmonie, les proportions qui nous font dire: Voilà un beau désert, un bel orage, de belles ruines ? La beauté consiste, dit-on, dans l'aptitude que donnent à un composé l'ordre & l'accord de ses parties à remplir sa destination: ainsi l'on définit, selon l'idée de Socrate, la beauté individuelle, la forme la plus favorable aux fonctions de l'être & à son usage. Mais cette beauté philosophique est relative à l'ordre universel des choses. Nous l'appercevons par réflexion bien plus que par sentiment; & dans ce sens-là il est tout aussi raisonnable de dire, *tout est beau*, que de dire, *tout est bien*. Ce n'est donc pas ce qu'on doit entendre par la beauté poëtique, & cette idée abstraite & vague ne suffit pas pour éclairer le choix du Poëte dans l'imitation.

L'Auteur du Poëme sur l'Art de peindre, a fait voir que la belle Nature n'est pas la même dans un Faune que dans un Apollon, & dans une Vénus que dans une Diane. En effet, l'idée du beau individuel varie sans cesse, par la raison qu'elle n'est point absolue, & que tout ce qui dépend des relations doit changer comme elles. Pour généraliser cette idée il a donc fallu l'étendre vaguement à tout ce qui est tel qu'il doit être. *Accedat apta dispositio, & partium inter se mutuus concentus.* Mais quel est cet accord des parties d'où résulte la beauté du tout ? C'est ce qu'on laisse à deviner. « La qualité de l'objet n'y fait rien (dit M. l'Abbé Lebateux) « que ce soit un » hydre, un avare, un faux dévot, un Né- » ron, dès qu'on les a présentés avec tous » les traits qui peuvent leur convenir, on a » peint la belle Nature ». Je veux le croire, & sans examiner si l'ame d'un Néron est ce qu'on entend & ce qu'on doit entendre par la belle Nature, je demande seulement

[marginal note: Isaac Vossius.]

quels sont les traits qui conviennent à un bel arbre ? pourquoi le Peintre & le Poëte préferent le vieux chêne brisé par les vents, brûlé, mutilé par la foudre, au jeune orme dont les rameaux forment un si riant ombrage ? pourquoi l'arbre déraciné qui couvre la terre de ses débris,

Spargendo a terra le sue spoglie ecelse,   Dante.
Monstrando a l'sol la sua squallida sterpe.

pourquoi cet arbre est plus précieux au Peintre & au Poëte, que l'arbre qui dans sa vigueur fait l'ornement des bords qui l'ont vû naître ? M. Racine le fils distingue dans l'imitation deux sortes de vrai, le simple & l'idéal. « L'un (dit-il) imite la Nature telle » qu'elle est, l'autre l'embellit ». Cela est clair ; mais il y ajoûte un vrai composé, ce qui n'est plus si facile à entendre ; car chacun des traits répandus dans la Nature étant le vrai simple, & leur assemblage étant le vrai idéal, quel sera le vrai composé, si ce n'est le vrai idéal lui-même ? Un mendiant se présente à la porte d'Eumée, voilà le vrai simple ; ce mendiant est Ulysse, voilà le vrai idéal ou composé : ces deux termes sont synonymes. Mais ne disputons pas sur les mots.

« Le vrai idéal rassemble des beautés » que la Nature a dispersées ». Je le veux bien. Maintenant, à quel signe les reconnoître ? où est le beau ? où n'est-il pas ? Voilà le nœud qu'il falloit dénouer.

L'idée de grandeur & de merveilleux que M. R. attache au vrai idéal, & la nécessité dont il est, dit-il, dans les sujets les plus simples, ne nous éclaire pas davantage. Il pose en principe, que le Poëte doit parler à l'ame & l'enlever ; & il en conclut, qu'on ne doit pas employer le langage de la Poësie à dire des choses communes. Mais en supposant que le Poëte dût toûjours parler à l'ame, seroit-il décidé pour cela qu'il dût toûjours s'enlever ? dédaignera-t-elle les choses communes dont le tableau simple & naïf peut la toucher, l'émouvoir doucement ? Il y a des choses qu'on est las de voir, & dont l'imitation est usée : voilà celles qu'il est bon d'éviter.

Mais il y a des choses très-simples sur lesquelles nos esprits n'ont jamais fait que voltiger sans réflexion, & qui ne laissent pas d'avoir de quoi plaire. Le Poëte qui a su les tirer de la foule, les placer avec avantage, & les peindre avec agrément, nous fait donc un plaisir nouveau; & pour nous causer une douce surprise, ce vrai n'a besoin d'aucun mélange de grandeur ni de merveilleux. Dans le fait, si M. Racine le fils exclut de la Poësie *les choses communes & simplement décrites*, qu'est-ce donc à son avis, que les détails qui nous charment dans les Georgiques de Virgile? Y a-t-il rien de plus commun dans la Nature, & de plus simplement exprimé ? Lorsqu'un des Bergers de Théocrite ôte une épine du pied de son compagnon, & lui conseille de ne plus aller nuds pieds, ce tableau ne nous fait aucun plaisir, je l'avoue ; mais est-ce à cause de sa simplicité ? Non: c'est qu'il ne réveille en nous aucune idée, aucun sentiment qui nous plaise. L'Idile de Gesner, où un Berger trouve son pere endormi, n'a rien que de très-simple; & cependant elle nous plaît, parce qu'elle nous attendrit. Ce n'est point une Nature prise de loin; c'est la piété d'un fils pour un pere, & heureusement rien n'est plus commun. Lorsqu'un des Bergers de Virgile dit à son troupeau :

Ite, meæ, fœlix quondam pecus, ite capellæ :
Non ego vos posthac, viridi projectus in antro,
Dummosâ pendere procul de rupe videbo.

ces vers, le plus parfait modèle du style pastoral, nous font un plaisir sensible, & cependant où en est le merveilleux ? C'est le naturel le plus pur; mais ce naturel est intéressant, & la simplicité même en fait le charme.

Le vrai simple n'a donc pas toûjours besoin d'être relevé, ennobli par les circonstances & par des beautés prises çà & là. Mais en le supposant, au-moins faut-il savoir à quel caractère les distinguer pour les recueillir; & cette Nature idéale est un labyrinthe dont Socrate lui seul nous a donné le fil. « Pensez-vous (disoit-il à Alci-

» biade) que ce qui est bon ne soit pas
» beau ? n'avez-vous pas remarqué que ces
» qualités se confondent ? La vertu est
» belle dans le même sens qu'elle est bon-
» ne.... La beauté des corps résulte aussi
» de cette forme qui constitue leur bonté ;
» & dans toutes les circonstances de la
» vie le même objet est constamment re-
» gardé comme beau & bon, lorsqu'il est
» tel que l'exige sa destination & son usa-
» ge ». Voilà précisément le point de réunion de la bonté & de la beauté poëtique : le parfait accord du moyen qu'on employe avec la fin qu'on se propose. Or les vues dans lesquelles opere la Poësie ne sont pas celles de la Nature : la bonté, la beauté poëtique n'est donc pas la bonté, la beauté naturelle. Ce qui même est beau pour un Art peut ne l'être pas pour les autres : la beauté du Peintre ou du Statuaire, peut être ou n'être pas celle du Poëte, & réciproquement, selon l'effet qu'ils veulent produire. Enfin ce qui fait beauté dans un Poëme, ou dans tel endroit d'un Poëme,

devient un défaut, même en Poësie, dès qu'on le déplace & qu'on l'employe mal-à-propos. Il ne suffit donc pas, il n'est pas même besoin qu'une chose soit belle dans la Nature, pour qu'elle soit belle en Poësie; il faut qu'elle soit telle que l'exige l'effet que l'on veut opérer. La Nature, soit dans le physique, soit dans le moral, est pour le Poëte comme la palette du Peintre, sur laquelle il n'y a point de laides couleurs. LE RAPPORT DES OBJETS AVEC NOUS MÊMES, voilà le principe de la Poësie. L'INTENTION DU POETE, voilà sa règle, & l'abrégé de toutes les règles.

« Il n'est pas bien mal-aisé (me dira-t-on)
» de savoir l'effet que l'on veut opérer;
» mais le difficile est d'en inventer, d'en
» saisir les moyens ». Je l'avoue : aussi le talent ne se donne-t-il pas. Démêler dans la Nature les traits dignes d'être imités; prévoir l'effet qu'ils doivent produire, c'est le fruit d'une longue étude; les recueillir, les avoir présens, c'est le don d'une ima-

gination vive; les choisir, les placer à-propos, c'est l'avantage d'une raison saine & d'un sentiment délicat. Je traite ici de l'art & non pas du génie; or toute la théorie de l'art se réduit à savoir quel est le but où l'on veut atteindre, & quelle est dans la Nature la route qui nous y conduit. Avec le moins obtenir le plus: c'est le principe des beaux Arts, comme celui des Arts méchaniques.

L'intention immédiate du Poëte est de plaire & d'intéresser en imitant: or il y a deux sortes de plaisir & d'intérêt à distinguer ici, celui de l'art & celui de la chose; & l'un & l'autre se réduisent à l'intérêt personnel. L'art nous attache, ou par le plaisir de nous trouver nous-mêmes assez éclairés, assez sensibles pour en saisir les finesses, pour en admirer les beautés; ou par le plaisir de voir dans nos semblables ces talens, cette ame, ce génie qui reproduisent la Nature par le prestige de l'imitation. Ce plaisir augmente à mesure que l'art présente plus de difficultés & suppose plus de talens. Mais il s'affoibliroit bien-tôt s'il n'étoit pas soutenu par l'intérêt de la chose; & il faut avouer qu'il est trop léger pour valoir la peine qu'il donne. Le Poëte aura donc soin de choisir des sujets, qui par leur agrément ou leur utilité, soient dignes d'exercer son génie; sans quoi l'abus du talent changeroit en un froid dédain, ce premier mouvement de surprise & d'admiration, que la difficulté vaincue auroit causé.

L'intérêt de la chose n'est pas moins relatif à l'amour de nous-mêmes que l'intérêt de l'art; soit que la Poësie prenne pour objets des êtres comme nous, doués d'intelligence & de sentiment, ou des êtres sans vie & sans ame. Il est seulement plus ou moins vif, selon que le rapport qu'il suppose de l'objet à nous, est plus ou moins direct & sensible.

Le rapport des objets avec nous-mêmes est de ressemblance, ou d'influence : de ressemblance, par les qualités qui les rapprochent de notre condition; d'influence, par l'idée du bien ou du mal qui peut nous en arriver,

arriver, & d'où naît le desir ou la crainte.

J'ai fait voir, en parlant du style figuré, comment la Poësie nous met par-tout en société avec nos semblables, en attribuant à tout ce qui peut avoir quelque apparence de sensibilité, une ame pareille à la notre. Il n'est donc pas difficile de concevoir par quelle ressemblance deux jeunes abrisseaux qui étendent leurs branches pour les entrelacer, deux ruisseaux, qui par mille détours cherchent la pente qui les rapproche, participent à l'intérêt que nous inspirent deux amans. Qu'on se demande à soi-même, d'où naît le plaisir délicat & vif que nous fait le tableau de la belle saison, lorsque la terre est *en amour*, comme disent si bien les Laboureurs; que l'on se demande d'où naît l'impression de mélancholie que fait sur nous l'image de l'automne, lorsque les forêts & les champs se dépouillent, & que la Nature semble dépérir de vieillesse; on trouvera que le printems nous invite à des nôces universelles, & l'automne à des funérailles,

& que nous y assistons à peu près comme à celles de nos pareils. Il en est ainsi de tout le physique: rien ne nous y intéresse que ce qui nous ressemble, ou que ce qui peut influer sur nos peines ou nos plaisirs.

Le Poëte qui veut que son imitation ait un charme qui nous attire, a donc une règle bien sûre pour en pressentir les effets. Son intention ne peut jamais être de rebuter l'ame ni de la laisser dans une langueur insipide; il évitera donc avec soin toute image dégoûtante, tout détail froid & languissant. S'il présente une playe, qu'elle soit vive; s'il peint des cadavres, qu'ils soient livides ou sanglans, mais rien de plus. L'imagination répugne à tout ce qui révolteroit les sens (a), & sur-tout le sens de l'odorat, dont la délicatesse est extrême. Il n'y a comme je l'ai dit, que l'enthousiasme ou le pathétique qui fasse oublier cette répu-

_____

(a) *Dee scegliere il Poëta cose gratissime alla vista & a gli altri sensi, e schivar quelle che sono spiacevoli ad alcun di loro, come deveva far Dante, il qual chiamando il sole* lucerna del mondo, *si fe quasi sentir l'odor dell'oglio.* (Le Tasse.)

gnance, parce qu'il préoccupe l'ame, & ne lui laisse pas le moment du dégoût. L'Anatomiste qui cherche une nouvelle artère, a toute son ame dans ses yeux (a). Il en est de même du lecteur frappé d'un tableau pathétique : il oublie qu'il ait des sens. Malherbe a osé dire des Rois :

Et dans ces grands tombeaux, où leurs ames hautaines
  Font encore les vaines,
  Ils sont rongés des vers.

Racine n'a pas craint de nous présenter,
     Un horrible mélange,
D'os & de chairs meurtris & traînés dans la fange.

& notre délicatesse n'en est point offensée, parce qu'un sentiment plus fort nous domine dans ce moment.

C'est donc sur-tout dans les morceaux tranquilles, ou dans les peintures qui ne doivent causer qu'une légère émotion, qu'il faut ménager notre délicatesse & imiter Achille, qui rendant le cadavre d'Hector

---

(a) Au milieu d'une tempête, sur un vaisseau prêt à périr, le Capitaine vit M. Vernet le crayon à la main, & qui transporté de joie, ne cessoit de dire : *Ah que cela est beau!*

à son pere, fait jetter un voile sur ce corps déchiré.

L'intention du Poëte doit être d'attacher l'ame, de l'entretenir dans une illusion qui lui plaise; de ne pas l'épuiser sur le même sentiment, mais de la réveiller sans cesse par des émotions variées; de lui ménager des repos après de violentes secousses, & de lui faire souhaiter que l'espèce de délire où elle est plongée, ne finisse qu'au moment où lui-même il se propose de finir. Voilà toutes les règles de la composition. Le succès de l'art est complet quand l'intention du Poëte est remplie.

Je développerai cette méthode en l'appliquant aux divers genres de Poësie. Je reviens au choix des objets, & aux rapports qui le déterminent.

Ce que Lucrèce a dit du spectacle d'une tempête doit s'entendre de tous les tableaux que la Poësie nous présente.

Lorsque la peinture d'un païsage riant & paisible vous cause une douce émotion, une rêverie agréable; consultez-vous, &

vous trouverez que dans ce moment vous vous supposez assis au pied de cet hêtre, au bord de ce ruisseau, sur cette herbe tendre & fleurie, au milieu de ces troupeaux, qui de retour le soir au village, vous donneront un lait délicieux. Si ce n'est pas vous, c'est un de vos semblables que vous croyez voir dans cet état fortuné ; mais son bonheur est si près de vous qu'il dépend de vous d'en jouir, & cette pensée est pour vous ce qu'est pour l'avare la vue de son or, l'équivalent de la jouissance. Mais à ce tableau que vous présente la Nature, le Poëte sait qu'il manque quelque chose. Il place une Bergère au bord du ruisseau; il la fait jeune & jolie; ni trop négligée, de peur de blesser votre délicatesse; ni trop parée, de peur de détruire votre illusion. Il lui donne un air simple & naïf, car il sait que vous aimez à trouver un cœur facile à séduire ; il lui donne une voix touchante, organe d'une ame sensible, & il la peint se mirant dans l'eau & mêlant des fleurs à ses cheveux; comme pour vous annoncer qu'elle a ce desir de plaire qui suppose le besoin d'aimer. S'il veut rendre le tableau plus piquant, il placera non loin d'elle un boccage sombre où vous croirez qu'il est facile de l'attirer. Il feindra même qu'un Berger l'y appelle: vous le verrez entre les arbres le feu du desir dans les yeux; & un mouvement confus de jalousie se mêlera, si elle lui sourit, au sentiment qu'elle vous inspire.

Je suppose au contraire que le Poëte veuille vous causer une sombre mélancolie; c'est un desert qu'il vous peindra. Le bruit d'un torrent qui se précipite sur des rochers, & qui va dormir dans des gouffres, trouble seul dans ce lieu sauvage le silence de la Nature. Vous y voyez des chênes brisés par la foudre, mais que la hache a respectés; des montagnes couronnées de frimats terminent l'horison; de tous les oiseaux, l'aigle seul ose y déposer les fruits de ses amours. Il vole tenant dans ses griffes un tendre agneau enlevé à sa mere, & dont le bêlement timide se fait entendre dans les airs ; cependant l'aigle aux aîles étendues arrive joyeux de sa proie, il la dépouille, la déchire & la partage à ses petits. Plus bas, la lionne alaitte les siens, & dans les yeux de cette bête féroce l'amour maternel se peint avec douceur. Ces deux actions toutes simples, concourent avec l'image du lieu à exciter dans l'ame cette crainte que les enfans aiment si fort à éprouver, & dont l'homme, qui est toûjours enfant par le cœur, ne dédaigne pas de jouir encore.

Le desir d'être auprès de la Bergère vous attachoit au premier tableau ; le plaisir secret de n'être pas au bord de ce torrent, au pied de ces rochers, parmi ces animaux terribles, vous attache au second : car il n'est pas moins doux de contempler les maux dont on est exempt, que de voir les biens dont on peut jouir.

A présent, de ces deux tableaux, quel est celui de la belle Nature ? Tous les deux, me dira-t-on. J'entends : le désert est un beau désert; le païsage, un beau païsage. Et lorsqu'on lit dans Homère, que le Prêtre d'Apollon à qui les Grecs avoient refusé de rendre sa fille, s'en alloit en silence le long du rivage de la mer, dont les flots faisoient un grand bruit; à la sensation profonde que fait le vague de ce tableau, l'on dira, que ce rivage est un beau rivage, que cette mer est une belle mer. Mais écartez l'image de ce pere affligé qui *s'en alloit en silence,* le reste du tableau n'est plus rien. Il est donc vrai qu'en Poësie rien n'est beau que par les rapports des détails avec les détails, & de l'ensemble avec nous-mêmes.

D'où vient que la Nature embélie dans la réalité devient si souvent insipide à l'imitation? d'où vient que la Nature inculte & brutte nous enchante dans l'imitation & nous déplaît dans la réalité? Que l'on représente, soit en Peinture, soit en Poësie, ce palais dont vous admirez la symétrie & la magnifice, il ne vous cause aucune émotion: qu'on vous retrace les ruines d'un vieil édifice, vous êtes saisi d'un sentiment confus que vous chérissez, sans même en démêler la cause. Pourquoi cela? Pourquoi? c'est que l'un de ces tableaux est pathétique & que l'autre ne l'est pas; que celui-ci ne réveille en vous aucune idée qui vous émeuve, & que celui-là tient à des choses qui vous donnent à réfléchir. Des générations qui ont disparu de la terre, les ravages du tems auquel rien n'échappe, les monumens de l'orgueil qu'il a ruinés, la vieillesse, la destruction, tout cela vous ramene à vous même. On ne lit pas sans émotion la réponse de Marius à l'Envoyé du Gouverneur de Libie: « Tu diras à » Sextilius que tu as vû Marius assis au mi- » lieu des ruines de Carthage ». Je demandois à un voyageur qui avoit parcouru cette Grèce, encore célèbre par les débris de ses monumens, je lui demandois, dis-je, si ces lieux étoient fréquentés. « Nous n'y » avons trouvé (me dit-il) que le tems, » qui démolissoit en silence ». Cette réponse me saisit.

Examinez tout ce qu'on appelle tableaux pathétiques dans la Nature, il semble qu'on y lise la même inscription qui fut gravée sur une pyramide, élevée en mémoire d'une éruption du Vésuve. *Posteri, posteri, vestra res agitur.* C'est à ce grand caractère qu'on distingue ce qui porte avec soi un intérêt universel & durable.

Vida. *Quæque olim jubeant natos meminisse parentes.*

En général la Nature qui ne dit rien à l'ame, qui n'y excite aucun sentiment, ou qui la rebute & la révolte par des impressions qu'elle fuit, va contre l'intention du Poëte, & doit être bannie de la Poësie. Celle au contraire dont nous sommes émus, comme il veut que nous le soyons & comme nous aimons à l'être, est celle qu'il doit imiter. Si donc il veut inspirer la crainte où le desir, l'envie ou la pitié, la joie ou la mélancholie, qu'il interroge son ame : il est certain que pour se bien conduire il n'a qu'à se bien consulter.

Cette règle est encore plus sure dans le moral que dans le physique : car celui-ci ne peut agir fur l'ame que par des rapports éloignés, & qui ne font pas également fenfibles pour tous les efprits; au-lieu que dans le moral l'ame agit immédiatement fur l'ame: rien n'eft fi près de l'homme que l'homme même.

Qu'un Poëte décrive un incendie; l'image des flammes & des débris nous affectera plus ou moins, felon que nous avons l'imagination plus ou moins vive, & le plus grand nombre même en fera foiblement ému. Mais qu'il nous préfente fimplement fur un balcon de la maifon qui brûle une mere tenant fon enfant dans fes bras, & luttant contre la nature, pour fe réfoudre à le jetter, plûtôt que de le voir confumé avec elle par les flammes qui l'environnent; qu'il la préfente mefurant tour-à-tour avec des yeux égarés, l'effrayante hauteur de la chûte, & le peu d'efpace, plus effrayant encore, qui la fépare des feux dévorans; tantôt élevant fon enfant vers le ciel avec les regards de l'ardente priere; tantôt prenant avec violence la réfolution de le laifser tomber, & le retenant tout-à-coup avec le cri du desespoir & des entrailles maternelles ; alors le pressant dans son sein & le baignant de ses larmes ; & dans l'instant même se refusant à ses innocentes caresses qui lui déchirent le cœur ; ah ! qui ne sent l'effet que ce tableau doit faire, s'il est peint avec vérité ?

Combien de peintures physiques dans l'Iliade ! en est-il une seule dont l'impression soit aussi générale que des adieux d'Hector & d'Andromaque, & de la scène de Priam aux pieds d'Achile, demandant le corps de son fils ? Il arrive quelquefois au théâtre qu'un bon mot détruit l'effet d'un tableau pathétique; & le penchant de certains esprits de la plus vile espèce à tourner tout en ridicule, est ce qui éloigne le plus nos Poëtes de cette simplicité sublime, si difficile à saisir & si facile à parodier. Mais il faut avoir le courage d'écrire pour les ames sensibles, sans nul égard pour cette malignité froide & basse qui cherche à rire où la nature invite à pleurer.

Lorsque pour la première fois on exposa sur la scène le tableau des enfans d'Inès aux genoux d'Alfonse, deux mauvais plaisans auroient suffi pour en détruire l'illusion. Un Prince qui connoissoit la légèreté de l'esprit françois, avoit même conseillé à Lamotte de retrancher cette belle scène. Lamotte osa ne pas l'en croire. Il avoit peint ce que la Nature a de plus tendre & de plus touchant ; & toutes les fois que l'on n'aura que les parodistes à craindre, il faut avoir comme lui le courage de les braver.

Il en est des objets qui élèvent l'ame comme de ceux qui l'attendrissent : la générosité, la constance, le mépris de l'infortune, de la douleur & de la mort, le dévouement de soi-même au bien de la patrie, à l'amour ou à l'amitié, tous les sentimens courageux, toutes les vertus héroïques produisent sur nous des effets infaillibles. Mais vouloir que la Poësie n'imite que de ces beautés, c'est vouloir que la peinture n'employe que les couleurs de l'arc-en-ciel. Que les partisans de la belle Nature nous disent donc si Racine & Corneille ont mal fait de peindre Narcisse & Félix, Mathan & Cléopâtre dans Rodogune. Il peut y avoir quelques beautés naturelles dans Cléopâtre, dont le caractère a de la force & de la hauteur; mais dans l'indigne politique & la dureté de Félix, dans la perfidie & la scélératesse de Mathan, dans la fourberie, la noirceur & la bassesse de Narcisse, où trouver la belle Nature? il faut renoncer à cette idée, & nous réduire à l'intention du Poëte, règle unique, règle universelle, mais que le Poëte lui-même doit savoir appliquer.

C'est peu de se demander : Quels sont les effets que je veux produire? Il faut se demander encore : Quelle est la trempe des ames sur lesquelles j'ai dessein d'agir? Il y a dans les objets de l'imitation poétique des beautés locales & des beautés universelles. Les beautés locales tiennent aux opinions, aux mœurs, aux usages des différens peuples. Les beautés universelles répondent aux loix, au deſſein, aux procédés de la Nature, & ſont indépendantes de toute inſtitution.

Les peintures phyſiques d'Homère ſont belles aujourd'hui comme elles l'étoient il y a trois mille ans : le deſſein même de ſes caractères, l'art, le génie avec lequel il les varie & les oppoſe, enlevent encore notre admiration, rien de tout cela n'a vieilli ni changé. Mais les détails qui ſont relatifs à l'opinion & aux bienſéances, les beautés de mode & de convention ont dû paroître bien ou mal, ſelon les tems & les lieux ; car il n'eſt point de ſiècle, point de pays qui ne donne ſes mœurs pour règle : c'eſt une prévention ridicule, qu'il faut cependant ménager. L'exemple d'Homère n'eût pas juſtifié Racine, ſi dans l'Iphigénie Achile & Agamemnon avoient parlé comme dans l'Iliade.

Celui qui n'a étudié que les Anciens, bleſſera infailliblement le goût de ſon ſiècle dans bien des choſes ; celui qui n'a conſulté que le goût de ſon ſiècle s'attachera aux beautés passagères, & négligera les beautés durables. C'est de ces deux études réunies que résulte le goût solide & la sûreté des procédés de l'Art.

Mais l'attention que doit avoir le Poëte, c'est de se mettre autant qu'il est possible, par la disposition de son sujet, au-dessus de la mode & de l'opinion, en faisant dépendre l'effet qu'il veut produire des beautés universelles & jamais des beautés locales. Si l'on examine bien les sujets qui se soutiennent dans tous les siècles, on verra que l'étendue & la durée de leur gloire est dûe à cette méthode. Accordez quelque détail au goût présent & national; mais donnez au goût universel le fond, les masses & l'ensemble.

Orosmane, dans la Tragédie de Zaïre, a plus de délicatesse & de galanterie qu'il n'appartient à un Sultan, & l'on voit bien que le Poëte qui a voulu le rendre aimable & intéressant aux yeux des François, a eu pour eux quelque complaisance. Mais voyez comme la violence de la passion le rapproche

rapproche de ses mœurs natales : comme il devient jaloux, altier, impérieux, barbare. Racine n'a pas été aussi heureux dans le caractère de Bajazet, & en général il a trop mêlé de nos mœurs dans celles des peuples qu'il a mis sur la scène : des fils de Thésée & de Mitridate, il a fait de jeunes François.

J'avoue cependant que le poëme Dramatique, pour faire son illusion, a besoin de plus de ménagement que l'Épopée. Celle-ci peut raconter tout ce qu'il y a de plus étrange, & les bienséances du langage sont les seules qu'elle ait à garder. Mais pour un Poëme qui veut produire l'effet de la vérité même, ce n'est pas assez d'obtenir une croyance raisonnée ; il faut que par le prestige de l'imitation il rende son action présente, que l'intervale des lieux & des tems disparoisse, & que les spectateurs ne fassent plus qu'un même peuple avec les Acteurs. C'est-là ce qui distingue essentiellement le Poëme en action du Poëme en récit. Les François au spectacle d'Athalie doivent devenir Israélites, ou l'intérêt de Joas n'est plus rien. Mais s'il y avoit trop loin des mœurs des Israélites à celles des François, l'imagination des spectateurs refuseroit de franchir l'intervale : c'est donc aux Israélites à s'approcher assez de nous, pour nous rendre à nous-mêmes le déplacement insensible.

Il n'y a point de déplacement à opérer pour les choses que la Nature a rendues communes à tous les peuples. J'ai déjà fait voir en parlant de l'étude de l'homme quelles sont celles de ses affections qui ne dépendent ni des tems ni des lieux : l'intérêt puisé dans ces sources, est intarissable comme elles. Les sujets d'Œdipe & de Mérope réussiroient dans vingt mille ans, & aux deux extrémités du monde : il ne faut être pour s'y intéresser ni de Thèbes ni de Micène : la Nature est de tous les pays.

C'est dans les choses où les nations different qu'il faut que l'Acteur d'un côté, & le spectateur de l'autre, s'approchent pour se réunir. Cela dépend de l'art avec lequel le Poëte sait adoucir, dans la peinture des mœurs, les couleurs dures & tranchantes; & c'est ce qu'a fait Corneille en homme de génie, quoi qu'en dise M. Racine le fils.

Il croit avoir vû que la belle scène de Pompée avec Aristie, dans Sertorius, n'étoit pas assez vraisemblable pour le plus grand nombre des spectateurs; il croit avoir vû qu'on trouvoit trop dur sur notre théâtre le langage magnanime que tient Cornélie à César. Pour moi je n'ai vû que de l'enthousiasme, je n'ai entendu que des applaudissemens à ces deux scènes inimitables. Il seroit à souhaiter que l'illustre Racine eût osé donner à la peinture des mœurs étrangères, cette vérité dont il a fait si noblement lui-même l'éloge le plus éloquent (*a*). Tout ce qu'on doit aux mœurs de son siècle, c'est de ne pas les offenser; & nos opinions sur le courage & sur le

---

(*a*) Voyez sa réponse à Thomas Corneille, en le recevant à l'Académie.

A a ij

mépris de la mort, ne vont pas jusqu'à exiger d'une jeune fille qu'elle dise à son pere:

D'un œil aussi content, d'un cœur aussi soumis
Que j'acceptois l'époux que vous m'aviez promis,
Je saurai, s'il le faut, victime obéissante,
Tendre au fer de Calcas une tête innocente.

je suis même persuadé qu'Iphigénie allant à la mort, d'un pas chancellant, avec la répugnance naturelle à son sexe & à son âge, eût fait verser encore plus de larmes.

Il est vrai que si le fond des mœurs étrangères est indécent ou révoltant pour nous, il faut renoncer à les peindre. Ainsi, quoique certains peuples regardent comme un devoir pieux d'abréger les jours des vieillards souffrans; que d'autres soient dans l'usage d'exposer les enfans mal-sains; que d'autres présentent aux voyageurs leurs femmes & leurs filles pour en user à leur gré; rien de tout cela ne peut être admis sur la scène.

Mais si le fond des mœurs est compatible avec nos opinions, nos usages, & que la forme seule y répugne, elles n'exigent dans l'imitation qu'un changement superficiel; & il est facile d'y concilier la vérité avec la bienséance. Un cartel dans les termes de celui de François I. à Charles-Quint, « Vous en avez menti par la gor-» ge », ne seroit pas reçu au théâtre; mais qu'un Roi y dît à son égal: « Au-lieu de » répandre le sang de nos sujets, prenons » pour juges nos épées »; le cartel seroit dans la vérité des mœurs du vieux tems, & dans la décence des nôtres.

Il y a peu de traits dans l'Histoire qu'on ne puisse adoucir de même sans les effacer: le théâtre en offre mille exemples. Ce n'est donc pas au goût de la nation que l'on doit s'en prendre si les mœurs, sur la scène Françoise, ne sont pas assez prononcées, mais à la foiblesse ou à la négligence des Poëtes, à la délicatesse timide de leur goût particulier, & s'il faut le dire, au manque de couleurs pour tout exprimer avec la vérité locale.

CHAPITRE X.

De la Vraisemblance & du Merveilleux dans la Fiction.

DIVERSISSIME *sono queste due nature, il meraviglioso e'l verissimile* (dit le Tasse). Il n'en conclut pas moins que la fable d'un Poëme doit les réunir ; mais pour les accorder il faut les bien connoître. Commençons par la vraisemblance.

Feindre c'est représenter ce qui n'est pas, comme s'il étoit. Le but que se propose immédiatement la fiction, c'est de persuader; or elle ne peut persuader qu'en ressemblant à l'idée que nous avons de ce qu'elle imite. Ainsi la vraisemblance consiste dans une manière de feindre conforme à notre manière de concevoir ; & tout ce que l'esprit humain peut concevoir, il peut le croire, pourvû qu'il y soit amené. Tant que le Poëte ne fait que nous rappeller ce que nous avons vû au-dehors, ou éprouvé au-dedans de nous-mêmes, la reſſemblance ſuffit à l'illuſion; & comme nous voyons dans la feinte l'image de la réalité, le Poëte n'a beſoin d'aucun artifice pour gagner notre confiance. Mais que la fiction nous préſente un évènement qui n'ait point d'exemple, un compoſé qui n'ait point de modèle; comme la reſſemblance n'y eſt pas, nous y cherchons la vérité idéale, & c'eſt alors que le Poëte eſt obligé d'employer tout ſon art pour donner au menſonge les couleurs de la vérité. Nous ſavons qu'il feint, nous devons l'oublier; & ſi nous nous en ſouvenons, le charme eſt détruit & l'illuſion ceſſe. *Dove manca la fede, non puo abbondare l'affetto, o il piacere di quel che ſi legge o s'aſcolta.* Le Taſſe.

Quel eſt donc l'art de donner à la fiction, même dans le merveilleux, une vraiſemblance qui nous ſéduiſe? L'art de ſuivre le fil de nos idées & d'en obſerver les rapports.

Il y a dans notre manière de concevoir

une vérité directe & une vérité réfléchie. L'une & l'autre est de sentiment, de perception, ou d'opinion.

La vérité de sentiment est l'expérience intime de ce qui se passe au-dedans de nous-mêmes, & par réflexion, de ce qui doit se passer en général dans l'esprit & dans le cœur de l'homme. C'est à ce modèle, sans cesse présent, qu'on rapporte la fiction dans la Poësie dramatique. Nous sommes; nous sommes tels: voilà la vérité directe. Nous sentons qu'il est de la nature de notre ame d'être modifiée de telle ou de telle façon, par telle ou telle cause, dans telle ou telle circonstance; que dans notre composé moral, telles qualités, tels accidens s'accordent & se concilient, tandis que tels se combattent & s'excluent mutuellement: c'est la vérité réfléchie.

Mais comment se peut-il que la vérité de sentiment soit la même dans tous les hommes? C'est que dans tous les hommes le fond du naturel se ressemble, & qu'on y revient quand on veut, quelquefois même sans le vouloir. Chacun de nous a, comme le Poëte, la faculté de se mettre à la place de son semblable, & l'on s'y met réellement tant que dure l'illusion. On pense, on agit, on s'exprime avec lui comme si l'on étoit lui-même ; & selon qu'il suit nos présentimens ou qu'il s'en écarte, la fiction qui nous le présente est plus ou moins vraisemblable à nos yeux.

Ces présentimens, qui nous annoncent les mouvemens de la Nature, ne sont pas assez distincts pour nous ôter le plaisir de la surprise : il arrive même assez souvent que le Poëte nous jette dans l'irrésolution, pour nous en tirer par un trait qui nous étonne & qui nous soulage ; mais sans être décidés à suivre telle ou telle route, nous distinguons très-bien si celle que tient le Poëte, est la même que la Nature eût prise, ou dû prendre en se décidant.

Ne vous êtes-vous jamais apperçu de la docilité avec laquelle votre ame obéit aux mouvemens de celle d'Ariane ou de Mérope, d'Orosmane ou de Brutus ? C'est que durant l'illusion votre ame & la leur n'en font qu'une : ce sont comme deux instrumens organisés de même & accordés à l'unisson. Mais si l'ame du Poëte ne s'est pas montée au ton de la Nature, le personnage auquel il a communiqué ses sentimens & son langage, n'est plus dans la vérité de sa situation & de son caractère ; & vous, qui vous mettez à sa place mieux que n'a fait le Poëte, vous n'êtes plus d'accord avec lui. Voilà dans quel sens on doit entendre ce que dit le Tasse : *Il falso non è, e quel che non è non si può imitare.* Mais il s'est quelquefois lui-même éloigné de ce principe : je l'ai observé à propos de Tancrède sur le tombeau de Clorinde ; je l'observe encore dans le langage que tient Renaud sur les genoux d'Armide. Rien de plus naturel, de plus beau que ce qu'on voit dans cette peinture ; rien de moins vrai que ce qu'on entend.

Qual raggio in onda, le scentilla un riso,
Negli Armide occhi, tremulo e lascivo.
Sovra lui pende : ed ei nel grembo molle

Le posa il capo ; il volto al volto attolle.

Cela est divin ; mais vous n'allez plus trouver la même vérité dans ces froides hyperboles.

Non puo specchio ritrar sì dolce immago,
Ne in picchiol vetro e un parodiso accolto.
Specchio t'è degno il cielo ; e nelle stelle
Puoi riguardar le tue sembianze belle.

Avouez qu'à la place de Renaud ce n'est point là ce que vous auriez dit. Voulez-vous voir le même Poëte dans l'illusion & croire entendre la Nature même ? Lisez le discours d'Armide, lorsque pâle, tremblante, éperdue, hors d'haleine, elle joint Renaud sur le bord de la mer : la Didon de Virgile n'est pas plus passionnée, & c'est ainsi qu'il est beau d'imiter.

La vraisemblance, dans les choses de sentiment, n'est donc que l'accord parfait du génie du Poëte avec l'ame du spectateur. Si la direction que l'un donne à la Nature, décline de celle que l'autre sent qu'elle eût voulu suivre, & s'il en presse ou ralentit mal à-propos les mouvemens, l'ame du spectateur sans cesse contrariée, & lasse enfin de céder, se rébute : de-là vient qu'avec des qualités intéressantes & des situations pathétiques, un caractère inégal & discordant ne nous attache point.

La vérité de perception est la réminiscence des impressions faites sur les sens, & par réfléxion, la connoissance des choses sensibles, de leurs qualités communes, de leurs propriétés distinctives, de leurs rapports en général, soit entre elles, soit avec nous-mêmes. En nous repliant sur cette foule d'idées qui nous viennent par toutes les voies, nous nous sommes fait un plan des procédés de la Nature dans l'ordre physique : ce plan est le modèle auquel nous rapportons le composé fictif que la Poësie nous présente ; & si elle opère comme il nous semble qu'eût opéré la Nature, elle sera dans la vérité.

La vérité, soit qu'elle ait pour objet l'existence ou l'action, ne peut rouler que sur des rapports de convenance & de proportion, de la cause avec l'effet, des parties l'une avec l'autre, & de chacune avec le tout. Si donc les élémens d'un composé physique, individuel ou collectif, sont faits pour être mis ensemble, & suivent dans leur union les loix & le plan de la Nature, l'idée de ce composé a sa vérité dans la cohésion de ses parties & dans leur mutuel accord. De même, si les rapports d'une cause avec son effet sont naturels & sensibles, l'idée de l'action portera sa vérité en elle-même. Il est donc bien aisé de voir dans le physique ce qui est fondé sur la vraisemblance, & par conséquent ce qui ne l'est pas.

L'opinion est tantôt sérieuse & de pleine croyance, tantôt reçûe à plaisir & de simple adhésion ; mais quelque foible que soit le consentement qu'on y donne, il suffit à l'illusion du moment. Nous n'ajoûtons qu'une foi passagère à la fable d'Adonis, & nous mêlerons nos larmes à celles de Vénus, si sa douleur est bien exprimée. Un mensonge connu pour tel, mais transmis, reçu d'âge en âge, est dans la classe des faits authentiques: on le passe sans examen. A plus forte raison, si les faits sont solennellement attestés par l'Histoire, ne laissent-ils pas à l'esprit la liberté du doute; & le Poëte pour les supposer, n'a pas besoin de les rendre croyables. Qu'ils soient d'accord avec l'opinion, cela suffit à leur vraisemblance.

Mais distinguons, 1°. l'opinion d'avec la vérité historique; 2°. les faits compris dans le tissu du Poëme d'avec les faits supposés au-dehors. « Je ne craindrai pas » d'avancer (dit Corneille, à propos du sacrifice qu'a fait Léontine en livrant son fils à la mort), » que le sujet d'une belle » Tragédie doit n'être pas vraisemblable ». Et il se fonde sur le précepte d'Aristote, « de ne pas prendre pour sujet un ennemi » qui tue son ennemi, mais un pere qui » tue son fils, une femme son mari, un » frere sa sœur, &c. ce qui n'étant jamais » vraisemblable (ajoûte Corneille) doit » avoir l'autorité de l'histoire ou de l'opi- » nion commune.

J'ai fait mes preuves de respect pour ce grand homme ; j'oserai donc ici sans détour n'être pas de son sentiment.

L'opinion commune tient lieu de vraisemblance dans les faits supposés au-dehors, j'en conviens ; mais il n'en est pas de même du témoignage de l'Histoire, à-moins que les faits qu'elle atteste ne soient vulgairement connus, ce qui rentre dans la classe des vérités d'opinion. Je suis loin de penser que les sujets proposés par Aristote soient tous dénués de vraisemblance : il est très-simple & très-naturel qu'un fils tue son pere, comme Œdipe, sans le connoître, ou qu'une mere soit préte à immoler son fils, comme Mérope, en croyant le venger ; & quand ces faits n'auroient en eux-mêmes aucune apparence de vérité, pris dans les familles les plus illustres de la Grèce, ils avoient sans doute pour eux la célébrité, l'opinion publique. Mais en voyant sur le théâtre les sujets de Polieucte, de Rodogune, & d'Héraclius, personne ne sait, ni ne veut savoir, ce qui en est pris dans l'Histoire; elle est donc comme un témoin muet. En vain Baronius fait mention du sacrifice de Léontine; on ne lit point Baronius, & son témoignage n'eût servi de rien, si l'action de Léontine n'avoit pas eu sa vraisemblance en elle-même, c'est-à-dire, un juste rapport avec l'idée que nous avons de ce que peut une femme aussi ferme, aussi courageuse, dévouée à son Empereur.

Je dis plus : de quelque manière que les faits soient fondés, rien ne les dispense d'être vraisemblables, dès qu'ils sont employés dans l'intérieur de l'action. Il n'y a que les faits supposés au-dehors, *extra fabulam*, auxquels l'opinion commune tienne lieu de vraisemblance. Quant à ce qui se passe dans le cours du Poëme, & comme sous nos yeux, nous n'y ajoûtons foi qu'autant que nous le voyons arriver comme dans la Nature; c'est-à-dire, selon l'idée que nous avons des moyens qu'elle employe, & de l'ordre qu'elle suit. *Res autem ipsæ ita deducendæ disponendæque sunt*

sunt ut quam proxime accedant veritatem. Scalig.

Cependant la chaîne des causes & des effets n'est pas si constamment visible, & le cercle des facultés de la Nature n'est pas si marqué, que le vrai connu soit la limite du vrai possible; & c'est par une extension de nos idées que la Poësie s'élève du familier au merveilleux.

Dans la Nature tout est simple & facile pour elle, & tout est merveilleux pour nous. Un homme sensé ne peut réfléchir sans étonnement, ni à ce qui lui vient du dehors, ni à ce qui se passe au-dedans de lui-même. L'organisation d'un brin d'herbe est aussi prodigieuse que la formation du soleil; le mouvement qui passe d'un grain de sable à l'autre, est aussi mystérieux que la propagation de la lumière, & que l'harmonie des sphères célestes; mais l'habitude nous rend l'incompréhensible même si familier, qu'à la fin il nous paroît commun. « Au bout d'un an le monde a joué Montagne. » son jeu, il n'y fait plus rien que de re- » commencer »: Voilà du-moins ce qui nous en semble : nous croyons retrouver tous les ans le même tableau, & les variétés infinies qu'il étale y sont distribuées avec une harmonie si constante, une si parfaite unité de dessein, que la Nature s'y fait voir toûjours semblable à elle-même.

Mais si la Nature, s'éloignant de ses sentiers battus, produit un composé moral ou physique assez étrange, pour nous persuader qu'elle y a mis une expresse intention de se surpasser elle même, ou de ne pas se ressembler; ce procédé, dont les moyens nous sont inconnus, nous étonne, & devient un prodige à nos yeux. Voilà donc dans la Nature même une sorte de merveilleux, connu sous le nom de *prodiges*.

Si la feinte passe les moyens & les facultés que nous attribuons à la Nature ; si elle employe d'autres ressorts, d'autres mobiles que les siens; si au-lieu de la chaîne qui lie les évènemens & de la loi qui les dispose, elle établit des intelligences pour y présider, & des causes libres pour les produire; ce nouvel ordre de choses nous étonne encore davantage, & c'est ici le merveilleux surnaturel & par excellence.

Je distinguerai donc deux sortes de merveilleux, l'un en-deçà, l'autre au-delà des limites de la Nature.

Nous regardons comme un prodige, ou comme une merveille de la Nature, tout ce qui porte la marque d'une application particulière qu'elle a mise à le former. Cette idée attire toute l'attention de l'ame par la surprise & l'étonnement. Mais pour nous faire imaginer la Nature appliquée à former un prodige, il faut d'abord que l'objet en soit digne à nos yeux, par l'importance que nous y attachons; & de plus, que les moyens que la Nature a mis en œuvre, nous soient inconnus ou cachés, comme les cordes d'une machine. Dès que nous les appercevons, l'illusion se dissipe, & au-lieu d'un spectacle étonnant, ce n'est plus qu'un fait ordinaire.

La Nature, aux yeux de la raison, n'est

jamais plus étonnante que dans les petits objets : *In arctum coacta rerum naturæ majestas*, je le sais, mais ce n'est point à la raison que s'adresse la Poésie ; c'est à l'imagination. Or celle-ci ne peut se figurer la Nature sérieusement appliquée à produire un papillon. Aristote l'a dit : la beauté sensible n'est pas dans les petites choses. Elle consiste dans une composition régulière & harmonieuse, qui pour se développer aux yeux, exige une certaine étendue : or l'imagination se décide sur le témoignage des sens ; ce qu'ils n'apperçoivent qu'en petit ne sauroit donc lui paroître digne d'occuper la Nature. Les plus grands génies ont pensé quelquefois à cet égard comme le vulgaire : *Magna dii curant; parva negligunt* (dit Cicéron), & il en donne pour raison l'exemple des Rois : *Nec in regnis quidem Reges omnia minima curant*, « Comme si à ce Roi là (dit Montagne) c'étoit plus & moins de remuer un Empire ou la feuille d'un arbre, & si sa providence s'exerçoit autrement, incli-

(marginalia: Pline l'ancien.)

» nant l'évènement d'une bataille, que le
» fault d'une puce ». Il refulte cependant
de cette façon de concevoir, commune
au plus grand nombre, que le merveilleux
dans les petites chofes doit être renvoyé
aux Contes des Fées, & que fi la Poéfie en
fait ufage, ce ne doit être qu'en badinant.

Quant aux moyens que la Nature employe pour opérer un prodige, s'ils font connus, il faut les déguifer, en éloigner l'idée, & par des circonftances nouvelles, nous dérober la liaifon de la caufe avec les effets.

La comète qui parut à la mort de Jules-Céfar, fut un prodige pour Rome. Si fa révolution eût été calculée & fon ellypfe décrite, ce n'eût été qu'une planette comme une autre, qui eût fuivi le branle commun; mais qu'eût fait le Poëte alors? Il eût donné à la chevelure de cette comète une forme étrange, un immenfe volume; & dans fes feux redoublés à l'approche de la terre, il eût marqué l'intention de la Nature d'épouvanter les Romains.

L'aurore boréale a pu donner autrefois, comme l'observe un Philosophe célèbre, l'idée de l'assemblée des Dieux sur l'Olimpe. Aujourd'hui, qu'elle est au nombre des phénomènes les plus communs, elle attire à peine les regards du peuple ; mais qu'un Poëte sût aggrandir l'image de ces lances de feu, que semble darder une invisible main, des bords de l'horison jusqu'au milieu du ciel, & appliquer ce phénomène à quelque évènement terrible ; il reprendroit, même à nos yeux, le caractère effrayant de prodige.

[M. de Mairan.]

Il est tout simple que dans les ardeurs de l'été une petite rivière se déborde, enflée par un orage, & tarisse le lendemain. Homère rapproche ces deux circonstances : au-lieu de l'orage c'est le Xanthe lui-même qui s'irrite & qui enfle ses eaux ; au-lieu des chaleurs de l'été, c'est Vulcain qui fait consumer les eaux par les flammes.

Lucain en décrivant les signes redoutables qui annoncerent la guerre civile : « L'Æthna (dit-il) vomit ses feux, mais

» sans les lancer dans les airs : il inclina sa
» cime béante, & répandit les flots d'un
» bitume enflammé du côté de l'Italie ».

Dans la Jérusalem du Tasse, les nuages qui versent la pluie dans le camp de Godefroi, ne se sont pas élevés de la terre, ils viennent des reservoirs célestes :

Ecco subite nubi, e non da terra
Già per virtù del sole in alto ascese :
Ma sol dal ciel, che tutte apre e disserra
Le porte sue, veloci in giù discede.

voilà ce que j'appelle donner à un évènement familier le caractère du merveilleux.

Du-reste, on ne doit pas craindre que la réflexion nous ramène aux causes physiques, & détruise l'illusion. Nous aimons à être séduits, & s'il le falloit, nous aiderions le Poëte à nous séduire. On voit dans l'Inde, quand la lune s'éclipse, les peuples prosternés de bonne foi, conjurer le grand serpent, qui l'a dévorée, de la leur rendre ; tandis que les Astronomes du pays calculent le tems qu'elle employe à traverser l'ombre de la terre. Le grand nombre est peuple par-tout, & les Poëtes peuvent compter sur cet amour du merveilleux qui en impose à la raison même.

Voyons à présent quels sont les objets qui dans la Nature sont mis au rang des prodiges. Le premier, c'est la perfection; & plus l'objet est composé, plus le soin qu'a pris la Nature de le rendre accompli nous frappe & nous étonne (a).

Si l'intention du Poëte est de nous présenter la Nature avec tous ses charmes & dans toute sa beauté possible, l'emploi de la fiction est de corriger, d'embellir son modèle; & c'est alors que l'excellence de l'art consiste dans le choix de la belle Nature. *La Poesia investigatrice e quasi vagheggiatrice della bellezza.* [Le Tasse.] Dans le moral ce qui est le plus digne d'admiration & d'amour, un Burrhus, un Mornai, un Télémaque,

---

(a) *Nihil usquam simplex & incompositum invenias, quod delectet & sensus mulceat. Tollas compositionem & partium varietatem, tolles pulchritudinem.* (Isaac Vossius).

une Zaïre, une Cornélie; dans le physique, ce qui peut nous causer l'émotion du plaisir la plus pure & la plus sensible, une vie délicieuse comme celle de l'âge d'or, des lieux enchantés comme Éden, ou comme les îles Fortunées, sur-tout l'image de ce que nous appellons par excellence *la beauté*, une taille élégante & correcte, la douceur, la vivacité, la sensibilité, la noblesse, toutes les graces réunies dans les traits du visage, dans la forme & les mouvemens du corps d'une Vénus ou d'un Apollon, Hélène au milieu des vieillards Troyens, Achille au sortir de la cour de Scyros, voilà le merveilleux de la beauté dans le physique. Le soin du Poëte alors est de rassembler les plus belles parties dont un composé naturel soit susceptible, pour en former un tout régulier, & de disposer les choses comme la Nature les eût disposées, si elle n'avoit eu pour objet que de nous donner un spectacle enchanteur. La méthode en est la même dans tous les Arts d'agrément. En Peinture, les Vierges de Raphaël, les Hercules du Guide; en Sculpture, la Vénus pudique & l'Apollon du Vatican, n'avoient point de modèle individuel; qu'ont fait les Artistes ? Ils ont recueilli les beautés éparses des modèles existans, & en ont composé un tout plus parfait que la Nature même. Ce choix tient au principe de la Poësie, au rapport des objets avec nos organes; & le Poëte qui le saisit avec le plus de justesse, de délicatesse & de vivacité, excelle dans l'art d'embellir la Nature.

La beauté poëtique est donc quelquefois la même que la beauté naturelle? Oui, toutes les fois que la Poësie veut nous causer les douces émotions de l'amour & de la joie, le plaisir pur de nous voir entourés d'êtres formés à souhait pour nous. On a prétendu que ce genre de fiction n'avoit point de règle, par la raison que l'idée du beau, soit en morale, soit en physique, n'étoit ni absolue ni invariable. Quoi qu'il en soit de la beauté physique, sur laquelle du-moins les nations cultivées sont d'accord depuis trois mille ans, la beauté morale est la même chez tous les peuples de la terre. Les Européens ont trouvé une égale vénération pour la justice, la générosité, la clémence chez les Sauvages du Nouveau-Monde que chez les peuples les plus cultivés, les plus vertueux de ce continent. Le mot du Cacique Guatimosin: « Et moi suis-je sur un lit de » roses »? auroit été beau dans l'ancienne Rome; & la réponse de l'un des proscrits de Néron au Licteur: *Utinam tu tam fortiter ferias!* auroit été admirée dans la cour de Montesuma.

Dans Sadi, Poëte Persan, un sage fait cette prière: « Grand Dieu! ayez pitié des » méchans, car vous avez tout fait pour les » bons lorsque vous les avez fait bons ». Socrate n'auroit pas mieux dit.

Le sentiment du beau moral est donc universel & unanime: la Nature en a gravé le modèle au fond de nos ames; mais l'idée en est difficile à remplir. Il n'y a point de tableaux parfaits dans la disposition naturelle des choses: la Nature, dans ses opérations, ne songe à rien moins qu'à nous plaire, & l'on doit s'attendre à trouver dans le moral autant & plus d'incorrections que dans le physique. La clémence d'Auguste envers Cinna est dégradée par le conseil de Livie ; la gloire du conquérant du Mexique est ternie par une lâche trahison ; l'Histoire a peu de caractères dans lesquels la Poësie ne soit obligée de dissimuler & de corriger quelque chose : c'est comme une statue de bronze qui sort raboteuse du moule, & qui demande encore le ciseau. Mais qu'on prenne garde en la polissant de ne pas affoiblir les traits. Il est arrivé bien souvent de détruire l'homme en faisant le héros.

Quel est donc le guide du Poëte dans ce genre de fiction ? Je l'ai dit, le sentiment du beau moral que la Nature a mis dans nos ames. Il a pu recevoir quelque altération de l'habitude & du préjugé ; mais l'une & l'autre cedent aisément au goût naturel qui n'est qu'assoupi, & que l'impression du beau réveille. Faites lire à l'homme le plus ébloui de l'éclat de sa naissance le discours de Marius sur l'obscurité de la sienne : vous verrez combien le préjugé tient peu contre la vérité de sentiment. Quel est l'homme opulent, s'il n'est pas stupide, qui n'admire Fabricius faisant cuire ses légumes & recevant sous un humble toit les Ambassadeurs de Pyrrhus ? Quel est le lâche voluptueux qui n'est pas saisi d'un saint respect en voyant Regulus retourner à Carthage ? Ce qui peut se mêler d'opinion & d'habitude dans nos idées sur le beau moral, ne tire donc pas à conséquence & ne doit se compter pour rien.

Mais plus l'idée & le sentiment de la belle Nature sont déterminés & unanimes, moins le choix en est arbitraire ; & c'est là ce qui rend si glissante la carrière du génie qui s'élève au parfait, sur-tout dans le moral. Le goût & la raison me semblent plus éclairés dans cette partie, & plus difficiles que jamais. Je ne parle point de cette théorie subtile, qui recherche, s'il est permis de s'exprimer ainsi, jusqu'aux fibres les plus déliées de l'ame ; je parle de ces idées grandes & justes qui embrassent le système des passions, des vices & des vertus dans leurs rapports les plus éloignés. Jamais le coloris, le dessein, les nuances d'un caractère n'ont eu des juges plus clairvoyans ; jamais par conséquent le Poëte n'a eu besoin de plus de lumieres pour exceller dans la fiction morale en beau. Si Homére venoit aujourd'hui, il seroit mal reçu à nous peindre un sage comme Nestor ; aussi ne le peindroit-il pas de même. Le héros qui diroit à son fils : *Disce puer virtutem ex me*, seroit obligé d'être plus modeste, plus intrépide, plus généreux, plus fidele à la foi des sermens, que le héros de l'Æneide.

A l'égard de la beauté physique qui est l'objet capital de la Peinture & de la Sculpture, elle exerce peu les talens du Poëte : il l'indique, il ne la peint jamais, & en l'indiquant il fait plus que la peindre. Dans un tableau, dans une statue, on ne voit guère que ce que l'Artiste y a mis ; dans une peinture poëtique chacun voit ce qu'il imagine: c'est le spectateur qui, d'après quelques touches du Poëte, se peint lui-même l'objet indiqué. Réunissez tous les Peintres célèbres, & demandez leur de copier Hélène d'après Homère, Armide d'après le Tasse, Eve d'après Milton, Corine & Délie d'après Ovide & Tibule, l'Esclave d'Anacréon d'après le portrait détaillé qu'en a fait ce Poëte voluptueux: toutes ces copies auront quelque chose d'analogue entre elles; mais de mille il n'y en aura pas deux qui se ressemblent, au point de faire deviner que l'original est le même. Chacun se fait une Eve, une Armide, une Hélène, & c'est un des charmes de la Poësie de nous laisser le plaisir de créer.

Incessu patuit Dea,

me dit Virgile. C'est à moi à me peindre Vénus.

Stat sonipes, ac frena ferox spumantia mandit.

C'est à moi à tirer de-là l'image d'un coursier superbe.

Mille trahens varios adverso sole colores.

Ne croit-on pas voir l'arc-en-ciel?

Hic gelidi fontes, hic mollia prata, Lycori;
Hic nemus, hic ipso tecum consumerer ævo.

Il n'en faut pas davantage pour se représenter un paisage délicieux.

Le Tasse parle en maître sur l'art de peindre en poësie avec plus ou moins de détail, selon le plus ou le moins de gravité du style, en quoi il compare Virgile & Pétrarque.

Dederatque comas diffundere ventis,

dit Virgile en parlant de Vénus déguisée en chasseresse. Pétrarque dit la même chose, mais d'un style plus fleuri.

Erano i capei d'oro à l'aura sparsi,
Ch'in mille dolci nodi gli avolgea.

Ambrosiæque comæ divinum vertice odorem,
Spiravere, (Virgile).

E tutto il ciel, cantando il suo bel nome,
Sparser di rose i pargoletti amori. (Pétrarq.)

E l'uno, e l'altro conobbe il convenevole nella sua Poesia. Perche Virgilio supero tutti Poete heroici di gravita, il Petrarca tutti gli antichi lirici di vaghezza. (Le Tasse).

Le Poëte ne peut ni ne doit finir la peinture

ture de la beauté physique: il ne le peut, manque de moyens pour en exprimer tous les traits avec la correction, la délicatesse que la Nature y a mise, & pour les accorder avec cette harmonie, cette liaison, cette unité d'où dépend l'effet de l'ensemble; il ne le doit pas, en eût-il les moyens, par la raison que plus il détaille son objet, plus il assujettit notre imagination à la sienne. Or quelle est l'intention du Poëte? Que chacun de nous se peigne vivement ce qu'il lui présente. Le soin qui doit l'occuper est donc de nous mettre sur la voie, & il n'a besoin pour cela que de quelques traits vivement touchés.

Belle sans ornement, dans le simple appareil
D'une beauté qu'on vient d'arracher au sommeil.

Qui de nous à ces mots ne voit pas Junie comme Néron vient de la voir? Mais il faut que ces traits qui nous indiquent le tableau que nous avons à nous peindre, soient tels que nous n'ayons aucune peine à remplir les milieux. L'art du Poëte consiste alors à marquer ce qui ne tombe pas sous les sens du commun des hommes, ou ce qu'ils ne saisissent pas d'eux-mêmes avec assez de délicatesse ou de force; & à passer sous silence ce qu'il est facile d'imaginer.

Une idée inséparable de celle du beau moral & physique, est celle de la liberté. Tout ce qui sent l'esclavage, même dans les choses inanimées, a je ne sai quoi de triste & de bas. La mode, l'opinion, l'habitude ont beau vouloir altérer en nous ce sentiment inné, ce goût dominant de l'indépendance; la Nature à nos yeux n'a sa grandeur, sa majesté qu'autant qu'elle est libre ou qu'elle semble l'être. Recueillez les voix sur la comparaison d'un parc magnifique & d'une belle forêt. L'un est la prison du luxe, de la mollesse & de l'ennui: l'autre est l'asyle de la méditation vagabonde, de la douce rêverie & du sublime enthousiasme. En voyant les eaux captives baigner servilement les marbres de Versailles, & les eaux bondissantes de Vaucluse se précipiter à travers les rochers, on dit également *cela est beau*. Mais on le dit des efforts de l'Art, & on le sent des jeux de la Nature: aussi l'Art qui l'assujettit, fait-il l'impossible pour nous cacher les entraves qu'il lui donne; & dans la Nature, livrée à elle-même, le Peintre & le Poëte se gardent bien d'imiter les accidens où l'on peut déceler quelques traces de servitude. Il s'ensuit que le sentiment du beau suppose de l'élévation dans l'ame, & qu'un naturel servile est incapable de rien produire de noble & de grand.

Après le prodige de la beauté, le plus digne objet des soins de la Nature, vient celui de l'exagération des forces, des grandeurs, des facultés de l'être physique. Ce sont des héros d'une taille & d'une force prodigieuse, des animaux d'une grandeur énorme, des arbres dont les racines touchent aux enfers, & dont les branches percent les nues. Mais cela tient au merveilleux surnaturel, dont je vais m'occuper tout-à-l'heure.

Une sorte de prodige dont la Poësie

tire plus d'avantage, c'est la rencontre & le concours de certaines circonstances que le mouvement naturel des choses semble n'avoir dû jamais combiner ainsi, à-moins d'une expresse intention de la cause qui les arrange. On annonce à Mérope la mort de son fils, on lui amène l'assassin ; & l'assassin est ce fils qu'elle pleure. Œdipe cherche à découvrir le meurtrier de Laïus ; il reconnoît que c'est lui-même, & qu'en fuiant le sort qui lui a été prédit, il a tué son pere & épousé sa mere. Oreste est conduit à l'autel de Diane pour y être immolé ; & la Prêtresse qui va l'égorger se trouve sa sœur Iphigénie. Voilà de ces coups de la destinée si éloignés de l'ordre des choses, qu'ils semblent tous prémédités.

Tout ce qui est possible n'est pas vraisemblable ; & lorsque dans la combinaison des évènemens, ou dans le jeu des passions nous appercevons une singularité trop étudiée, le Poëte nous devient suspect : l'illusion cesse avec la confiance. En cela péche dans Inès l'affectation de donner pour juges à Dom Pedre deux hommes, dont l'un doit le haïr & l'abfout, l'autre doit l'aimer & le condamne. Cette antithèfe inutile eft évidemment combinée à plaifir. L'unique moyen pour perfuader, eft de paroître de bonne foi. Or plus la rencontre des incidens eft étrange; plus en la comparant avec la fuite naturelle des chofes, nous fommes enclins à douter de la bonne foi du témoin : auffi cette efpèce de fable exige-t-elle beaucoup de réferve & de précaution.

La première règle eft que chacun des incidens foit fimple & naturellement amené; la feconde, qu'ils foient en petit nombre : par-là le merveilleux de leur combinaifon fe rapproche de la Nature. Prenons pour exemple la fable du Cid. Rodrigue eft obligé de réparer, par la mort du pere de fa maîtreffe, l'affront du foufflet qu'a reçu le fien. Il n'eft pas poffible d'imaginer dans nos mœurs une fituation plus cruelle, & le fort pour accabler deux amans femble avoir exprès combiné cette opposition des intérêts les plus sensibles & des devoirs les plus sacrés. Voyons cependant d'où naissent ces combats de l'amour & de la nature : d'une dispute élevée entre deux courtisans, sur une marque d'honneur, accordée à l'un préférablement à l'autre. Rien de plus simple ni de plus familier. Le spectateur voit naître la querelle, il la voit s'animer, s'aigrir, se terminer par cette insulte qui ne se lave que dans le sang ; & sans avoir soupçonné l'artifice du Poëte, il se trouve engagé avec les personnages qu'il aime, dans un abîme de malheurs. Il en est ainsi de tous les sujets bien constitués : chaque incident vient s'y placer comme de lui-même dans l'ordre le plus naturel ; & lorsqu'on les voit réunis, on est confondu de l'espèce de merveilleux qui résulte de leur ensemble.

Toutefois, si ces incidens étoient trop accumulés, chacun d'eux fût-il amené naturellement, leur concours passeroit la croyance. C'est ce qu'il faut éviter avec soin dans la composition d'une Fable ; & il me semble qu'on s'éloigne de plus en plus de cette règle, en multipliant sur la scène des incidens mal enchaînés. Nous examinerons ceci de plus près en parlant de la Tragédie. Passons au merveilleux de la première classe.

Le merveilleux hors de la Nature n'est qu'une extension de ses forces & de ses loix.

En suivant le fil des idées qui nous viennent, ou de l'expérience intime de nous-mêmes, ou du dehors, par la voie des sens, nous nous en sommes fait de nouvelles ; & celles-ci rangées sur le même plan, auroient dû garder les mêmes rapports. Mais l'opinion populaire & l'imagination poëtique n'ayant pas toûjours consulté la raison, le système des possibles, qu'elles ont comme réalisés, n'est rien moins que soumis à l'ordre, & celui qui l'employe a besoin de beaucoup d'adresse & de ménagement. Nous ne concevons rien qui se contrarie ; & d'un système qui implique en lui-même, l'ensemble ne peut jamais s'arranger, s'établir dans notre opinion. Mais la Poësie a la ressource de ne prendre des fables reçues que des parties détachées & compatibles entre elles, quoique souvent peu d'accord avec le système total. J'ai dit que les choses d'opinion commune se passoient de vraisemblance tant qu'on ne faisoit que les supposer hors de la fable; mais on doit se souvenir que si le Poëte les employe au-dedans, il est obligé d'y observer les mêmes rapports que dans l'ordre des choses réelles. Il seroit inutile d'alléguer le peu d'harmonie qu'on a mis, par exemple, dans le système de la Mithologie: c'est au Poëte à n'employer du système qu'il adopte que ce qui, dans son ensemble, a le caractère du vrai.

Le merveilleux surnaturel est tantôt l'image directe & simple, tantôt le voile symbolique & transparent de la vérité. Dans le premier cas, c'est la pure fiction; dans le second, c'est l'allégorie; mais ce n'est jamais que l'imitation exagérée de la Nature. Voyons quelle en est l'origine & quel en doit être l'emploi?

La Philosophie est la mere du merveilleux; & la contemplation de la Nature lui en a donné la première idée. Elle voyoit autour d'elle une multitude de prodiges, sans autre cause que le mouvement, qui lui-même avoit une cause. Elle dit donc: Il doit y avoir au-delà & au-dessus de ce que je vois, un principe de force & d'intelligence. Ce fut l'idée primitive & génératrice du merveilleux. La cause unique & universelle, agissant par une loi simple, étoit pour le peuple, & si l'on veut pour les sages, une idée trop vaste & trop peu sensible ; on la divisa en une multitude d'idées particulières, dont l'imagination, qui veut tout se peindre, fit autant d'agens composés comme nous : de-là les dieux, les démons, les génies.

Il fut facile de leur donner des sens plus parfaits que les nôtres, des corps plus agiles, plus forts & plus grands; & jusques-là le merveilleux n'étant qu'une augmentation de masse, de force & de vîtesse, l'esprit le plus foible put renchérir aisément sur le génie le plus hardi. La seule règle gênante dans cette imitation exagérée de la Nature, est la règle des proportions ; encore n'est-il pas mal-aisé de l'observer dans le physique. Dès qu'on a franchi les bornes de nos perceptions, il n'en coûte rien d'élever le trône de Jupiter, d'appesantir le trident de Neptune, de donner aux coursiers du Soleil, à ceux de Mars & de Minerve la vîtesse de la pensée. Le Pere Bouhours observe que lorsque dans Homère Poliphème arrache le sommet d'une montagne, l'on ne trouve point son action trop étrange, parce que le Poëte a eu soin d'y proportionner la taille & la force de ce géant. De même lorsque Jupiter ébranle l'Olimpe d'un mouvement de ses sourcils, & que le dieu des mers frappant la terre, fait craindre à celui des enfers que la lumière des cieux ne pénètre dans les royaumes sombres ; ces actions, mesurées sur l'échelle de la fiction, se trouvent dans l'ordre de la Nature, par la justesse de leurs rapports. Voilà, dit-on, de grandes idées; Oui, mais c'eſt une grandeur géométrique, à laquelle avec de la matière du mouvement & de l'eſpace, on ajoûte tant que l'on veut.

Le mérite de l'exagération, en faiſant des hommes plus grands & plus forts que nature, auroit été de proportionner des ames à ces corps; mais c'eſt à quoi Homère & preſque tous ceux qui l'ont ſuivi ont échoué. Je ne connois que le Satan du Taſſe & de Milton dont l'ame & le corps ſoient faits l'un pour l'autre. Et comment obſerver dans ces compoſés ſurnaturels la gradation des eſſences? Il eſt bien aiſé à l'homme d'imaginer des corps plus étendus, moins foibles, moins fragiles que le ſien: la Nature lui en fournit les matériaux & les modèles; encore lui eſt-il échappé bien des abſurdités, même dans le merveilleux phyſique; mais combien plus dans le moral! « L'homme (dit Montagne) » ne peut être que ce qu'il eſt, ni imaginer » que ſelon ſa portée ». Il a beau s'évertuer; il ne connoît d'ame que la ſienne:

il ne peut donner au coloffe qu'il anime que fes facultés, fes fentimens, fes idées, fes paffions, fes vices & fes vertus, ou plûtôt celles de ces inclinations, de ces affections dont il a le germe. Voilà pourquoi l'Être parfait, l'Être par effence eft incompréhenfible. Avec mes yeux je mefure le firmament; avec ma penfée je ne mefure que ma penfée. Que j'effaye d'imaginer un Dieu; quelque effort que j'employe à lui donner une nature excellente, la fageffe, la fenfibilité, l'élévation de fon ame, ne feront jamais que le dernier degré de fageffe, de fenfibilité d'élévation de la mienne. Je lui attribuerai des fens que je n'ai pas, un fens, par exemple, pour entendre couler le tems, un fens pour lire dans la penfée, un fens pour prévoir l'avenir, parce qu'on ne m'oblige pas au détail du méchanifme de ces nouveaux organes: je le douerai d'une intelligence à laquelle je fuppoferai vaguement que rien n'eft caché, d'une force & d'une fécondité d'action, à laquelle il m'eft bien aifé de feindre que rien ne réſiſte : je l'exempterai des foibleſſes de ma nature, de la douleur & de la mort, parce que les idées privatives ſont comme la couleur noire qui n'a beſoin d'aucune clarté : mais s'il en faut venir à des idées poſitives, par exemple, le faire penſer ou ſentir, il ne ſera clairvoyant ou ſenſible, éloquent ou paſſionné qu'autant que je le ſuis moi-même. Un Ancien a dit d'Homère, il eſt le ſeul qui ait vû les dieux ou qui les ait fait voir; mais de bonne foi, les a-t-il entendus ou fait entendre ? On a dit auſſi que Jupiter étoit deſcendu ſur la terre pour ſe faire voir à Phidias, ou que Phidias étoit monté au ciel pour voir Jupiter. Cette hiperbole a ſa vérité : l'on conçoit comment l'Artiſte, par le caractère majeſtueux qu'il avoit donné à ſa ſtatue, pouvoit avoir obtenu cet éloge ; mais le phyſique eſt tout pour le Statuaire, & n'eſt rien pour le Poëte, s'il n'eſt d'accord avec le moral. Cet accord, s'il étoit parfait, ſeroit la merveille du génie ; mais il eſt inutile d'y prétendre : l'homme n'a que des moyens humains :

Tasse. *La divinità non può da lui essere imitata.*

Il faut même avouer, & je l'ai déjà fait entendre, que si par impossible il y avoit un génie capable d'élever les dieux au-dessus des hommes, il les peindroit pour lui seul. Si, par exemple, Homère eût rempli le vœu de Cicéron: *Humana ad deos transtulit, divina mallem ad nos*; le tableau de l'Iliade seroit sublime, mais il manqueroit de spectateurs. Nous ne nous attachons aux êtres surnaturels que par les même liens qui les attachent à notre nature. Des dieux d'une sagesse inaltérable, d'une constante égalité, d'une impassibilité parfaite, nous toucheroient aussi peu que des statues de marbre. Il faut pour nous intéresser que Neptune s'irrite, que Vénus se plaigne, que Mars, Minerve, Junon se mêlent de nos querelles & se passionnent comme nous. Il est donc impossible à tous égards d'imaginer des dieux qui ne soient pas hommes. Mais ce qui n'est pas impossible, c'est de leur donner plus d'élévation dans les sentimens, plus de dignité dans le langage, que n'ont fait la plûpart des Poëtes. Ce que dit Satan au foleil dans le Poëme de Milton, ce que Neptune dit aux vents dans l'Ænéide, voilà les modéles du merveilleux. La bonne façon d'employer ces perfonnages, c'eft de les faire agir beaucoup & parler peu. Le dramatique eft leur écueil, auffi les a-t-on prefque bannis de la Tragédie. Le merveilleux n'y eft guère admis qu'en idée & hors de la fable feulement. Si quelquefois on y fait voir des fpectres, ils ne difent que quelques mots & difparoiffent à l'inftant. Dans la Tragédie de Macbeth, après que ce fcélérat a affaffiné fon Roi, un fpectre fe préfente & lui dit: *Tu ne dormiras plus.* Quoi de plus fimple & de plus terrible?

La grande difficulté eft d'employer avec décence un merveilleux, qu'il n'eft pas permis d'altérer comme celui de la religion. Il eft abfurde & fcandaleux de donner aux êtres furnaturels qu'on révère les vices de l'humanité. Si donc, par exemple, on introduit dans un Poëme les Anges, les Saints, les personnes divines, ce ne doit être qu'en passant & avec une extrême reserve. On ne peut tirer de leur entremise aucune action passionnée. Le S. Michel de Raphaël est l'exemple de ce que je veux dire. Il terrasse le dragon, mais avec un front inaltérable, & la sérénité de ce visage céleste est l'image des mœurs qu'on doit suivre dans cette espèce de merveilleux. Aussi dès que la scène du Poëme de Milton est dans le ciel, sa fiction devient absurde & ne fait plus d'illusion. Des esprits impassibles & purs ne peuvent avoir rien de pathétique. Le champ libre & vaste de la fiction est donc la Mithologie, la Magie, la Féerie dont on peut se jouer à son gré.

J'ai dit que l'impossibilité d'expliquer naturellement les phénomènes physiques a réduit la Philosophie à l'invention du merveilleux. On a fait de toutes les causes secondes des intelligences actives, & plus ou moins puissantes, selon leurs grades & leurs emplois. Les élémens en ont été peuplés,

plés; la lumière, le feu, l'air & l'eau; les vents, les orages, tous les méthéores; les bois, les fleuves, les campagnes, les moissons, les fleurs & les fruits ont eu leurs divinités particulières. Au-lieu de chercher, par exemple, comment la foudre s'allumoit dans la nue, & d'où venoient les vagues d'air dont l'impulsion bouleverse les flots, on a dit qu'il y avoit un dieu qui lançoit le tonnerre, un dieu qui déchaînoit les vents, un dieu qui soulevoit les mers. Cette Physique, peu satisfaisante pour la raison, flattoit le peuple amoureux des prodiges; aussi fut-elle érigée en culte, & après avoir perdu son autorité, elle conserve encore tous ses charmes.

La Morale eut son merveilleux comme la Physique, & le seul dogme des peines & des récompenses dans l'autre vie, donna naissance à une foule de nouvelles divinités. Il avoit déjà fallu construire au-delà des limites de la Nature, un palais pour les dieux des vivans; on assigna de même un empire aux dieux des morts, & des demeures aux manes. Les dieux du ciel & les dieux des enfers n'étoient que des hommes plus grands que nature; leur séjour ne pouvoit être aussi qu'une image des lieux que nous habitons. On eut beau vouloir varier; le ciel & l'enfer n'offrirent jamais que ce qu'on voyoit sur la terre. L'Olimpe fut un palais radieux, le Tartare un cachot profond, l'Élisée une campagne riante.

Largior hic campos æther & lumine vestit
Purpureo; solemque suum, sua sidera norunt.
(Æneid. L. 6.)

Le ciel fut embelli par une volupté pure & par une paix inaltérable. Des concerts, des festins (*a*), des amours, tout ce qui flatte les sens de l'homme fut le partage

___

(*a*) Lorsque Platon veut nous peindre les plaisirs célestes dont jouissent les ames, avant de tomber ici bas dans les corps, elles suivent, dit-il, le char de Jupiter lorsqu'il se rend au banquet des dieux, & sur leur route sont dressées des tables où l'ambroisie & le nectar abondent.

des immortels. Le calme & l'innocence habiterent l'afile des ombres heureufes. Les fupplices de toute efpèce furent infligés aux manes criminels, mais avec peu d'équité, ce me femble, par les Poëtes même les plus judicieux. La fiction n'en fut pas moins reçue & revérée ; & le Tartare fut l'effroi des méchans, comme l'Élifée étoit l'efpoir des juftes.

Un avantage moins férieux que la Philofophie tira de ce nouveau fyftème, fut de rendre fenfibles les idées abftraites, dont elle fit encore des légions de divinités. La Métaphyfique fe jetta dans la fiction comme la Phyfique & comme la Morale. Les vices, les vertus, les paffions humaines ne furent plus des notions vagues. La fageffe, la juftice, la vérité, l'amitié, la paix, la concorde, tous ces biens & les maux oppofés ; la beauté, cette collection de tant de traits & de nuances; les graces, ces perceptions fi délicates, fi fugitives; le tems même, cette abftraction que l'efprit fe fatigue vainement à concevoir, & qu'il ne peut se résoudre à ne pas comprendre; toutes ces idée factices & composées de notions primitives, qu'on a tant de peine à réunir en une seule perception, tout cela, dis-je, fut personnifié. Un merveilleux qui faisoit tomber sous les sens, ce qui même eût échappé à l'intelligence la plus subtile, ne pouvoit manquer de saisir, de captiver l'esprit humain : on ne connut bien-tôt plus d'autres idées que ces images allégoriques. Toutes les affections de l'ame, presque toutes ses perceptions, prirent une forme sensible : l'homme fit des hommes de tout : on distingua les idées métaphysiques aux traits du visage, & chacune d'elles eut un symbole au-lieu d'une définition.

Mais pour réunir plusieurs idées sous une seule image, on fut souvent obligé de former des composés monstrueux, à l'exemple de la Nature, dont les écarts furent pris pour modèles. On lui voyoit confondre quelquefois dans ses productions les formes & les facultés des espèces différentes, & en imitant ce mélange on rendoit sensible au premier coup-d'œil les rapports de plusieurs idées : c'est du-moins ainsi que les savans ont expliqué ces peintures symboliques. Il est à présumer en effet que les premiers hommes qui ont dompté les chevaux ont donné l'idée des Centaures, les hommes Sauvages l'idée des Satires, les Plongeurs l'idée des Tritons, &c. Comme allégorie, ce genre de fiction a donc sa justesse & sa vraisemblance. Il a aussi ses difficultés, & l'imagination n'y est point affranchie de la règle des proportions & de l'ensemble. Il a fallu que dans l'assemblage monstrueux de deux espèces, chacune d'elles eût sa beauté, sa régularité spécifique, & formât de plus avec l'autre un tout que l'imagination peut réaliser, sans déranger les loix du mouvement & les procédés de la Nature. Il a fallu proportionner les mobiles aux masses, & les supports aux fardeaux : que dans le Centaure les épaules de l'homme fussent en proportion avec la

Dd iij

croupe du cheval; dans les Syrènes, le dos du poisson avec le buste de la femme; dans le Sphinx, les aîles & les serres de l'aigle avec la tête de la femme & avec le corps du lion; mais cela regarde la Sculpture & la Peinture bien plus que la Poësie. Comme celle-ci ne fait qu'indiquer les traits du composé physique, le soin de les lier, de les accorder l'intéresse moins.

Ce monstre à voix humaine, aigle, femme & lion.

Voilà comme elle dessine le Sphinx; c'est au pinceau, c'est au ciseau de former de ces traits détachés un tout harmonieux & d'accord avec lui-même.

Revenons au système universel du merveilleux. On vient de voir toute la Philosophie animée par la fiction, & l'Univers peuplé d'une multitude innombrable d'êtres, d'une nature analogue à celle de l'homme. Rien de plus favorable aux Arts, & sur-tout à la Poësie. La Mithologie sous ce point de vûe est l'invention la plus ingénieuse de l'esprit humain.

Mais il eût fallu que le système en fût composé par un seul homme, ou du-moins sur un plan suivi. Formé de pièces prises çà & là, & qu'on n'a pas même eu soin d'ajuster l'une à l'autre, il ne pouvoit manquer d'être rempli de disparates & d'inconséquences; & cela n'a pas empêché qu'il n'ait fait les délices des peuples, & long-tems l'objet de leur adoration: *Quod fin-* — Lucret. *xére timent*, tant la raison est esclave des sens. Mais aujourd'hui que la Fable n'est plus qu'un jeu, nous lui passons, hors du Poëme, toutes ses irrégularités, pourvû qu'au dedans on nous les dérobe.

On a demandé s'il étoit permis dans le sérieux de l'Épopée & de la Tragédie, d'employer un merveilleux auquel on ne croit plus. Cette question qui a fait tant de bruit, est, ce me semble, facile à résoudre.

J'ai distingué dans le merveilleux la fiction simple & l'allégorie. L'une embrasse tous les êtres fantastiques qui ont pris la place des causes naturelles, & qui sont venus à l'appui des vérités morales. Jupiter, Neptune, Pluton, ne sont pas donnés pour des symboles, mais pour des personnages aussi réels qu'Achille, Hector, & Priam; ils ne doivent donc être employés que dans les sujets où ils ont leur vérité relative aux lieux, aux tems, à l'opinion. Les tems fabuleux de l'Égypte, de la Grèce & de l'Italie ont la Mythologie pour histoire. L'idée du Minotaure est liée avec celle de Minos; & lorsque vous voyez Philoctete, vous n'êtes point surpris d'entendre parler de l'apothéose d'Hercule comme d'un fait simple & connu. Les sujets pris dans ces tems-là reçoivent donc la Mythologie; mais il n'est pas permis de la transplanter; & s'il s'agit de Thémistocle ou de Socrate, elle n'a plus lieu. Il en est de même des sujets pris dans l'histoire du *Latium*: Ænée, Iule, Romulus lui-même est dans le système du merveilleux; après cette époque l'Histoire est plus sévère & n'admet que la vérité.

Ce que je dis de la Fable doit s'appliquer à la Magie: il n'y a que les sujets pris dans les tems où l'on croyoit aux enchanteurs qui s'accommodent de ce syftème. Il convenoit à la Jérufalem délivrée; il n'eût pas convenu à la Henriade. Lucain s'eft conduit en homme confommé, lorfqu'il a banni de fon Poëme le merveilleux de la fable. Si l'on eût vû l'Olimpe divifé entre Pompée & Céfar, comme entre les Grecs & les Troyens, cela n'eût fait aucune illufion. Il feroit encore plus ridicule, aujourd'hui, de mettre en fcène les dieux d'Homère dans les révolutions d'Angleterre ou de Suède. Mais combien plus choquant eft le mélange de deux fyftèmes, tel qu'on le voit dans la plûpart des Poëtes Italiens? N'eft-il pas infenfé de faire prédire à Vénus par Jupiter la grandeur des Pontifes Romains, comme le Bolognetto l'a fait dans fon Poëme? Les Peintres & les Sculpteurs ont imité les Poëtes dans ces difparates abfurdes. On voit dans la chapelle des Céleftins à Paris, un beau Maufolée fait par Germain Pilon, compofé d'un groupe des trois Graces: l'idée de ce monument est ingénieuse, mais il est déplacé. Il n'y a plus de merveilleux absolu pour les sujets modernes que celui de la religion, & je crois avoir fait sentir combien l'usage en est difficile.

Comme la féerie n'a jamais été reçue, elle ne peut jamais être sérieusement employée; mais elle aura lieu dans un Poëme badin. Il en est de même du merveilleux de l'apologue, dont je parlerai en son lieu. Toutefois il y a dans les mœurs & les actions des animaux des traits qui tiennent du prodige, & qui ne sont pas indignes de la majesté de l'Épopée. On en cite des exemples de fidélité, de reconnoissance, d'amitié, qui sont pour nous de touchantes leçons. Le chien d'Hesiode qui accuse & convainc Ganitor d'avoir assassiné son maître; celui qui découvre à Pyrrhus les meurtriers du sien; celui d'Alexandre, auquel on présente un cerf pour le combattre, puis un sanglier, puis un ours, & qui ne daigne pas quitter sa place; mais qui voyant paroître un lion, se lève, pour l'attaquer, «montrant manifestement » (dit Montagne) qu'il déclaroit celui-là » seul digne d'entrer en combat avec lui »; le lion qui reconnoît dans l'arène l'esclave Endrodus qui l'avoit guéri, ce lion, qui lèche la main de son bienfaiteur, s'attache à lui, le suit dans Rome, & fait dire au peuple qui le couvre de fleurs, Voilà le lion hôte de l'homme, voilà l'homme médecin du lion; ce qu'on atteste des éléphans; ce qu'on a vû du lion de Chantilli; ce que tout le monde sait de l'instinct belliqueux des chevaux; enfin ce qui se passe sous nos yeux dans le commerce de l'homme avec les animaux qui lui sont soumis, donneroit lieu, ce me semble, au merveilleux le plus sensible, si on l'employoit avec goût.

A l'égard de l'allégorie, comme elle n'est pas donnée pour une vérité absolue & positive, mais pour le symbole & le voile de la vérité; si elle est claire, ingénieuse & décente, elle est parfaite. Mais il faut avoir soin qu'elle ne tienne à aucun système, si ce n'est à celui qu'on a pris. On peut par-tout diviniſer la paix ; mais cette idée charmante qui en eſt le ſymbole (les colombes de Vénus faiſant leur nid dans le caſque de Mars) ſeroit indécente dans un ſujet pieux. L'allégorie des paſſions, des vices, des vertus, &c. eſt reçue dans l'Épopée, quel que ſoit le tems & le lieu de l'action : elle eſt auſſi admiſe ſur la ſcène lyrique ; mais l'auſtérité de la Tragédie ne permet plus de l'y employer. Eſchyle introduit en perſonne la Force & la Néceſſité ; le théâtre François n'admet rien de ſemblable.

Mais ſoit en récit, ſoit en ſcène, l'allégorie ne doit être qu'accidentelle & paſſagère, & ſur-tout ne jamais prendre la place de la paſſion, à-moins que le Poëte, par des raiſons de bienſéance, ne ſoit obligé de jetter ce voile ſur ſes peintures. L'Auteur de la Henriade a employé cet artifice ; mais Homère & Virgile ſe ſont bien gardés de faire des perſonnages allégoriques de la colère d'Achille & de l'amour de Didon. Le mieux eſt de peindre la paſsion toute nue & par ses effets, comme dans la Tragédie. Toutes les fois que la Nature est touchante & passionnée, le merveilleux est au-moins superflu. C'est dans les momens tranquilles qu'on l'employe avec avantage. Il remue l'ame par la surprise; & quoique ce soit le plus foible de tous les ressorts du cœur humain, il nous est cher, par l'émotion qu'il nous cause.

Les règles de l'allégorie sont les mêmes que celles de l'image. Il est inutile de les répéter. Quant aux modèles, je n'en connois pas de plus parfaits que l'épisode de la mollesse dans le Lutrin, & l'évocation de la haine dans l'Opéra d'Armide. Celle-ci sur-tout est d'autant plus belle qu'en laissant d'un côté, à la vérité simple tout ce qu'elle a de pathétique, de l'autre, elle se saisit d'une idée abstraite qui nous seroit échappée, & dont elle fait un tableau frappant. Je vais tâcher de me faire entendre. Armide aime Renauld & desire de le haïr. Ainsi dans l'ame d'Armide l'amour est en réalité, & la haine n'est qu'en idée. On ne parle point le langage d'une passion que l'on ne sent pas; le Poëte, au naturel, ne pouvoit donc exprimer vivement que l'amour d'Armide. Comment s'y est-il pris pour rendre sensible, actif & théâtral le sentiment qu'Armide n'a pas dans le cœur? Il en a fait un personnage. Et quel développement eût jamais eu le relief de ce tableau, la chaleur & la véhémence de ce Dialogue?

LA HAINE.

Sors, sors du sein d'Armide, Amour, brise ta chaîne.

ARMIDE.

Arrête, arrête, affreuse Haine:
Laisse-moi sous les loix d'un si charmant vainqueur:
Laisse-moi: je renonce à ton secours horrible.
Non, non, n'acheve pas: non, il n'est pas possible,
De m'ôter mon amour sans m'arracher le cœur.

LA HAINE.

N'implores-tu mon assistance
Que pour mépriser ma puissance?
Tu me rappelleras, peut-être dès ce jour;

FRANÇOISE. 431

Et ton attente sera vaine.
Je vais te quitter sans retour.
Je ne puis te punir d'une plus rude peine,
Que de t'abandonner pour jamais à l'Amour.

Qu'ai-je donc entendu en disant, qu'on ne doit point mettre l'allégorie à la place de la passion ? le voici. Je suppose qu'au-lieu du tableau que je viens de rappeller, on vît sur le théâtre Armide endormie, & l'amour & la haine personnifiés, se disputant son cœur ; ce combat, purement allégorique, seroit froid. Mais la fiction de Quinault ne prend rien sur la nature : la passion qui possede Armide est exprimée dans sa vérité toute simple, & le Poëte lui oppose, au moyen de l'allégorie, la passion qu'Armide n'a pas. Plus on réfléchit sur la beauté de cette fable, plus on y trouve de génie & de goût.

Le mérite de l'allégorie est donc de rendre sensible & présent ce qui ne le seroit pas, ou ce qui le seroit moins sans elle ; & tout ce que j'ai dit en faveur des images, peut aussi lui être appliqué. Ainsi, au-lieu de définir les vices qui affiègent la porte des enfers, M. de Voltaire les personnifie, & jamais leur caractère ne fut plus vivement ni plus fidèlement exprimé.

Là gît la sombre Envie à l'œil timide & louche,
Versant sur des lauriers les poisons de sa bouche.
Le jour blesse ses yeux dans l'ombre étincelans.
Triste amante des morts, elle hait les vivans.
Elle apperçoit Henri, se détourne & soupire.
Auprès d'elle est l'Orgueil qui se plaît & s'admire;
La Foiblesse, au teint pâle, aux regards abattus,
Tiran qui cède au crime & détruit les vertus;
L'Ambition sanglante, inquiette, égarée,
De trônes, de tombeaux, d'esclaves entourée;
La tendre Hypocrisie aux yeux pleins de douceur :
(Le ciel est dans ses yeux l'enfer est dans son cœur)
Le faux Zèle étalant ses barbares maximes;
Et l'intérêt enfin, pere de tous les crimes.

Le grand art d'employer le merveilleux est de le mêler avec la nature, comme s'ils ne faisoient qu'un seul ordre de choses, & comme s'ils n'avoient qu'un mouvement commun. Cet art d'engrener les roues de ces deux machines & d'en tirer une action combinée, est celui d'Homère au plus

haut

haut degré. On en voit l'exemple dans l'Iliade. L'édifice du Poëme est fondé sur ce qu'il y a de plus naturel & de plus simple, l'amour de Crysès pour sa fille. On l'a lui a enlevée, il la redemande, on la lui refuse : elle est captive d'un Roi superbe qui rebute ce pere affligé. Crysès, Prêtre d'Apollon, lui adresse ses plaintes. Le dieu le protège & le venge. Il lance ses flèches empoisonnées dans le camp des Grecs. La contagion s'y répand, & Calcas annonce que le dieu ne s'appaisera que lorsqu'on aura réparé l'injure faite à son ministre. Achille est d'avis qu'on lui rende sa fille ; Agamemnon, à qui elle est tombée en partage, consent à la rendre, mais il exige une autre part au butin. Achille indigné lui reproche son avarice & son ingratitude. Agamemnon pour le punir envoye prendre Briséïs dans ses tentes ; & de-là cette colère qui fut si fatale aux Grecs. La Nature n'auroit pas enchaîné les faits avec plus d'aisance & de simplicité ; & c'est dans ce passage facile, dans cette intime liaison du familier & du merveilleux que consiste la vraisemblance.

Plus le merveilleux s'éloigne de la vérité, plus il faut de sagesse & de goût pour le réconcilier avec elle : c'est où triomphe la Philosophie ; & encore une fois, qu'on ne confonde pas l'esprit métaphysique avec l'esprit philosophique. Le premier veut voir les idées toutes nues ; le second n'exige de la fiction que de les vêtir décemment. L'un réduit tout à la précision rigoureuse de l'analogie & de l'abstraction ; l'autre n'assujettit les Arts qu'à leur vérité hypothétique : il se met à leur place, il donne dans leurs sens, il se pénètre de leur objet, & n'examine leurs moyens que relativement à leurs vûes. S'ils franchissent les bornes de la Nature, il les franchit avec eux : ce n'est que dans l'extravagant & l'absurde qu'il refuse de les suivre. Il veut, pour parler le langage d'un Philosophe, (l'Abbé Terrasson) que la fiction & le merveilleux « suivent le fil de la Nature » ; c'est-à-dire, qu'ils aggrandissent les proportions sans les altérer; qu'ils augmentent les forces sans déranger le méchanisme; qu'ils élèvent les sentimens & qu'ils étendent les idées sans en renverser l'ordre, la progression ni les rapports. L'usage de l'esprit philosophique, dans la Poësie & dans les beaux Arts, consiste à en bannir les disparates, les contrariétés, les dissonances; à vouloir que les Peintres & les Poëtes ne bâtissent pas en l'air des palais de marbre avec des voûtes massives, de lourdes colonnes, & des nuages pour base; à vouloir que le char qui élève Hercule dans l'Olimpe, ne soit pas fait comme pour rouler sur des rochers ou dans la boue; que les démons, pour tenir leur conseil, ne se donnent pas l'inutile peine de se bâtir un palais infernal; qu'ils ne fondent pas du canon pour tirer sur les Anges, &c. Et quand toutes ces absurdités auront été bannies de la fiction, le génie & l'art n'auront rien perdu.

« Un double rang de mille millions d'Anges forme le char de l'Éternel ». David.

Voilà comme la raison sévère aime à voir l'imagination s'aggrandir, & faire de l'immensité le champ vaste de nos idées.

Fin du Tome premier.

TABLE
DU PREMIER VOLUME.

CHAPITRE I. *De la Poësie en général,* p. 39

CHAP. II. *Des Talens du Poëte,* 59
CHAP. III. *Des Etudes du Poëte,* 76
CHAP. IV. *Du Style poëtique,* 94
CHAP. V. *Du Coloris & des Images,* 163
CHAP. VI. *De l'Harmonie du style,* 202
CHAP. VII. *Du Méchanisme des vers,* 261
CHAP. VIII. *De l'Invention,* 316
CHAP. IX. *Du Choix dans l'imitation,* 343
CHAP. X. *De la Vraisemblance & du Merveilleux dans la fiction,* 374

ERRATA
Du premier Volume.

Page. Ligne.
8, 18, *& par-tout ailleurs*, Lamothe, *lisez* Lamotte.
9, 21, l'Aminthe, *lis.* l'Aminte.
    23, Rolland, *lis.* Roland.
20, n.(*b*) *est*, lis. *&*.
43, 4, *spirare*, lis. *spiravere*.
56, 6, d'une, *lis.* d'un.
    22, après, *lis.* d'après.
68, 8, la, *lis.* le.
139, 11, ce, *lis.* ces.
197, 22, le, *lis.* les.
200, 15, *bello*, lis. *marte*.
207, 8, longue, *lis.* brève.
217, 11, *latè lácus*, lis. *lacus latè*.
224, 21, *non*, lis. *nonne*.
239, 7, *après* donner, *mettez deux points*.
    8, elle, *lis.* elles.
245, 11, trĭŏmphĕ, *lis.* trĭōmphĕ.
284, 7, des, *lis.* de.
287, 7, pĕnĭblē, *lis.* pĕnībl̆ĕ.
308, 5, pose, *lis.* pause.
318, 20, dévancera, *lis.* devancera.
339, 1, retrouve, *lis.* retrouves.

Page.	Ligne.	
344,	17,	un, *lif.* une.
346,	19,	s'enlever, *lif.* l'enlever.
353,	8,	abrisseaux, *lif.* arbrisseaux.
360,	23,	magnifice, *lif.* magnificence.
374,	2,	*meraviglioso*, lif. *maravigloso*.
	Ibid.	*verissimile*, lif. *verisimile*.
380,	2,	rébute, *lif.* rebute.
385,	1,	après *accedant*, ajoûtez *ad*.
391,	11,	*discede*, lif. *discese*.
400,	23,	*anichi*, lif. *antichi*.

www.ingramcontent.com/pod-product-compliance
Lightning Source LLC
Chambersburg PA
CBHW071113230426
43666CB00009B/1952